観光のための中級英単語と用例

観光英検 2級〜1級 対応

ENGLISH VOCABULARY AND ITS USAGE FOR TOURISM

INTERMEDIATE

全国語学ビジネス観光教育協会・観光英検センター
山口百々男
藤田玲子
Steven Bates

SANSHUSHA

ACKNOWLEDGEMENT

Photos
- p. 22   (left, above) The Acropolis Viewed from the Mouseion Hill, taken by Christophe Meneboeuf
  (right) Avenida Roque Sáenz Peña (Diagonal Norte) and Obelisk of Buenos Aires, taken by Martin St-Amant
  (left, below) The Adelaide Convention Centre and Exhibition Hall on the River Torrens
- p. 76   Dublin Castle
- p. 90   (left) Beaches of Cascais, Estoril
  (right) Santa Maria del Fiore, Florence
- p. 96   Goa Coastline at Dona Paula
- p. 109 Diamond Head Crater on the Hawaiian Island of O'ahu
- p. 118 (left) A View of Jalan Jenderal Sudirman, Jakarta
  (right) Ortaköy Mosque and Bosphorus Bridge, taken by Caiuscamargarus
- p. 119 (left) Hollywood Boulevard from the top of the Kodak Theatre, taken by David Iliff. License: CC-BY-SA 3.0
  (right) Big Ben Clock Tower with a Telephone Box, London, wiki+spam@eindruckschinderdomain.de. License: CC-BY-SA 2.5
- p. 129 The Nice Tramway in Place Garibaldi, taken by Myrabella. License: CC-BY-SA-3.0
- p. 148 The Tower of City Hall and Liberty Place, Philadelphia, taken by Massimo Catarinella
- p. 159 The Pantheon in Rome, taken by Keith Yahl
- p. 176 (above) Nanjing Road, Shanghai, taken by Agnieszka Bojczuk
  (below) Anzac Bridge & Sydney Harbour Bridge from Glebe Point, taken by Richard Taylor
- p. 204 View of Shinjuku skyscrapers and Mount Fuji, Tokyo
- p. 207 (above) Naturhistorisches Museum, Vienna
  (below) Panorama from the Top of the San Giorgio Maggiore Basilica's Campanile, Venice
- p. 215 Cherry Blossoms and Washington Monument, taken by Wendy Harman
- p. 218 York City View from Top of Carhedral ©iStockphoto.com/mikeuk
- p. 220 Matterhorn Viewed from Gornergratbahn, Zermatt, Switzerland, taken by Andrew Bossi. License: CC-BY-SA 2.5

はじめに

　本書は、「観光・旅行」に関連した中級レベルの英単語に焦点をあてた用語・用例集です。中級レベルの目安としては、観光英語検定試験の2級と1級とで問われる語彙を中心に取り上げました。見出し語として652語を掲載しています。また、見出し語の成句や関連語を豊富に収録しました。

　多くの英語学習者にとって「観光・旅行」は学習目的の主要な分野でありながら、従来の一般的な英単語集では、実際の観光や旅行の場で必須となる語彙・表現が思いのほか学習し難いものです。本書では、「観光・旅行」に目的を絞り、必須の語彙・表現を掲載しているので、効率的な学習が期待できます。国内外における観光業・旅行業に特有な語句を豊富に取り上げているのはもちろん、一般的な単語集にも掲載されている基礎単語についても、本書では「観光・旅行」のシーンで使われる意味に重点を置いて取り上げ、知っておくべき具体的な用語・用例を詳しく記述しました。観光業・旅行業を目指す方は言うに及ばず、団体または単独で海外旅行をする方にとっても必須の書といえます。ぜひ学習にご活用いただければと思います。

　元来、「観光」の語源は易経(えききょう)（儒教の基本テキスト五経の筆頭に挙げられる経典）にある「国の光を観る」です。「光」とは何か。諸説ありますが、少なくとも単なる「物見遊山的な観光」ではなく「体験的な観光」でしょう。その国が保有する「雄大な観光地」、その国の人々が創造した「壮大な歴史を有する観光都市」、そしてその国が誇る「壮麗なまた神秘的な世界遺産（文化・自然・複合）」などを体験することと言えるでしょう。「観光」を通して人は深い感動を覚え、そして人は豊かに変容するのです。

　本書は、単なる「観光英検の受験対策書」にとどまらず、そのような本来の意味での観光を体験するための手引きとして、「英語を」（特に観光英単語を）学習し、そして観光を体験しながらその国の文化を「英語で」知るための入門書となっています。本書を手がかりに多くの読者の方がより観光体験を深められることを願っています。

2013年春　　山口百々男

●● 本文の構成と記号について

1) 見出し語はアルファベット順に配列。

2) 見出し語が難読語の場合には発音記号を表示。

3) 品詞表示： 名 名詞　　動 動詞　　形 形容詞　　副 副詞

4) 記号について

　▶ 用例（句）を示す。用例句中の見出し語部分はイタリックで表示。

　ホテル　など　例文の使用場所等を示す。

　(= 　　)　同意語、類似表現

　⇔　反意語

　⇨　参照

　《米》アメリカ英語　　《英》イギリス英語

　☆　文化背景などの解説・補足説明

　◇　見出し語を用いた慣用表現

　(　　)　補足説明、省略できる箇所

　〈 　　〉　直前の語句と入れ替え可能

　〈略 　〉　直前の語句の略語形

English Vocabulary and its Usage for Tourism

Intermediate

A - Z

A

access [ækses] 名 ①(〜の場所に) 近づく方法(to), 交通の便. ☆出発地から到着地までの交通手段.
> 交通　*Access* to the hotel〈airport〉is quite easy. ホテル〈空港〉へのアクセスがよく行きやすい. (=The hotel〈airport〉is easy of *access*.)

② (場所の) 接近できる状態, 通路；入口(=《英》way in).
> 機内　This *access* aisle must be clear of obstructions. 通路には障害物となるものを置いてはいけない.

◇ **give access to** 〜 (〜に) 接近できる(ようにする) (=get access to 〜).
> 交通　The road *gives* you good *access to* the freeway. その道を通れば高速道路へ入りやすい.

◇ **within easy〈difficult〉access of** 〜 (〜から) 気楽に行ける〈行きにくい〉場所に.
> 交通　The airport is *within easy access of* your hotel. 空港はホテルからすぐに行ける場所にあります.

③ 利用；利用する権利〈機会〉.

◇ **have access to** 〜 (〜が) 利用できる.
> ホテル　Hotel guests *have* free *access to* these computers. 宿泊者はコンピューターを自由に利用できる. (=These computers are accessible to hotel guests.)

— 動 ① アクセスする, 接近する. ▶ *access* a destination 目的地に行く.
② アクセスする, 呼び出す. ▶ *access* a website〈the Internet〉ウェブサイト〈インターネット〉にアクセスする.

accessible 形 到着できる；利用できる. ▶ *accessible* by public transport 公共交通機関で到達可能である.
> 交通　The shopping district is easily *accessible* from our hotel by car. ショッピングセンターはホテルから車で行きやすいところにある.

accommodation ladder (船や飛行機の) タラップ. ☆乗り降りに使用するはしご.

accommodation train 《米》(各駅停車の) 普通列車. ☆ local train, slow train, way train などとも言う. 米国では milk train (早朝列車が各駅に停車してミルクを集配したことが由来) とも言う. ⇔ express (train) (急行列車)

accompanied 形 携帯の, 同伴の.
- ◇ **accompanied article(s)** 携帯品. ☆旅客の乗る同じ航空機で運送される品物 (=accompanied goods). ⇔ unaccompanied articles（別送品）
- ◇ **accompanied baggage** 携帯手荷物. ☆機内持ち込み可能な手荷物. または旅客と同時に輸送される手荷物. ⇔ unaccompanied baggage（委託手荷物）

accompany 動 同行する (=go together with)；同伴する (=attend)；添乗する (=escort). ▶ *accompany* (someone) on an overseas trip（人の）海外旅行に同行する / *accompany* the group to the concert 団体についてコンサートに同伴する / *accompany* a package tour パック旅行に添乗する.
【空港】 She *accompanied* physically-disabled passengers to the boarding gate. 彼女は搭乗口まで体の不自由な乗客に同行しました.

accompanying 形 添付の, 付随の. ▶ *accompanying* person 同伴者.

account 名 ① 〈略〉A/C〉 勘定 (書), 精算 (書). ▶ cash *account* 現金勘定 / incidental *account* 個人雑費勘定 / master *account* 団体勘定 / personal *account* 個人勘定 / pay an *account* of 500 dollars 500 ドルの勘定を支払う.
【レストラン】 I'll pay by separate *accounts*. 支払いは別勘定にします.
② 掛け (勘定), ツケ. ▶ *account* bill ツケ, 勘定書 / charge *account* 掛け勘定 (=《英》credit account).
【レストラン】 Please charge it to my *account*. 私のツケにしておいてください. (=Put it on my *account*.)
③ 〈略〉A/C〉 銀行預金口座. ▶ checking *account* 小切手用の当座預金.

adhesive sticker 付着性ステッカー, 粘着シール. ☆機内で座席上に貼るステッカー. Please wake me for meals.「食事のときに起こしてください」や Please do not disturb.「起こさないでください」などの表示がある.
【機内】 For your comfort, fix one of these *adhesive stickers* on the top of your seatback. ごゆるりとお休みになるために, この粘着シールのいずれかを座席の背の上部にお貼りください.

adjacent 形 隣接する, 近接する (=next〈close〉to). ▶ *adjacent* room 隣接部屋.
【ホテル】 My room is *adjacent* to yours. 私の部屋はあなたの隣です.

adjoin 動 隣接する, 隣り合う.

[ホテル] My room *adjoins* his. 私の部屋と彼の部屋とは隣り合っています.

---

adjoining [形] 隣接の. ▶ *adjoining* city 隣接した都市.

◇ **adjoining room** アジョイニング・ルーム. ☆相互に隣り合った部屋. または廊下をはさんで向かい合った客室. 独立した2室以上の続き部屋. 例えば, 社長と秘書といったように各部屋はプライバシーを保ちながら, 近隣にあるという便利さがある. connecting room と異なり連結ドアはない. ⇨ hotel room

[ホテル] I prefer *adjoining rooms* to connecting rooms. 連結している部屋よりも隣り合わせの部屋を希望します.

---

advance [名] ①前金；前払い金. ▶ *advance* in cash 現金前渡し.
② 前進, 進行；進歩. ▶ make a slow *advance* through the jungle 密林の中をゆっくり進む.

◇ **in advance**
《1》前もって (=beforehand). ▶ make a flight reservation *in advance* 飛行機の事前予約をする / arrive at the station an hour *in advance* 予定より1時間早く駅に着く.
《2》前金で. ▶ buy a ticket *in advance* 前売り切符を買う / pay *in advance* 前金で支払う. ⇔ pay later (後払いにする)
《3》先立って, 前に. ▶ walk *in advance* 先頭に立って歩く.

─ [形] ① 前もっての, 事前の. ▶ *advance* notice 予告 / *advance* sale (of tickets) (切符などの) 前売り / *advance* seat reservation 事前座席予約.

◇ **advance arrangement** 事前手配. ▶ make *advance* arrangements for taxis タクシーを事前に手配する.

◇ **advance booking** (ホテル・劇場などの) 事前予約 (=advance reservation; reservation in advance). ☆早めにあるいは特別団体割引規則などにより所定日より前に予約する.

[掲示] *Advance Booking* not Accepted. 「事前予約には応じられません」. ☆来店順に対応する掲示.

◇ **advance ticket** 前売り券. ▶ an *advance ticket* office 前売り切符の売り場.

[劇場] Where can I get an *advance ticket*? 前売り券はどこで入手できますか.

② 前払いの, 前金の. ▶ *advance* payment 料金前払い, 前金. ⇔ deferred payment (料金後払い)

─ [動] ① 進める；進む. ⇔ set back (遅らせる)

[旅行] The date should be *advanced* one day when you get back to Japan. 日本に戻れば日付は1日進ませる.

② 前払いする. ▶ *advance* a payment 前倒しにして支払う.
ホテル We *advanced* $ 100 to the hotel as a deposit. 手付け金としてホテルに100ドル前払いした.

③ 早める, 繰り上げる (=postpone, put off). ▶ *advance* the date of departure 出発の日を早める.
観光 We *advanced* the sightseeing tour from 9:00 a.m. to 8:00 a.m. 観光ツアーを午前9時から8時に繰り上げた.

agency 名 ① 代理店, 特約店. ▶ general *agency* 総代理店 / sightseeing *agency* 観光案内所 / ticket *agency*（乗物・劇場などの）切符販売代理店, プレイガイド（和製英語）/ tourist *agency* 旅行業者 / travel *agency* 旅行代理店.
② （政府などの）機関; 庁, 局. ▶ Japan Tourism *Agency*〈略〉JTA〉（日本の）観光庁.

agent 名 ① 旅行業者; 代理人. ▶ *agent*(s') discount〈略〉AD〉旅行業者運賃割引.
② 航空代理店. ☆航空会社の切符を販売する代理店. ▶ local *agent* 現地手配業者 (=local operator)/ reservations *agent* 予約係（航空会社やホテルなどの予約をする係員）/ ticket *agent*（切符の）出札係, 発券担当者; 搭乗受付カウンターの係員;（国際または国内）航空券発券旅行代理店 / travel *agent*（登録した）旅行業者.

airfare〈air fare〉航空運賃, 航空料金 (=the fare of the flight; airfare prices).
▶ Internet *airfare* discounter インターネットで格安航空券を販売する業者 / low-cost〈cheap〉*airfare* to London ロンドンまでの格安航空運賃 / website for low-cost *airfares* 格安航空券のウェブサイト〈ホームページ〉/ round-trip *airfare* 往復航空運賃 / budget *airfare* 格安航空運賃 / domestic *airfare* 国内航空運賃.
空港 What's the *airfare* from Chicago to Boston? → It's $150 for a one-way *fare*. シカゴからボストンまでの航空運賃はいくらですか. →片道運賃150ドルです.

air jacket 名《英》救命胴衣. ☆ **life jacket**〈vest〉とも言う.

airline 名 ① エアライン; 定期航空. ☆「空」(air) と「路線」(line) を組み合わせた単語で, 本来は定期スケジュールで運航する航空会社 (⇨ airline ③) のこと. その路線を飛行している航空機を **airliner** と言う. ▶ the domestic *airline* between Chicago and Detroit シカゴとデトロイト間の国内航空.
② （定期）航空路線 (=air route). ☆一定の区間を定期的に運航する航空路. ▶ international *airline* 国際線 / local-service *airline* ローカル航空路線 / scheduled *airline* 定期航空路.

空港 Which *airline* are you traveling on? どの航空路線で旅行しますか.

③ (定期) 航空会社 (=《英》Airways). ⇨ Airways. ☆一定の区間を定期的に運航する航空路をもつ会社. 通常は複数形で単数扱い. **carrier** (空の運び屋) も航空会社の意味でよく使用される. ▶ American *Airlines*〈略〉AA〉アメリカン航空 / Japan *Airlines*〈略〉JAL〉日本航空〈日航〉/ local *airline* ローカル航空会社 / national *airline* 国営航空会社 / partner *airline* 提携航空会社 / regional *airline* 地域航空会社 / state-owned *airline* 国有航空会社.

交通 Take me to the airport, please. → Which *airline*? → American *Airlines*. 空港までお願いします. → どの航空会社ですか. →アメリカン航空です.

airline の関連語

A airline agent 航空代理店 / airline arrangement 飛行機の手配.

B airline bookings 航空券の予約 / airline booth (ホテル内にある) 航空会社の営業所 / airline bus 空港バス.

C airline captain 定期航空路線の機長 / airline cargo 航空貨物 / airline check-in counter (空港にある航空会社の) 搭乗手続きカウンター. ☆単に check-in counter または airline counter とも言う. / airline clerk 航空会社の係員 / airline city terminal 航空会社の都市ターミナル / airline code エアライン・コード; 主要航空会社の略号. 別名「キャリア・コード」(carrier code)/ airline company 航空会社 (=airlines)/ Airline Companies (Yellow Pages に記載されている) 航空会社. ⇨ Yellow Pages / airline crash 飛行機事故.

D airline delay 飛行機の遅れ / airline discount〈略〉AD〉航空会社の社員を対象とした割引. ☆通例, 社員証の提示とチェックイン時の申し出が必要である / airline discounter 割引航空券販売業者.

F airline food 機内食 (=inflight food).

I airline identification location marker 航空会社マーク位置標示物 / airline identification tag 航空旅客用ネームカード. ☆飛行機の旅客者はこのネームカードを手荷物に付ける. ステッカー式のものは航空会社のカウンターで入手できる. / airline industry 航空産業, 航空業界.

J airline journey 空〈飛行機〉の旅.

M airline market 航空市場 / airline merger 航空会社の合併 / airline mileage points 航空会社のマイレージポイント.

O airline office 航空会社の営業所 / airline official 空港の職員.

P airline passenger tariff〈略〉APT〉国際航空運賃表; 航空旅客の運賃〈料金〉表. / airline personnel 航空会社の職員 / airline pilot 定期航空パイロット, 定期輸送用旅客機操縦士.

- **R** airline reconfirmation 航空券の予約再確認 / airline representative 航空会社の係員. ☆通過後の荷物の接続を処理する航空会社の係員などに用いる / airline reservation clerk 航空座席予約係 / airline reservation system 〈略〉ARS 航空座席予約システム / airline reservation(s) 航空券の予約 / airline route 航空路線.
- **S** airline serving the airport 空港に寄港している航空会社 / airline's new fares 航空会社の新運賃 / airline's travel agent network 旅客代理店網.
- **T** airline tag 航空会社の荷札 / airline tariff 航空運賃や税率の記載されている料金表. / airline ticket 航空券. ☆通称 air ticket / airline timetables 航空便時刻表 / airline transfer 航空便乗り継ぎ / airline transport pilot 定期運送用操縦士.

airliner 名 (大型)定期航空機, 定期旅客機. ☆単に liner とも言う.
　▶ *airliner* hijacking 定期航空機のハイジャック〈乗っ取り〉. ☆ hijacked *airliner*「ハイジャックされた旅客機」. / double-decker *airliner* 2階建て旅客機 (標準定員 555 人. 最大 800 人収容可能) ☆ Airbus 830 (double-decker Airbus jet) は全席エコノミークラスの場合, 最大 853 人収容可能. / hypersonic *airliner* 極超音速旅客機 / jet *airliner* ジェット旅客機 / supersonic *airliner* 超音速旅客機, 超音速ジェット機.

airlines 名 航空会社. ⇨ airline ③. ▶ *airlines* terminal 航空旅客用ターミナル. ☆通常は市内にある航空旅客用バス発着所のこと. ここから空港連絡バス (airport bus) が発着する.

airplane 名 飛行機, 航空機 (=《英》aeroplane).

airplane の種類

- **A** ambulance airplane 救急飛行機 / amphibian airplane 水陸両用飛行機 / arriving airplane 到着機.
- **B** bush (air)plane《米》ブッシュプレーン, ローカル線などに使われるプロペラ機. ☆そのパイロットを bush pilot と言う.
- **C** cargo airplane 貨物機 (cargo-transport plane)/ chartered airplane チャーター機 (=charter plane)/ civilian airplane 民間機. ⇔ combat〈battle, fighter〉airplane〈戦闘機〉/ commercial airplane 民間航空機 / commuter airplane 小型飛行機 (=air taxi), 通勤旅客機 / connecting airplane 接続便 / crashed airplane 墜落機.
- **D** direct airplane 直行便 (=direct flight).
- **E** executive airplane 役員専用機 / extra airplane 臨時便.

G government airplane 政府専用機.

H hypersonic airplane 極超音速飛行機.

I incoming airplane 到着機；帰国便. ⇔ outgoing airplane / inbound airplane 帰国〈復路〉便. ⇔ outbound airplane / intercontinental airplane 大陸間飛行機.

J jet airplane ジェット機（=jet plane, jet-engine airplane, jet-powered airplane）/ jet-propelled airplane ジェット推進式飛行機 / jet-transport airplane ジェット輸送機 / jumbo jet（plane）ジャンボ旅客機.

L large airplane 大型航空機 / light airplane 軽飛行機, 小型機, セスナ機 / long-haul airplane 長距離用旅客機 / long-range airplane 長距離便 / lost airplane 墜落機 / low-flying airplane 低空飛行機.

M mail airplane 郵便飛行機 / midget airplane 小型飛行機.

O outbound airplane 出国便. ⇔ inbound airplane. / outgoing airplane 出発機；出国便. ⇔ incoming airplane

P passenger airplane 旅客機 / propeller airplane プロペラ機（=propeller-driven airplane）/ presidential airplane 大統領専用機.

R refueling airplane 燃料補給機（=tanker airplane）/ regular airplane 定期便 / rescue plane 救難機.

S seaplane 水上飛行機（=floating plane, hydroplane）/ ship airplane 艦上機 / short takeoff and landing airplane 短距離離着陸機 / short-range airplane 短距離輸送機 / shuttle airplane シャトル便 / sightseeing airplane 観光用飛行機 / small airplane 小型航空機 / single-engine airplane 単発小型機 / single-seater airplane 単座機 / supersonic airplane 超音速旅客機 / supersonic airplane〈jet〉超音速機〈ジェット機〉/ supersonic transport airplane 超音速輸送機.

T transport airplane 輸送機 / transport helicopter 輸送ヘリコプター / trijet airplane 3発ジェット機. ☆ジェットエンジン3基（トライジェット）を備えた飛行機 / turboprop airplane ターボプロップ（航空）機 / turn-around airplane 折り返し便 / twin-propeller airplane 双発プロペラ機 / twin-engine〈two-engine〉airplane 双発機 / twin-fuselage airplane 双胴機 / two-seater airplane 複座機.

U ultrahigh-capacity airplane〈略 UHCA〉超大型旅客機 / ultralight airplane 超軽飛行機.

V vertical-lift airplane 垂直上昇機.

W water airplane 水上飛行機（=hydroplane）.

airplane の関連語

A airbus〈air bus〉エアバス, 大型定期旅客機 / air coach 普通旅客機 / airfreighter 貨物

運送機 / airliner 定期航空機 / airship 飛行船（=blimp, dirigible）/ air shuttle エアシャトル / air taxi エアタクシー（=commuter airplane）.
- B balloon 気球.
- C Cessna セスナ機（=light plane）/ clipper 大型旅客機.
- G glider グライダー.
- H helicopter ヘリコプター / hydroplane 水上飛行機.
- J jetliner ジェット旅客機.
- S short-haul jet 短距離ジェット / super jumbo jet スーパージャンボ, 長広胴型ジェット機.
- T taxiplane《米》貸し切り〈チャーター〉用飛行機.
- W wide body jet 広胴型ジェット（客室の通路が2本ある大型旅客機）.

airport〈略 APT〉名 空港, 飛行場.

airport の種類

- A 24-hour airport 24時間営業の空港.
- C civil airport 民間空港, 民間飛行場 / civilian airport 民間空港 / closed airport 閉鎖された空港 / commercial airport 民間機専用空港 / congested airport 混雑（した）空港 / customs airport 税関空港 / customs-free airport 自由空港.
- D domestic airport 国内空港.
- H hub airport ハブ空港.
- I international airport 国際空港 / international hub airport 国際ハブ〈拠点〉空港 / international-standard airport 世界に通用する国際空港.
- L local airport ローカル空港.
- M major airport 主要な空港.
- O offshore airport 海上空港 / oversea airport 海上空港.
- R regular airport 定期便が発着する空港.
- S single airport 単一空港 / small airport 小さな空港.

airport の関連語

- A airport access 空港アクセス / airport administrator 空港長, 空港管理者 / airport and air-traffic-control fees 空港使用料と管制サービス料 / airport amenity 空港施設, 空港設備 / airport area 空港地域 / airport authority 空港当局.
- B airport baggage screener 空港荷物検査係 / airport building 空港ビル / airport bus 空港連絡バス. ☆市内と空港の間を結ぶ直通バス（airport limousine）のこと. また

空港内でターミナル間を往来するバス(shuttle bus, inter-terminal bus)のことも指す.

C airport capacity 空港の収容能力 / airport charges 空港利用料 / airport city 空港都市 / airport clinic 空港診療所 / airport code 空港コード, 空港略語. ☆航空券の表示また旅行関係業務などにおいて「空港名は略語」で示されることが多い. 略語は通常, 3文字の空港コード(three-letter airport code)になっている. 例 JFK〈John F. Kennedy International Airport(New York, USA)〉「(米国ニューヨークの)ジョン・F・ケネディ空港」. ちなみに, NRT/ JFK という表示の場合左が「離陸地」(日本・成田空港), 右が「着陸地」(米国・ケネディ空港)を指す. ⇨ code / airport concourse 空港のコンコース〈大通路〉/ airport control 空港管制. ☆ airport control tower 管制塔.

E airport employee 空港職員, 空港従業員 / airport expansion 空港拡張.

F airport facilities 空港設備 / airport fee 空港使用料 / airport formalities 空港での諸手続き / airport frisking 空港での所持品検査〈ボディーチェック〉. ⇨ frisk

G airport ground service〈略〉AGS 空港グランドサービス.

H airport heating and cooling system 空港空調設備 / airport hotel エアポート・ホテル, 空港ホテル. ☆空港の中またはその周辺にあるホテル. ⇨ hotel

I airport information 空港案内 / airport imposed taxes 空港税. ☆空港によって課せられる税金.

K airport kiosk 空港の売店.

L airport landing slot allocation 空港の発着枠の配分 / airport light beacon 空港灯台 / airport lighting 空港照明 / airport limousine 空港リムジン ☆通常は市内から空港へのアクセスとして用いられるリムジン・サービス / airport lobby 空港ロビー / airport lounge 空港ラウンジ.

M airport maintenance 空港整備 / airport marking 飛行場標識.

N airport network 空港ネットワーク / airport noise 空港騒音.

O airport of departure 出発空港 / airport office〈略〉APO 空港支店. ☆空港にある航空会社の営業所 / airport officials 空港の職員 / airport operation 空港管理 / airport operator 空港運営者.

P airport parking lot 空港駐車場 / airport porter《英》空港の手荷物運搬人(=《米》skycap).

R airport runway 空港の滑走路. ⇨ runway

S airport security 空港警備 / airport shuttle 空港シャトル. ☆運航時間帯を組まずに一定の客が集合すると出発する. 予約なしで乗ることができる.

T airport tax 空港税, 出国税, 通行税. ☆通常, 空港施設の改善, 維持のために空港で出国時に旅客から徴収される税金. airport embarkation tax, exit tax, airport tax charge, airport service charge など国によって呼称が違う. ちなみに, 日本では「旅客施設使用料」と言う. ベルギーなどのように発券時に徴収される国もある. / airport transfer 空港への

14

輸送〈送迎〉/ airport transportation 空港と市内間などの輸送〈送迎〉.

air shuttle エア・シャトル, 近距離折り返しの航空便, (通勤用)定期航空機. ☆近距離で利用度の高い都市間を往復する航空輸送. 通常, 予約の申し込みや航空券の購入なしで搭乗し, 一定の客数になり次第出発する不定期便のこと. 旅客の動きが多い2都市間を結ぶケースを指す. 例えば米国の西海岸ではロサンゼルスとサンフランシスコ間を飛ぶ US Airways, 東海岸では首都ワシントンとニューヨーク間を飛ぶ American Eagle などがある. ⇨ shuttle (flight)

air ticket 航空券. 別称 airline ticket; airplane〈plane〉ticket. ☆空港や機内では状況判断ができるので単に **ticket** とも言う. 正式には **passenger ticket and baggage check** (旅客切符および手荷物切符)と言い, 「旅客切符」と「手荷物切符」の2つの機能を併せもつ. 国際航空券の「クーポン(搭乗用片)」には下記の4つの用片が複写になっている. 旅客に手渡されるのは flight coupon と passenger coupon である. flight coupon は搭乗の際に切り取られる. 裏面には **Conditions of Carriage** (運送約款)が明記されている.

1 **agent coupon**「発行所〈代理店〉用片」国際航空券の中にある複写の1枚で, 切符を発行した代理店の控え.
2 **audit coupon**「審査用片」国際航空券の航空会社用控え. 発行代理店より銀行経由で各航空会社へ送付され, それによって審査確認する.
3 **flight coupon**「搭乗用片」旅客が搭乗の際に航空会社に渡す国際航空券の中の一片.
4 **passenger coupon**「旅客用片」国際航空券の中にある旅客用の控え.

air turbulence 乱気流. ▶ clear-*air turbulence* 晴天乱気流 / (be) hit by *air turbulence* 乱気流に巻き込まれる.

【機内放送】 Our plane is expected to go through *air turbulence*. We recommend that throughout the flight you keep your seatbelt fastened when seated securely, in case of an unexpected *air turbulence*. Thank you. 当機は乱気流を通過することが予測されます. 飛行中は予期せぬ乱気流に備え, 着席の際は座席ベルトをしっかりとお締めになるようお勧めいたします. ご協力お願いいたします.

airway 〈略 AWY〉 名 ① 航空路 (=air route). ⇨ airline. ☆航空機が定められた空中を飛行する「路線」のこと.

【空港】 As the *airway* was crowded, the plane couldn't land. 航空路の混雑のため航空機は着陸できなかった.

② 航空会社 (=airline). ☆複数形で単数扱い. ⇨ airways. ▶ British *Airways* 〈略

BA〉英国航空(会社).

airways 名 航空会社. ⇨ airline ③. ▶ All Nippon *Airways* Co., Ltd.〈略 ANA〉全日本空輸株式会社, 全日空.

alien [éiliən] 名 外国人;(在留)外国人. ⇔ citizen (市民, 国民). ☆法律用語または公式用語. ある国に住んでいて, まだその国の国籍・市民権を保持していない人のこと. 通常 foreigner を用いる. ある国の空港の入国管理 (immigration) では「居住者」(**RESIDENT**) と区別するために「外国人」(**ALIEN**) の意味で表示されている.
— 形 外国の(=foreign). ▶ *alien* resident 在留外国人, 外国人居住者.

all-inclusive resort 包括リゾート. ☆付属する施設の使用料・食事代金を含めた宿泊料金制度. 各種レジャー施設のサービスなどが追加料金なしで利用できる. **destination resort** とも言う.

all-inclusive tour 包括旅行. ☆交通費, 宿泊費, 食事代, 観光料, ガイド料などの旅行費用のすべてが包括されている観光旅行. ⇨ tour

allowable 形 許される. ▶ *allowable* cabin load〈略 ACL〉貨客許容搭載重量 / *allowable* gross weight〈略 AGW〉許容総重量.

allowance [əláuəns] 名 許容範囲, 許容限度. ▶ baggage *allowance* 手荷物許容量 / duty-free *allowance* 免税限度 / weight *allowance* 許容範囲内の重量制限 / *allowance* cabin load〈略 ACL〉許容搭載量.
空港 The free baggage *allowance* is 20 kilograms for an economy-class passenger, and 30 kilograms for a first-class passenger. 無料手荷物許容量は, エコノミークラスは 20 キロですがファーストクラスでは 30 キロです. ☆許容量は航空会社によって異なる. 許容量以内であれば追加料金は取られない.

altitude〈略 ALT〉名 高度;標高. ☆ altitude は飛行機・山などの海面・地面からの「高度」を指す. 航空用語では altitude を用い, height (高さ) とは言わない. ▶ *altitude* above sea level 海抜高度 / *altitude* of a plane 飛行機の高度 / flight〈flying〉*altitude* 飛行高度.
機内 We are now flying at an *altitude* of 30,000 feet. 当機は高度 3 万フィートで飛行中です.

American Plan 〈略 AP〉(the ～) アメリカ方式宿泊料金制. 1泊3食付きの客室料金制度. ☆ホテルで「室料」と3食込みの「食事料金」が含まれる宿泊方式. リゾートホテルに多い. ⇨ plan

American service アメリカ式〈風〉サービス. ⇨ table (service) [種類と説明]

American Standard Time アメリカにおける標準時間帯. ⇨ standard time

anti-hijacking metal detector ハイジャック防止用金属探知機. ☆ x-ray machine (X線透視装置) とも言う.

anti-motion medicine 酔い止め薬 (=medicine for airsickness).
　【機内】 My friend got airsick. Will you please give him some *anti-motion medicine?* 友達が飛行機に酔ったのです. 酔い止めの薬をいただけますか.

approach 名 ① 着陸進入. ☆特定の意図をもって距離的・時間的に接近すること. エアライン英語としては, 飛行機が着陸のために滑走路に接近して進入すること. ▶ *approach* and landing system 進入着陸システム.
　【機内】 We are making our final *approach* to our destination. これより目的地に向けて最終着陸に入ります.
② 近づく道; 進入路.
　【交通】 All the *approaches* to an airport are blocked by the police 〈snow〉. 空港へ通ずる道はすべて警官〈雪〉によって封鎖されている.
③ 接近, 近づくこと. ▶ notice the *approach* of a car 車が近づくのに気がつく.
— 動 ① (時間的・距離的に) 近づく, 接近する (=come nearer to). ▶ *approach* one's destination 目的地に近づく / *approach* the border 国境に近づく / *approach* the runway 滑走路に近づく.
② (乗物が) 近づく.
　【バス車内】 Your bus stop is *approaching*. You must get off at the next stop. バス停が近づいています. 次の停留所で降りてください.
③ (飛行機が着陸のために) 接近〈進入〉する.
　【空港】 The plane is *approaching* Boston. 飛行機はボストン空港に接近している. ☆ The plane is approaching to〈toward〉 Boston. とは言わない.

area 名 ① (特定の) 地域, 地方 (=region, district). ☆ **area** は広さに関係なく1つの地域を表す一般用語. **region** はかなりの広さの地域で「文化的・社会的・地理的な面」で何か他と

区別される特徴をもつ地方（例 wooded〈forest〉region 森林地帯）. **district** は「行政上の区画」または他の地域と異なった区画のある特徴をもつ地方（例 electoral district 選挙区）. ▶ commercial *area* 商業地区 / metropolitan *area* 首都圏 / residential *area* 住宅地域.

② 地域, 区域, 場所. ▶ baggage claim *area*（空港での）手荷物引取所 / free parking *area* 無料駐車区域 / non-smoking *area* 禁煙区域. ⇔ smoking *area*（喫煙区域）/ parking *area* 駐車地域 / shopping *area* ショッピング街.

③ 範囲, 領域. ▶ the *area* of study 研究領域. ☆ area study は「地域研究」の意味.

◇ **area code**（**number**）地域番号,（電話の）市外局番（=dial code）. ☆該当するその国の「市外局番」のこと. 例えば, New York City は 212. 長距離電話をかけるときに用いる. 英国では **dialing code**, **STD code**, **trunk code** などとも言う. ちなみに「郵便番号」は **zip code** と言う.

電話 What is the *area code* for Boston? ボストンの市外局番は何番ですか.

電話 Dial 011, the country code for Japan 81, and the *area code* 3. ダイヤルする順は 011, 日本の国番号 81, そして市外局番 3 です.

ascend 動 ①（飛行機などが）上昇する（=go up）. ⇔ descend（下降する）

飛行 The airplane is *ascending* into the cloudy sky. 飛行機は上昇して雲の中に入っています.

②（山などに）登る（=climb）,（階段などを）上る. ▶ *ascend* Mt. Everest エベレスト山に登る.

ascent 名 上昇, 上ること. ⇨ descent（下降）. ▶ make a slow *ascent* 徐々に上昇する.

assign 動 ① 割り当てる（=allot）. ▶ *assign* rooms to the annex 部屋は別館に割り当てる.

ホテル The tour director *assigned* hotel rooms to the tour members. 添乗員はツアー参加者にホテルの部屋を割り当てた.

②（時間・場所・期日などを）指定する（=fix）. ▶ *assign* a day for a meeting 会合の日を定める.

観光 Please *assign* a place for the next meeting. 次に集まる場所を決めてください.

assignment 名 ① 割り当て；指定. ▶ *assignment* list 割付表 / seat *assignment* 座席指定.

ホテル I am an escort director of 20 tourists. May I have a room *assignment*

sheet for our party? 20名の観光客の添乗員です. 私達一行の部屋割表を見せていただけますか.
② (場所・期日などの)指定. ▶ *assignment* of a place of meeting 会合場所の指定.

atlas 名 地図本, 地図帳. ☆1枚ずつの地図 (**map**) を本にしたもの. ▶ historical *atlas* 歴史地図帳 / national *atlas* 国勢地図帳 (表) / road *atlas* 道路地図帳 / world *atlas* 世界地図 (atlas of the world).
【観光】 You had better look up the place-name in the *atlas*. 地図帳でその場所の名前を探すとよい.

attach 動 ① 付ける. ⇔ detach (はずす). ▶ *attach* a badge⟨name tag⟩ バッジ⟨名札⟩を付ける.
【空港】 Please *attach* the label to your suitcase. スーツケースには荷札をお付けください.
② (署名・書類などを) 添付する. ▶ *attach* one's signature to the contract 契約書に署名する.

attached 形 添付してある. ▶ *attached* document⟨paper⟩ 添付書類 / *attached* list 添付リスト.
【観光】 According to the *attached* itinerary, we are supposed to set out on a sightseeing tour at 6:00 a.m. 添付された旅程によれば, 私たちは午前6時に観光に出かけることになっています.

attachment 名 取り付け; 付属品. ▶ the *attachment* of labels to suitcases スーツケースにラベルを付けること.

attend 動 ① 出席する, 参列する (=be present at). ☆口語では go to (the party) を用いる. ▶ *attend* a party パーティーに出席する / *attend* a reception (hosted by ~) (~主催の)歓迎会に出席する.
② 付き添う, 同行する.
【入場】 Children must be *attended* by parents. 子供は親の同伴が必要です.
◇ **attend to** 《1》(客の)用件を聴く. (客に)対応する (=wait on); 世話する (=take care of). ▶ *attend to* someone's order (人)の注文を処理する / *attend to* someone's request (人)の依頼を世話する.
【レストラン】 Are you being *attended to*, ma'am? → No. Not yet. 誰かがご用を伺っていますか. → いいえ, まだです. ☆レストラン・売店などで接客係が

19

顧客に対して「対応されているか」どうかを丁寧に尋ねる時の慣用表現である. 状況によっては「機内」でも使用される. Are you being served 〈helped〉? / Are you (being) waited on? / Is anyone 〈someone〉 attending to you? などとも言う.
《2》注意する (=pay attention to).

〔観光〕 Please *attend* carefully *to* your tour guide 〈what the tour guide explains〉. ガイドが説明することをよく聞いてください.

attendance 名 ① 出席, 参列；出席者数.

〔宴会〕 Your *attendance* at the party would be welcome 〈be highly appreciated〉. パーティーにご出席いただければありがたいのですが.
② 世話, 付き添い. ▶ *attendance* allowance 介護〈看護〉手当.

attendant 名 ① 係員. ▶ cabin〈flight〉 *attendant* 客室乗務員.

〔機内〕 There are many flight *attendants* on this plane. They are serving the passengers. 当機には客室乗務員が多数いて, 接客しています.
② (顧客の)世話人, 接客〈案内〉係. ▶ hotel *attendant* (宿泊客のための)ホテル世話人〈接客係〉(=attendant at a hotel) / museum *attendant* 博物館の案内係.

〔掲示〕 PLEASE WAIT FOR OUR *ATTENDANT*. 「案内するまでお待ちください」(=WAITED TO BE SEATED.)
③ 出席者, 列席者, 参列者. ▶ *attendant* at a ceremony 式の参列者.

auditorium (複 -ria) 名 ① (劇場などの)観客席, 聴衆席. ▶ *auditorium* seating 客席.

〔劇場〕 The *auditorium* was packed to capacity with people to see the first concert hall performance. 観客席はコンサートの最初の演奏を見る人で超満員だった.
② 講堂, ホール. ▶ multipurpose *auditorium* 多目的ホール.
③ 公会堂, 会館. ▶ civic *auditorium* 市の公会堂.

authorize [ɔ́:θəràiz] 動 正式に認可する, 正当と認める.

〔両替所〕 We are not *authorized* to accept Japanese yen. 日本円は扱えません.

authorized 形 公認されている. ▶ *authorized* period of stay 在留許可期間 / *authorized* foreign exchange bank 外国為替公認銀行 / *authorized* money exchanger 公認両替所 (=money changer).

automated [ɔ́:təmeitid]（アクセントに注意）形 オートメーション化された；自動化された．☆ **automate** 動「自動化する」．
◇ **automated gates** 自動化ゲート．
　空港 The *automated gate* system identifies users by passports and fingerprints and allows them to go through arrival or departure examination procedures automatically. 自動化ゲートは旅券と指紋の照合により本人確認を行い，自動的に出入国手続きを行うことができるシステムである．
◇ **automated-teller machine**〈略 ATM〉現金自動支払機（=automatic-teller machine）．☆英国では cash dispenser と言う．
◇ **automated ticket** 自動発行航空券．☆ コンピューター予約記録装置と連動し，自動的に発券される航空券．
◇ **automated ticket and boarding pass**〈略 ATB〉航空券と搭乗券の合体航空券．☆搭乗手続きの簡素化をはかるため，購入時に座席指定や自動改札を可能にした．⇨ ticket ①航空券（ticket printer）
◇ **automated ticket gate**〈**barrier**〉自動改札機〈口〉．⇨ automatic (ticket gate).

---

automatic [ɔ́:təmǽtik]（アクセントに注意）．☆自動で（auto）動く（matic）．
— 名 ① 自動操作機械〈装置〉，自動機器．
　② オートマチック車（=automatic transmission car），自動変速装置付きの車．
— 形 自動的な，自動式の．⇔ manual（手動式の）

---

automatic の関連語

D automatic door 自動開閉ドア．
P automatic pilot（航空機・船舶の）自動操縦〈操舵〉装置（=autopilot）/ automatic pilot system 自動操縦装置．
T automatic teller card〈略 ATC〉キャッシュ・カード，現金自動支払機に用いるカード / automatic ticket gate〈checker〉自動改札機〈口〉．☆ automated ticket gate とも言う．/ automatic ticket vending machine 自動券売機，自動切符販売機 / automatic transmission（自動車の）自動変速装置．⇔ manual transmission; stick shift. ☆日本語の「オートマ」「ノー・クラッチ車」は英語では a car with automatic transmission と言う．/ Automatic Train Control〈略 ATC / A.T.C.〉自動列車制御（装置）/ Automatic Train Operation〈略 ATO〉自動列車運転装置 / Automatic Train Protection〈略 ATP〉自動列車防護装置 / Automatic Train Stop〈略 ATS / A.T.S.〉自動列車停止装置．
V automatic vending machine 自動販売機（=《英》slot machine, automat）．⇨ automat
W automatic walkway 自動旅客運送ベルト，（ベルトコンベヤー式の）動く歩道．

automatical front system 自動宿泊手続きシステム. ☆宿泊利用者がホテル係員と直接に接することなくチェックインできるシステム. 予約ナンバーをコンピューターに入力すると部屋番号が指定される. room key はなく, 指定された secret number をドアに設置された number board に打ち込むと開錠（かいじょう）(open) される. または room key が直接宿泊利用者に提供されるシステムもある.

autopilot 名 自動操縦装置(=automatic pilot). ☆正式には Auto Pilot System と言う.
◇ **autopilot for landing** 着陸用の自動操縦装置. ☆悪天候の着陸時などに自動着陸（automatic landing）を行なう場合に使用する.

Athens, Greece

Buenos Aires, Argentina

Adelaide, Australia

baggage 〈略 BAG〉图 手荷物, (旅行用)荷物.

> **baggage の種類**
>
> 空港のチェックインカウンターで処理する荷物は, 主として「機内持ち込み手荷物」(accompanied baggage; carry-on baggage; unchecked baggage) と「委託〈別送〉手荷物」(unaccompanied baggage; checked baggage) の2種に大別される。
>
> **A** accompanied baggage 機内持ち込み手荷物.
>
> **C** cabin baggage 機内手荷物；船室手荷物(船室行きの手荷物)／carry-on baggage 機内持ち込み手荷物／checked baggage 受託手荷物, 預託手荷物(=registered baggage). ⇔ unchecked baggage
>
> **E** excess baggage (重量制限)超過手荷物, 制限外手荷物. 通称「エクセス」. ☆ excess baggage charge (手荷物の超過料金).
>
> **H** hand baggage (機内・船内持ち込み)携帯手荷物(=hand-carry〈carry-on, cabin, accompanied, unchecked, overnight〉baggage)／hold baggage ホールド・バゲッジ；船倉荷物. ☆旅客の移動時に持ち運ばずに, 帰るまで一時預けておく荷物. 通称「ホールド」.
>
> **L** lost baggage 紛失荷物. ☆ lost baggage report 荷物紛失報告書.
>
> **M** mishandled baggage 行方不明の荷物, 不手際に取り扱われた手荷物／missing baggage 行方不明の荷物；紛失している手荷物.
>
> **O** overweight baggage 重量超過手荷物.
>
> **P** passenger baggage 旅客手荷物／personal baggage 身の回りの手荷物／pool baggage 共同計量手荷物(=pooling baggage). ☆同一便で旅行する団体(例 家族)が各人ではなく, グループで一括して機内持ち込み荷物を計量する. 総量が許容範囲内であれば個別には許容量を越えることができる.
>
> **R** registered baggage 委託〈受託〉手荷物(=checked baggage).
>
> **T** through checked baggage (到着まで)通しの運送委託手荷物. ☆出発地から目的地まで通して運送される荷物.
>
> **U** unaccompanied baggage 別送手荷物. ☆通称「アナカン」. ／unattended baggage 持ち主不明の手荷物／unchecked baggage 機内持ち込み手荷物. ⇔ checked baggage. ／unclaimed baggage (所有者に)引き取られない手荷物.

baggage の関連語

A baggage allowance 手荷物許容量；手荷物制限. ☆航空機などで設けられている重量または個数・容量についての制限. ☆ free *baggage allowance* 無料手荷物許容量 / baggage area 手荷物受取〈引取〉所. ⇨ baggage claim area

B baggage barrow （2輪の）手荷物車.

C baggage car （列車の）荷物専用車 (=《英》luggage van)；（客車に連結される）荷物車両. ⇨ car（種類）/ baggage carousel （乗客の荷物を運ぶ）回転式コンベア / baggage cart 荷物用の手押し車, 荷車 / baggage charge 荷物料金. ☆ excess *baggage charge*「手荷物の超過料金」. / baggage check 手荷物検査 (=security check; luggage inspection)；手荷物の引換券, 手荷物預かり証 (=claim tag; luggage ticket)/ baggage check room 一時手荷物預かり所 (=《英》left-luggage office). ☆単に check room とも言う. / baggage claim （空港の）荷物受取り, 手荷物引渡. ☆空港に到着すると Baggage Claim の表示された所に進む. 荷物が見つからない場合は「遺失物取扱所」(lost & found office) に baggage claim tag を見せて事情を説明する. / baggage claim area 手荷物受取所, 手荷物引き渡し所 (=baggage claim counter). ☆飛行機の旅客が目的地に着き, 出発前に預けた荷物を受け取る場所. / baggage claim check 委託手荷物引換証〈券〉(=baggage claim tag; baggage identification tag;《英》luggage claim ticket). ☆受託手荷物の確認のために航空会社が発行する合札のこと. 一片は依託手荷物に付けて輸送し, 他の一片は旅客に渡して, 目的地で旅客が手荷物を受け取る時の照合確認に使用する. / baggage claim information 手荷物受取所案内. ☆中国系の空港などでよく見かける委託手荷物を受け取る先〈場所〉を示す案内板での英語. / baggage claim counter 手荷物受取所 (=baggage claim area)/ baggage claim tag 手荷物引替証〈券〉；手荷物の合符 (=baggage claim check; baggage identification tag;《英》luggage claim ticket). ☆「出発地」で委託手荷物を預けた時に受け取る引換券. 「到着地」で委託手荷物を引き取る時の照合札である. 単に baggage tag または claim tag とも言う / baggage clerk 手荷物係員 / baggage collection 集荷；荷物の収集. ☆荷物集配の一種で, ホテルでチェックアウトをする宿泊客〈団体客〉の手荷物を指定した時間までに各部屋から集めてロビーに降ろす業務. 米国では baggage down とも言う. ⇔ baggage delivery. / baggage compartment 手荷物格納庫〈室〉. ☆機内に設置され, 手荷物や手回り品を収納する場所. / baggage conveyor belt （空港の）手荷物渡し用ターンテーブル〈回転式テーブル〉.

D baggage declaration form〈card〉手荷物税関申告書, 所持品申告用紙, 荷物申告書 / baggage delivery 手荷物の配達〈引き渡し〉. ☆手荷物の集配の一種で, ホテルでのチェックインを済ませた宿泊客〈団体客〉の荷物をフロントから各部屋に配達する業務. ⇔ baggage collection / baggage down 荷物降ろし. ☆ホテルでベルパーソンが荷物をロビーまで降ろすこと. ⇨ baggage collection

E baggage examination 手荷物検査（=baggage inspection）.

F baggage fee 手荷物運賃.

H baggage handling 手荷物の取扱業務. ☆baggage handling charge「手荷物取扱料」. / baggage handler 荷物取扱係. ☆飛行機・列車・バスなどの荷物係.

I baggage identification tag 手荷物引替券；手荷物引替証 / baggage inspection 手荷物検査. ☆baggage check, baggage examination とも言う. ハイジャック防止のため搭乗前に所持品を検査すること. ☆X-ray *baggage inspection*「エックス線による手荷物検査」. / baggage inspector 手荷物の検査係官 / baggage insurance 手荷物保険.

L baggage labeled for (Boston)（ボストン）行きの荷札を付けた手荷物 / baggage liability 手荷物保険 / baggage limit 手荷物制限 / baggage list 手荷物〈携帯品〉目録 / baggage locker 手荷物用ロッカー, コインロッカー（=luggage locker）. ⇨《米》cloakroom;《英》left-luggage office.

M baggage mishandling 手荷物の不手際 ☆mishandled baggage「不手際に扱われた手荷物」. / baggage monitor 手荷物モニター（装置）.

O baggage office《米》手荷物取扱所, 手荷物預かり所（=baggage room;《英》left luggage office）.

P baggage pickup and storage 荷物の集配と保管.

R baggage rack《1》(乗物などの) 荷物棚 (=《英》luggage rack),《米》網棚. ☆単に rack とも言う.《2》(ホテル客室の) 荷物台 (=baggage stand). ☆「折り畳み式」と「固定式」のものがある. / baggage room（空港・駅・ホテルなどの）手荷物一時預かり所（=cloakroom;《英》left luggage office）. ⇨ storeroom（長時間の保管）, bond（保税倉庫留置）

S baggage service 手荷物サービス. ☆乗客が預けた荷物について何か問題（例 荷物が届かない苦情）が生じた場合に処理するサービス. ☆*baggage service* department「手荷物処理所（手荷物サービスを処理する場所）」. *baggage service* office「荷物取扱事務所（手荷物サービスを管理する場所）」. / baggage sticker（旅行社が）手荷物にはるラベル (=baggage tag)/ baggage stand 手荷物台. ☆ホテル客室などに備えられ, baggage rack とも言う. / baggage storage（手）荷物保管室 / baggage strap スーツケース用バンド.

T baggage table（空港の）手荷物渡し用のターンテーブル〈回転テーブル〉/ baggage tag（手荷物の）荷札 (=baggage sticker;《英》luggage label)/ baggage transfer 手荷物の移動〈移送〉/ baggage turntable 回転式荷物台. ⇨ carousel

V baggage van 手荷物車.

Baggage Inspection in the U.S.A. 米国での搭乗手続き例

アメリカのチェックインカウンターで質問される事項がある．下記に示す．
B ＝「係員」, A ＝「旅客〈乗客〉」(返答の内容また表現は人によって異なる)

(1) **B:** May I see your passport (or Photo ID)?
   A: Here you are.
(2) **B:** Has any unknown person asked you to carry anything on the airplane?
   A: No. (No one has.)
(3) **B:** Have the bags been under your control since you packed them?
   A: Yes, they have.
   B: Did you pack your bags by yourself?
   A: Yes, I did.
(4) **B:** How many bags are you checking today?
   A: Just one. / Two.
(5) **B:** Do you have carry-on baggage〈luggage〉?
   A: Yes, I do. / No, I don't.

和訳
(1) **B:** パスポート（写真入りの身分証明書）を拝見できますか．
   A: はい，どうぞ．
(2) **B:** 見知らぬ人から何か機内に持ち込むように頼まれましたか．
   A: いいえ．（だれからも頼まれませんでした）
(3) **B:** 荷造りをしてから荷物を自分で管理していましたか．
   A: はい，していました．
   B: 自分で荷造りをしましたか．
   A: はい，自分でしました．
(4) **B:** 今日，預ける荷物はいくつですか．
   A: 1つだけです．／2つです．
(5) **B:** 機内に持ち込む荷物はありますか．
   A: はい，あります．／いいえ，ありません．

●ロサンゼルス空港では下記の**質問事項**（FAA Security Requirements「手荷物保安検査要件」）がある．英語の不得手な観光客のために英語と日本語で書かれた用紙が準備されている．（FAA ＝ Federal Aviation Association）

(1) Has anyone unknown to you asked you to carry an item on the flight?
(2) Have any of the items you are traveling with been out of your immediate control since you packed them?

(3) Please control your carry-on baggage at all time to prevent the introduction of dangerous items without your knowledge and do not accept items from unknown persons.

和訳 ロサンゼルス空港での質問事項
(1) 見知らぬ人から何か品物を機内に運ぶように頼まれましたか.
(2) 荷造りをした後に, 荷物がお客様の目のとどかぬ所に放置されましたか.
(3) お客様の機内持ち込み手荷物につきましては外部からの危険物混入を避けるため, お手荷物より目を離さないようにお願い申し上げます. また, 見知らぬ人より品物をお預かりにならぬようにお願い申し上げます.

●アメリカの空港で搭乗手続きする時, 下記の**確認事項**がある. 州によっては和訳付きの掲示もある.

THINK BEFORE YOU PACK.（手荷物制限をご確認ください）
You may be surprised to learn that some seemingly harmless goods can be dangerous on board an aircraft. Air travel is one the safest means of transportation. You are requested to help keep it safe by observing some basic rules.
A: Matches or lighters are forbidden in baggage because they may ignite by friction.
B: Flammable liquids (fuel, paint, solvents, adhesives and flammable gases such as lighter refills and camping gas) might leak and cause a fire.
C: Fireworks, signal flares and other explosives might detonate because of their sensitive nature.
D: Household items and industrial products such as bleaches, drain cleaners, many aerosols, mercury and solvents contain dangerous chemicals which can cause toxic fumes and corrosion.

和訳 アメリカの空港での確認事項
外見上は一見無害のように見えるものでも, 航空機にとっては危険です. 空の旅は最も安全な交通手段といわれていますが, 空の安全を確保するために決められたルールを守ることが大事です.
A: マッチやライターは摩擦で発火しやすいので鞄に入れることは禁じられています.
B: 燃料, 塗料, 溶剤, 接着剤, ライター補充用ガスやキャンプ用ガスなどの引火性気体は, 漏れて発火する危険性があります.
C: 花火, 信号弾, その他爆発物は振動で発火する危険があります.
D: 漂白剤, 排水パイプクリーナー, エアゾール, 水銀剤, 溶剤のような家庭用品また工業製品は, 有害な気体の発生や腐食作用がある危険な化学薬品を含んでいます.

barge [báːdʒ] 名 ①はしけ, だるま船, (川・運河で用いる)平底の荷船. ▶ *barge* cargo 積荷 / *barge* pole (はしけ用の)押しざお, 船さお / *barge* transport 〈transportation〉はしけ輸送 / river *barge* 川船.
　②(大型)遊覧船, (儀式用の豪華な)御座船. ☆運河用の船は canal boat, 屋台船は house boat と言う.

barrow 名 (手押しの)《米》一輪車(one-wheel barrow), 《英》二輪車(two-wheel barrow);(ポーターやボーイの押す)手荷物車(hand barrow).

bassinet 名 ①(ほろ付きの)揺りかご;(ほろ付きの)乳母車, 新生児用かご型ベッド.
　②(機内にある乳児用の)簡易ベット. ☆安全のためにかご〈ベッド〉の端が機内に固定されるようになっている.

bed 名 ベッド, 寝台, 寝床. ☆マットレス(mattress)・寝具類(bedclothes)・寝台架(bed frame)をすべて含む.

bed の種類

B baby bed ベビーベッド(bassinet(バスケット型)と crib(クリブ型)がある)/ bunk bed (子供用)二段ベッド.

C California king-sized bed カリフォルニア・キングサイズの大型ベッド(長さ200cm ×幅180cm 程度. King-sized bed より狭く, queen-sized bed より幅広い, 2人用ベッド)/ camp bed 《英》(キャンプ用)折り畳み式ベッド(=《米》cot)/ canopy bed 天蓋の付いたベッド / carry-cot 《英》(赤ん坊用の)携帯ベッド / chair bed (折り畳み式の)いす兼用ベッド / chest bed チェストベッド(ベッドの下が引き出しになっている)/ convertible bed ソファー兼用の補助ベッド.

D day bed デイベッド(昼はソファー, 夜はベッドとして使用する)/ deluxe single bed デラックス・シングル・ベッド(semi-double bed の別称)/ double bed ダブル(2人用)ベッド(長さ200cm ×幅140cm 程度).

E extra bed 補助ベッド, 2人用寝具.

F folding bed 折り畳み式ベッド.

H hideaway bed 隠しベッド(昼間は壁などにはめ込まれていて, 夜はベッドとして使う); 折り畳み式のソファー兼用ベッド / Hollywood bed ハリウッド・ベッド(シングルベッドを2台合わせたベッド)/ Hollywood twin ハリウッド・ツイン(2つのシングルベッドを密着させて並べ, ダブルベッドとして使用するタイプの部屋).

J junior bed ジュニアベッド(棚のある子供用のベッド).

- **K** king-sized bed キングサイズ・ベッド（長さ200cm×幅200cm 程度．ベッドの中で最も広い．2人用ベッド）．
- **M** Murphy bed マーフィー式ベッド．☆壁面収納式ベッドのこと．
- **Q** queen-sized bed クィーンサイズ・ベッド（長さ200cm×幅150cm 程度．double bed より幅広く，king-sized bed より狭い）．
- **R** rollaway (bed) 移動式補助ベッド（ローラー（車輪）付き折り畳み式移動ベッド）．
- **S** semi-double bed セミダブル・ベッド（シングルベッドとダブルベッドの中間の大きさのベッド：長さ200cm×幅120cm 程度）/ single bed シングル（1人用）ベッド（長さ200cm×幅90から100cm 程度）/ sofa bed ソファーベッド（=convertible couch）/ studio bed スタジオ・ベッド（ソファー兼用の補助ベッド）．
- **T** trundle bed 脚車付きの低いベッド（使わないときは他のベッドの下に収納される）/ twin bed ツインベッド（シングルベッドが2つある）．
- **W** wall bed ウォールベッド（壁面に埋め込み式の補助ベッド）/ water bed ウォーターベッド．

bed の関連語

bassinet 幼児用ベッド / **berth** （列車・船などの）ベッド〈寝台〉/ **bunk** （車内・船内の）ベッド〈寝台〉/ **cot** 簡易ベッド；《英》小児用ベッド / **couch** 長いす，寝いす，ベッド兼用ソファー / **crib** 《米》小児用ベッド（=baby cot）

belongings

（複数形に注意）图 所持品．☆税関また観光バスや機内を出るときによく聞かされる用語である．元来belongingsは土地・家屋・金銭などを含まない「財産・所持品」を指す．▶ personal *belongings* 個人の所有物，身の回り品（=personal effects）．

【バス車内】You should take all of your *belongings* out of the bus. 所持品はすべてバスに残さずにお持ちください．（=Please make sure you don't leave any *personal belongings* behind.）

Bermuda plan

バミューダ・プラン．☆朝食込みの宿泊料金制度．⇨ plan（種類）

berth

[bá:θ] 图 （飛行機・列車・客船などの）寝台，段ベッド，寝場所．☆列車や船舶の寝台は **bed** とは呼ばない．▶ the first-class *berth* 1等寝台 / the lower〈middle, upper〉*berth* 下段〈中段，上段〉寝台 / the sleeping *berth* 寝台．

【旅行】Please reserve three second-class *berths* in a sleeper for us. 寝台車の2等寝台を3つ予約してください．

bill

图 ①勘定，会計；勘定書，請求書；ツケ．☆米国では **check** と言う．billにはサインをする

伝票 (**chit**) がついている. ⇨ check. ▶ master *bill* 親勘定 (=master account), 団体勘定 / separate *bill* 別勘定 / single *bill* ひとつ〈いっしょ〉の会計 (=one bill)/ settle the *bill* 勘定書を作る / pay the *bill* for $ 90 勘定 90 ドルを支払う.
　レストラン Let's split the *bill* for lunch. ランチは割り勘にしよう. ☆ Let's go Dutch for lunch. とも言うが, オランダ人 (Dutch) に失礼にあたるかもしれないので避けるほうがよい.

② 《米》紙幣. ☆英国では **note** と言う. 米国の紙幣には 1, 2, 5, 10, 20, 50, 100 ドルがある. ⇨ note. ▶ small-denomination *bill* 少額紙幣.
　☆紙幣の種類と枚数は「〔枚数〕+〔額面の数字 -dollar〕+〔bills〈notes〉〕」の形で表現できる. 例 a〈one〉ten-dollar *bill* 10 ドル紙幣 1 枚 / five ten-dollar *bills* 10 ドル札 5 枚.
　銀行 A piece of paper money is called a *bill* in the U.S. and a note in the U.K. 1 枚の紙幣は米国では bill, 英国では note と言われる.
　銀行 How would you like the money? → One twenty-dollar *bill* and two ten-dollar *bills*, please. お金はどのようにしましょうか. → 20 ドル札を 1 枚, 10 ドル札を 2 枚ください.

③ (税関の) 申告書. ▶ *bill* of entry 入港証書；税関申告書. ⇔ bill of clearance「出港証書」

④ 目録；献立表；番組 (=program). ▶ *bill* of fare 献立表；メニュー (=menu)/ theater *bill* 劇場の番組〈出し物〉.

⑤ ビラ, はり札, ポスター, ちらし (=handbill). ▶ concert *bill* 音楽会のビラ.
　掲示 Post No *Bills*. 「はり札お断り」. ☆ Stick No *Bill*. とも言う.

— 動 ① 勘定を請求する；請求書〈勘定書〉を送る.
② ビラを貼る, はり札をする. ▶ *bill* the town 町中にビラを貼る.

---

billfold 名 《米》札入れ, 財布 (=wallet).
　関連語 **billfold** 紙幣を折り畳む財布. **wallet** 紙幣を折らずに平らに入れる財布. **coin purse** 小銭入れ専用の財布. **money clip** 紙幣を折ってピンでとめる財布.

---

block 名 ① 《米》(市街の) 街区, ブロック. ☆距離を表す単位で用いられる. 市街地での 4 面道路で囲まれた 1 区画, またはその 1 辺の長さのこと. 1 ブロックは都市の街区にある一辺の距離. 通常 1 マイル (約 1.6 km) の距離は都市部では 20 ブロックに相当する. ▶ live two *blocks* away from the hotel ホテルから 2 区画行った所に住む.

② 木片, 木塊, 台木. ☆空港で駐機中の飛行機を見ると, ヒモのついた大きい積み木のような「木片」があり, 停止している飛行機の前輪に噛ませてある.

◇ **block off** ブロック・オフ．☆飛行機の出発時に block を「はずす行為」のこと．
◇ **block-off time** ブロックオフ・タイム．☆block をはずす瞬間が離陸直前なので飛行機の正式な「出発時刻」．
◇ **block time** ブロック・タイム．☆飛行機が空港の出発地点からブレーキをはずして push back（出発の時に飛行機を専用車が後ろ向きに押して行く操作）し始めた時刻（**block out**）から，飛行を終えて目的地の空港に到着し，誘導路から駐機場に来てブレーキをかけて停止する時刻（**block in**）までの時間のこと．flight time と区別すること．⇨ flight の関連語
◇ **on block** オン・ブロック．☆飛行機が駐機場で「停止している状態」のこと．

③（ホテルの部屋などの）一括予約 (=blocking)．☆ホテルの特定の客室を一定数以上まとめて予約すること．またホテル・レップ（hotel representative）などのためにあらかじめ客室を確保すること．⇨ blocking
◇ **blocked room**（予約時における）特別指定の客室．☆VIP 客用の suite room，または adjoining room や connecting room などがある．⇨ room

④（定期便の座席などの）一括予約．☆航空機の座席などの確保のために定期便の一便を貸し切ること．⇨ blocking

⑤ 活字体．
◇ **block capital** 活字体〈ブロック体〉の大文字．
　空港 Please write your name using *block capitals*. 名前は活字体〈ブロック体〉の大文字で書いてください．
◇ **block letter** 活字体〈ブロック体〉の文字．☆線が全部同じ太さでひげ飾りのない棒字．通常は大文字．
　空港 You must write your name in *block letters*. 名前は活字体〈ブロック体〉で書いてください．
◇ **block style** 活字体〈ブロック体〉．☆左をそろえて書くこと．⇔ script style（筆記体）．
　空港 When you fill in〈out〉the baggage declaration form, you must write in *block style*, not in script style. 手荷物税関申告書に記入する時には筆記体ではなく活字体〈ブロック体〉で書いてください．

— 動（道路・交通など）ふさぐ．
　交通 Traffic was *blocked* with a stalled limousine which heads for the airport. 空港に向かっていて立ち往生したリムジンのため交通は麻痺した．

---

blocking 名 一括予約．☆予約の段階であらかじめ客室を指定して確保しておくこと．ホテルの客室，または航空機の座席などの一括予約．または定期便の一便を貸し切ることなどがある．

[ホテル] A *blocking* of hotel rooms is often made by a major〈local〉travel agent for a number of tourists. 大手〈地元〉の旅行業者が多数の観光客用にホテルの客室を一括予約することがよくある.
  ◇ **blocking room** ブロッキング・ルーム. ☆航空会社の乗務員のために長期占有契約をした客室. あるいは特定VIPまたは国際会議などのために事前に一括予約してある特別客室. blocked room とも言う. ⇨ room

board [動] ① (飛行機に)搭乗する;(船内に)乗船する;(列車,バスなどに)乗車する.
  ② (飛行機に)搭乗させる.
    [空港] JAL flight 123 bound for Rome is now *boarding*. ローマ行きのJAL 123便はただ今搭乗中です.

boarding [名] 搭乗, 乗船, 乗車.
  [空港] *Boarding* should begin in about 30 minutes. The boarding gate is quite far so you had better proceed to Immigration right now. 30分ほどで搭乗が開始されます. 搭乗口はかなり遠いのですぐに出国審査に行くほうがよいでしょう.
  ◇ **boarding announcement** 搭乗〈乗船〉案内.
    [空港] Please proceed to the lounge and wait for the *boarding announcement*. 待合室へ進み, 搭乗アナウンスをお待ちください.
  ◇ **boarding area** 搭乗区域;乗船区域.
  ◇ **boarding bridge** 搭乗橋. ☆ターミナルビルから旅客機や客船に乗客や乗員を乗降させるための設備. boarding walkway とも言う.
  ◇ **boarding card** (旅客機の)搭乗カード;乗船カード. ☆ boarding pass, embarkation ticket などとも言う. 接続便に乗り換えるときに手渡されるカード.
    [空港] Here is your *boarding card*. You'll have to show it at the security check before Immigration and also at the boarding gate. お客様の搭乗券です. 搭乗券は出国審査の前に保安検査また搭乗口でも見せる必要があります.
  ◇ **boarding gate** 搭乗ゲート;乗船ゲート. ☆ departure gate とも言う. 空港での搭乗の際には, 地上職員 (ground staff) は通常3人1組で行動し, トランシーバーで相互に連絡し合う. 搭乗放送は約30分前である.
    [空港] Please go to Immigration and then your *boarding gate* after check-in. 搭乗手続きを終えたら出国手続きへ進み, それから搭乗口へ行ってください.
  ◇ **boarding gate number** 搭乗ゲート番号.
    [空港] What is the *boarding gate number* for JAL flight 002 bound for San Francisco? サンフランシスコ行きJAL002便の搭乗口は何番ですか.
  ◇ **boarding list** (旅客機の)搭乗者名簿, (客船の)乗船名簿. ⇨ manifest

◇ **boarding pass** 搭乗券. ☆ boarding card; gate pass; embarkation ticket などとも言う. 乗客は搭乗手続きカウンターで航空券 (flight coupon) を渡し, 代わりに搭乗券を受け取る.
　【空港】 Here is your *boarding pass* and baggage claim tag. I've clipped your baggage tag to the cover of your ticket. 搭乗券と手荷物引換券をどうぞ. 航空券の表にクリップで引換券をとめておきました.

◇ **boarding procedure(s)** 搭乗手続き；乗船手続き (check-in procedures). ☆搭乗する航空会社の受付で, 旅券・航空券, 必要な場合は検疫証明書を提示する.
　【空港】 For the *boarding procedures*, international flight passengers are requested to pass〈go〉through Customs, Passport Control and Security Checks. 搭乗手続きとして, 国際線の乗客は税関手続き, 出国審査それに保安検査を受けることになっています.

◇ **boarding ramp** タラップ (昇降台). ☆ boarding steps; passenger loading bridge などとも言う. 飛行機の乗降の際に使うはしご, または移動式階段.

◇ **boarding requirement(s)** 搭乗要件.
　【空港】 Passengers are requested to go to the designated airline, and proceed with all *boarding requirements*. 乗客は指定された航空会社に行き, 搭乗要件を備えて手続きをする必要がある.

◇ **boarding steps** タラップ (=boarding ramp).

◇ **boarding time** 搭乗時間.
　【空港】 What is the *boarding time*? Please tell me when the *boarding time* is announced. 搭乗時間は何時ですか. 搭乗時間が放送されたら知らせてください.

◇ **boarding walkway** ボーディング・ブリッジ, (旅客機の) 搭乗橋. ☆飛行機と搭乗ロビーが離れている場合, 航空機に架けて旅客の乗降時に使用する橋のこと. 伸び縮みするタコの足のような天井付きの橋もある. 日本語では「ボーディング・ブリッジ」と言うが, 英語では boarding walkway, passageway, 米国では Jetway (商標) とも呼ばれる.

---

body search (空港での) ボディーチェック〈保安検査〉. ⇨ frisk / security check. ☆日本の空港などで用いる「ボディーチェック」は和製英語である. 英語では body search, security check, frisk などと言う. 英語の body check はアイスホッケー用語 (相手の動きを体で阻止すること) である. ちなみに, 服の上から軽くたたいての検査は pat-down search と言う. ▶ have a second *body search* at the boarding gate 搭乗口で再度ボディーチェックされる.

— 動 ボディーチェック〈保安検査〉する. ▶ *body-search* each passenger for weapons 武器の所持を調べるため各乗客のボディーチェックをする.

bond 名 保税倉庫留置. ☆外国に入国する時, 課税対象となる品物で持ち込む必要のない物は, 税関の[保税倉庫](bonded warehouse)に一時的に預ける. そして出国の際に「保税倉庫留置量料」(bond fee)を支払って品物を受け取る.

　[税関] Your duty-free purchases are usually put into an in-*bond* area at the airport. 免税店での購入品は通常空港の保税倉庫に保管される.

— 動 保税倉庫に入れる〈預ける〉.

　[税関] We'd like to have these things *bonded*. これらの物をボンド扱いにしてほしい.

book 動 （ホテルの部屋, 乗物・劇場などの座席を）予約する (=《米》reserve; make a reservation)

　[ホテル] I *booked* a twin room, but this is a room with a double bed. ツイン部屋を予約したのに, これはダブルベッドの部屋です.

booking 名 （ホテル・レストラン・乗物などの）予約 (=《米》reservation); （切符などの）予約. ▶ the *booking* of a 2-night stay　2泊の予約.

　[関連語] **advance booking** 事前予約. **double booking** 二重予約. ☆ホテルで, 1部屋にダブって〈二重に〉2人の異なる宿泊客に OK を与える状態. **duplicate booking** 重複予約. ☆予約を確保するために第1希望と第2希望を重複して予約すること. **minimum booking** 最小催行人数. **online booking service** オンライン予約サービス. **prior booking essential** 要予約. **telephone booking** 電話による予約. **overbooking** 超過予約受付. ☆取り消しを見込んで多めに予約を受けつけること. (**make**) **a provisional booking** (**for a hotel room**)（ホテル部屋を）仮予約（する）.

　[空港] Recently passengers can make *bookings* of flight ticket over the Internet. 最近は乗客が航空券をインターネットを通して予約できる.

◇ **booking clerk** 《1》(ホテルの)部屋予約係.《2》(駅の)出札係; 発券係; 切符売場係.

◇ **booking office** 《英》(駅の)出札所; (駅・劇場などの)切符売り場 (=《米》ticket office).

◇ **booking status** 予約状況 (=status of booking). ☆希望する座席が「予約可能」か, あるいは「空席待ち」なのかといった情報がある. 単に status とも言う.

◇ **make a booking** (**for**) 予約をする (=book). ▶ *make* flight *bookings* over the Internet　航空券をインターネット経由で予約する / *make a booking* for two seats on AA flight 007　AA 航空 007 便の座席2枚を予約する / *make a booking* for two seats at the theater　芝居の座席2枚を予約する.

　[観光] *Bookings* should be *made* in advance. 事前に予約すべきです.

border 名 （国・州・地方などの）境界（線）, 国境地帯, 境界線. ☆ border は国と国との

地理的境界（山・川など）を指す場合が多い．boundary は 2 つの地域・地方などの境界，frontier は他国との境界を指す．▶ formalities at *borders* 国境諸手続き / the *border* of the prefecture 県境 / *border* control 国境警備員；国境検疫所；出入国管理 / cross〈pass across〉the Italian *border* イタリア国境を越える / Mont Blanc, the highest mountain in the Alps, on the *border* of France and Italy フランスとイタリアの国境にあるアルプス山脈の最高峰モンブラン．

〖空港〗 You should carry your passport when you cross the *border*. 国境を越える時には旅券が必要です．

boundary 名 ①境界〈国境〉（線）．▶ the river forming the *boundary* between the two states 2州の境界線となっている河川．

box office （映画館・劇場・スタジアムなどの）切符売り場．⇨ ticket office〈window〉, booking office. ☆日本語で「プレイガイド」と言うが英語の play guide は「映画・演劇案内の印刷物」の意．

〖劇場〗 We don't take telephone bookings. Can you come to the *box office*? 電話での予約はお受けしておりません．切符売り場にお越しください．

box seat （劇場・競技場などの）桟敷内の座席, ボックス席．☆劇場のます席〈仕切り席〉；特等別席．▶ the royal *box seat* at the theater 劇場の貴賓席．

〖劇場〗 *Box seats* are all booked. ボックス席は満席です．

briefing 名 ブリーフィング, 簡潔な連絡指示, 概況説明．☆業務遂行の前に関係者・乗務員が行う簡単な打ち合わせ．特に航空業界では飛行前の簡単な概況説明のことで, 乗務員が飛行前にフライトに関する情報を持ち寄って短時間の間に業務遂行上のポイントを確認し合う．客室乗務員だけの打ち合わせと運航乗務員を交えての打ち合わせなどがある．ちなみに要点 (brief) のみを連絡・指示することに由来する．

☆フライト前の briefing には主として下記の3種の内容がある．《1》搭乗旅客に関する情報やサービス手順を確認する cabin（機内）関係の内容．《2》運航乗務員 (cockpit crew) を交えての flight plan（飛行計画）関係の内容．《3》運航乗務員と客室乗務員いっしょの emergency（緊急非常事態）関係の内容．

browse [bráuz] 動 ①ゆっくり見てまわる．☆店内で品調べのために漫然と見る．

〖買物〗 May I help you? → Thanks. (I'm) Just *browsing*. ご用を承りましょうか．→ ありがとう．ちょっと見ているだけです．☆ Just looking. とも言う．

② （本などを）拾い読みする．▶ *browse* in the bookstore 本屋で立ち読みする．

bucket seat バケットシート. ☆背の部分が丸くくぼんだ1人用座席. 旅客機や自動車などに使用する. ⇨ seat

buckle 名 (ベルトなどの) バックル, 留め金. ▶ fasten〈unfasten〉a *buckle* バックルを締める〈はずす〉.
— 動 (ベルトを) バックルで締める; (車のシートベルトを) 締める. ▶ *buckle*(up)a belt ベルトをバックルで締める.
【道路標識】*BUCKLE* UP.「シートベルトを締めよ」(=FASTEN SEATBELT). ☆アメリカの高速道路にある道路標識.

budget [bʌ́dʒit] 名 予算(額). ▶ exceed the *budget* 予算超過する / (be) beyond one's *budget* 予算を超過している.
【買物】What's your *budget*? → The limit of my *budget* is 100 euros. So I'll take this back. 予算はいくらですか. →予算の限度は100ユーロなのでこれは返します. (=My *budget* is limited to 100 euros.)
— 形 予算にあった, 買得の. ☆ budget は cheap「安い」の婉曲表現としてよく使われる.
▶ *budget* corner 買得品売り場 / *budget* store デパートの特売店 / *budget* tour 安上がりの旅行.
◇ **budget accommodations** 低価格の宿泊施設, 格安ホテル. ☆予算的に安価な部屋の宿伯施設.
【ホテル】All of our *budget accommodations* are fully booked. 低価格の部屋は満室です.
◇ **budget airline** 格安航空会社. ⇨ Low-Cost Carrier〈略 LCC〉. ▶ *budget* airfare 格安航空運賃 / website for *budget*〈cheap〉airfare 格安航空運賃のホームページ.
◇ **budget hotel** 格安ホテル. ☆ budget motel (自動車利用客を滞在させる) 安価な宿泊施設.
【空港】I'm looking for a *budget hotel* near the airport. 空港近くの格安のホテルを捜しています.
◇ **budget-minded traveler** 低予算で旅行する人, 節約志向の旅行者. ☆ budget traveler とも言う.
◇ **budget plan** 分割払い(方式). ▶ on the *budget plan* 分割払いで.

buggy 名 ①《米》一頭立て四輪軽装馬車(ほろ付き),《英》一頭立て二輪軽装馬車(ほろ無し).
②《米》小型の乳母車(=《英》baby buggy).

③ バギー, 小型自動車. ▶ beach *buggy* 砂浜を走行する小型自動車 / dune *buggy* 砂丘を走行する小型自動車.
④ (貨物列車の最後尾に付いている)車掌車 (=caboose).

bunk 名 (車内・船内の)寝台. ☆列車・船などにある棚式で壁に作りつけてある寝棚.

bus 名 バス, 乗合自動車. ☆英国では長距離バスは coach (=long-distance bus) と言う. 米国では長距離バスは Greyhound 社のものがよく利用され, Greyhound と呼ばれているが, 一般には coach という語も用いる. ⇨ coach

bus の種類

A air-conditioned bus エアコン付きバス / airport bus 空港バス (airline bus). ☆空港内または市街と空港の間を運行する航空会社の直営バス / airport shuttle 空港シャトル / all-night bus 夜行バス / articulated bus 連結バス (=coupled bus).

B bus on a regular route 路線バス.

C chartered bus 貸し切りバス / city bus 市営バス / coach (長距離)バス / commuter bus 通勤バス / connection bus 連絡バス. ☆大きな空港で複数のターミナルビルの間を結ぶバス / courtesy bus〈van〉(空港周辺のホテル)送迎用バス / cross-continent bus《米》長距離バス / cross-country bus 長距離用バス / cross-town bus 市内横断バス. ☆市内の各停留所で停まりながら他の市まで走行する / cruise〈cruising〉bus 巡行〈周遊〉バス / cyclic bus 巡回バス.

D demand bus デマンド・バス. ☆特定の路線を持たず, 利用者からの電話に応じて送迎するバス. 高齢者 (senior citizen) を対象として買い物や病院への送迎で利用される場合が多い / direct bus 直行バス / double-decker 二階建てバス (=double-deck〈double-decker〉bus)/ dual mode bus 手動と自動運転の両用バス.

E electric(al) bus 電気バス / excursion bus 小旅行バス / express bus 急行バス / expressway bus 高速(道路)バス / extra bus 臨時バス.

G government-owned bus 国有バス.

H handivan〈Handi-Van〉身体障害者移動用バス / high-speed bus 高速バス (=high-velocity bus)/ hotel airport bus 空港周辺のホテル送迎用バス.

I intercity bus 都市間走行バス, 長距離バス / inter-terminal bus インターターミナルバス / interstate bus 州間走行バス / interurban bus 都市間走行バス.

J jitney bus《米》(低料金の)小型乗合バス.

K kneeling bus ニーリングバス. ☆老人・車椅子・ベビーカーなどが乗降しやすいように, 車体が歩道側に低く傾いたリフト付きバス.

- **L** late-night bus 深夜バス / limited express bus 特急バス / limousine 空港バス / loaded bus 満員バス / local bus 地方路線バス / long-distance bus 長距離バス (= coach)/ low-floor bus ノンステップバス, 低床バス.
- **M** metropolitan bus 都（営）バス / microbus マイクロバス, 小型バス. ☆通常は定員11人以上30人未満 / midnight bus 深夜バス / minibus 小型バス, マイクロバス(=microbus) / motorcoach 長距離バス / muni ミュニ（サンフランシスコの市電の通称）/ municipal bus 市（営）バス.
- **N** nonstop bus 直行バス.
- **O** one-man-operated bus ワンマンバス / overloaded bus 超満員バス / overnight highway bus 夜行高速バス / over-the-road bus〈略〉OTRB〉高速道路〈長距離〉運行バス.
- **P** passenger bus 旅客バス / pickup bus 送迎用バス / private bus 私営バス / public bus 公共バス.
- **R** regular〈regularly-operated〉bus 定期運行バス / relief bus 増発バス / route bus 路線バス / rural bus 地方バス.
- **S** school bus スクールバス / sea bus 海上バス / shoppers' bus 買い物客用バス / shuttle (bus) 連絡バス, 近距離往復バス, 循環バス. ☆ shuttle bus to and from the airport〈hotel〉空港〈ホテル〉までのシャトルバス / sightseeing bus 観光〈遊覧〉バス / special bus 臨時バス / stopping bus 各駅停車バス.
- **T** tour bus 観光バス (=tourist bus)/ town bus 都市バス / transit bus 輸送バス / trolley bus トロリーバス.
- **R** urban bus 市内バス.
- **W** water-bus 水上バス. ☆ water taxi（水上タクシー）.

bus person バスパーソン. ☆米国のレストランで食後の片づけとテーブルセッティングを行う従業員. 特に食器などを下げる時に, ウエイターまたはウエイトレスを補助する係, または皿洗いをする. 男性は **busboy**〈bus boy〉, 女性は **bus girl** とも言う.

レストラン *Bus persons* work along with waiters and waitresses in the restaurant. They clean tables, set tables and sometimes serve guests with a waiter. バスパーソンはレストランで給仕人と一緒に仕事をします. 彼らはテーブルを後片づけしたり, テーブルをセットしたり, 時には給仕人と一緒に接客します.

C

camper 图《米》キャンピングカー（camping car は和製英語）. ☆キャンプ用の設備がある自動車. 通常は簡単な2段ベット（bunk bed）や台所設備またトイレなどを組み入れた箱型の自動車である. **camper van** または RV〈recreational vehicle〉（レジャーカー）のこと. 米国では **trailer**, 英国では **caravan** とも言う.

capacity 图（乗物・ホテル・劇場などの）収容能力；（乗物の）定員；座席数. ☆航空機の旅客や貨物を併せた「収容力」または「収容人員」. ▶ passenger *capacity* 乗客定員 / *seating* capacity 座席数, 座席定員.

　[ホテル] I understand you like to make a reservation for the 12th of May. But I'm afraid we're filled to *capacity* on this date. 5月12日に予約をご希望とのことですが, 申し訳ございませんが, その日は満室です.

car 图 ① 自動車, 乗用車 (=《米》automobile；《英》motorcar). ☆ **car** は通常は「乗用車」を指し, バスやトラックは除く. **vehicle** は車全体（car, bus, truck, taxi など）を表す. ⇨ vehicle

car（自動車, 乗用車）の種類

A air-conditioned car エアコン付き自動車 / amphibian car 水陸両用自動車（=amphibious vehicle）/ anti-pollution car 無公害車 / antique car 時代物の車, クラシックカー.

B battery car 電気自動車 / bent car 盗難車 / brand-new car 新車 / bread-and-butter car 大衆車.

C caddie car 小型運搬車：ゴルフカート / chauffer-driven〈chauffeured〉car 運転手付きの車 / classic car クラシックカー / clean car 無公害車 / commuter car 通勤用自動車 / compact car 小型車（=small-sized car）/ company car 社用車 / cop car パトカー / courtesy car〈van〉（ホテルなどの）送迎車 / crane car クレーン車 / cycling car サイクリング車.

D diesel (engine) car ディーゼル自動車.

E eco-car〈ecologically-friendly car〉エコカー / electric(al) car 電気自動車（=electric-powered car）☆ EV (Electric Vehicle) とも言う. / emergency car 救急車 / empty car 空車 / estate car ワゴン車：ライトバン（和英語）. ☆荷物の出し入れができる大型乗用車. 《米》station wagon とも言う. / executive car 役員用自動車.

F four-door car〈sedan〉 4ドア車 / fuel-cell (hybrid) car 燃料電池車 (=fuel-cell-powered car)/ full-size car 大型車；標準〈普通〉型車 (=full-sized car)/ fuel-economy〈-efficiency〉car 低燃料車 / funeral car 霊柩車.

G gasoline car ガソリン車 (=gasoline-powered〈-driven〉car)/ gas-electric hybrid car ガソリン電気ハイブリッド車 (=gas-and-electric car).

H high-tech car ハイテク車 / hired car ハイヤー / hit-and-run car 引き逃げ車 / house trailer 自動車に連結して移動する住宅兼用のトレーラー / hybrid car ハイブリッド車 (=hybrid-power car).

I intermediate car 中型車 (=medium-sized car).

L large-size car 大型車 (=large-sized car)/ latest-model car 新型車 / limousine リムジン (=limo)/ low-emission car 低公害車 (=low-pollution car)/ luxury car 高級車.

M midget car 豆自動車 / medium-sized car 中型車 / mini car 小型車.

N nonpolluting car 無公害車 (=pollution-free car)/ nonsmoking〈no-smoking〉car 禁煙車.

P passenger car 乗用車 / patrol car パトカー（和製英語），巡回車 (=prowl car;《米》squad car;《英》panda car)/ privately-owned car マイカー（和製英語）．自家用車 (=private car; family car).

R regular car 普通車 / removal van 引越トラック，家具運搬車 (=《英》moving van)/ rental car レンタカー.

S six-seater car 6人乗りの自動車 / sports car スポーツカー / squad car《米》パトカー (=patrol car, prowl car)/ stock car ストック・カー. ☆レース用に改造された乗用車 / subcompact car 準小型車.

T three-door car〈sedan〉3ドア車 / two-door car〈sedan〉2ドア車.

U used car 中古車 (=secondhand car).

car（自動車，乗用車）の関連語

A ambulance 救急車 / automatic オートマ車（自動変速装置車）/ automobile 自動車 (=《英》motorcar).

B breakdown lorry レッカー車 (=《米》wrecker) / buggy バギー，小型自動車.

C cab タクシー / camper《米》キャンピングカー（和製英語）(=《米》(travel) trailer;《英》(motor) caravan)/ caravan. ⇨ camper / convertible (car) コンバーチブル，オープンカー．ほろ型自動車 / coupe クーペ型乗用車. ☆2ドア屋根付きの2〜6人乗り自動車. two-door sedan とも言う / cruiser 流しタクシー (=cruising taxi).

D dumper〈dump〉truck《米》ダンプカー（和製英語）(=tipcart;《英》tipper〈tipping〉lorry).

- **H** hatchback ハッチバック車. ☆後背部にドアの付いた乗用車.
- **J** jeep ジープ（4輪駆動の小型自動車）.
- **M** manual マニュアル車(=manual transmission car)/ moped モペット. ☆原動機付き自転車. ☆自転車にエンジンを付けた小さなオートバイ (motorbike)/ motorcar《英》自動車 (=《米》automobile).
- **S** sedan (car)《米》セダン（型）自動車 (=《英》saloon motor-car). ☆乗用車, トラック (truck), バン (van), バス (bus) などに対応する用語. 運転手席を仕切らない箱型自動車 / station wagon ライトバン, ワゴン車 (=《英》estate car). ☆後部に荷物が積める大型乗用車.
- **T** taxi タクシー. ☆ EV taxi stand〈ranks〉(電気自動車タクシー乗り場) の掲示を見かける. / tipper lorry《英》ダンプカー(=dump truck) / trailer （自動車に牽引される）トレーラー（ハウス）; キャンピングカー.
- **V** van （ライト）バン (=caravan).

② （列車の）車両, （1両の）電車; 客車 (=《英》carriage, coach); 貨車 (=goods wagon)). ☆2両以上連結している「列車」は train.

car (車両; 客車; 貨車) の種類

- **B** baggage car《米》荷物専用車（旅客の荷物を載せる）/ bi-level car 2階建て車両 / boxcar《米》(鉄道の) 有蓋貨車 (=《英》van). ☆周囲を完全に覆った貨車 / buffet car《英》ブュッフェ車(=bar car), 軽食堂車.
- **C** cable car ケーブルカー (=grip car)/ caboose car 車掌車 / café car カフェ・カー, 食堂車. ☆鉄道で使用される車両で, 半分は食堂, 半分はラウンジや喫煙室として作られている / chair car チェア・カー. ☆リクライニングシートが左右2脚ずつある昼間旅行用の客車; 特別客車(=parlor car)/ club car《米》クラブカー, （休憩用の）特別客車(=《米》lounge car). ☆長距離列車に連結された車両で軽食カウンターやソファーなどが設けられている / container car コンテナ車.
- **D** dining car （列車の）食堂車 (=diner; buffet car;《英》restaurant car)/ dome car 展望車 / domeliner 展望列車 / double-decker (car) 二階建て車 (=double-deck car).
- **F** female-only car 女性専用列車 / first-class car 一等車 / freight car《米》貨物車両, 貨車.
- **G** gondola car《米》無蓋貨車.
- **H** handcart 手動車; トロッコ. ☆鉄道路線の点検や修理に使うもので, 手で動かす / house car 有蓋貨車.
- **J** jam-packed car 満員の車, すし詰めの車.
- **L** lounge car《米》特等車 (=club car) / luggage van《英》手荷物運搬用貨車.

- M monorail (car) モノレール (カー).
- N nosmoking car 禁煙車.
- O observation car 展望車 (=vista-dome car)/ ordinary car 普通車.
- P parlor car 特別展望車, 特別客車 (=《英》saloon car)/ passenger car 客車 / Pullman car プルマン車. ☆寝台設備のある豪華な特別車両.
- S saloon car《英》特別客車 (=《米》parlor car)/ sleeping car 寝台車 (=sleeper)/ smoking car 喫煙車 / streetcar 路面電車, 市街電車 (=《英》tram, tramcar; trolley).
- V vista-dome car《米》展望車.

care 名 ① 注意, 用心.
  表示 Fragile! Handle with *care*.「壊れ物. 取り扱いに注意」☆荷物の注意書き.
  空港 This baggage is fragile. → Don't worry about it. I'll handle it with *care*. この荷物は壊れやすいです. →ご安心ください. 取り扱いには注意します. ☆with care 注意深く. with「様子・仕方」の意味合いがあり副詞形 (=carefully) に書き換えることができる.
  ◇ **take care** 注意する, 気をつける.
    交通 *Take care* when you cross the street. 道路を横断するときには気をつけなさい.
    挨拶 *Take care* and have a good day. お気をつけて, よい1日を. ☆別れのあいさつに用いる.
    挨拶 So long and *take care*. さようなら, 気をつけてね. ☆その返事は "Yes, I will."「はい」.
② 世話, 保護. ▶ give medical *care* to the wounded 負傷者に医療手当てをする.
  ◇ **take care of**《1》世話する, 大事にする. ☆責任をもって引き受ける時に用いる.
    空港 Please *take care of* my baggage. 私の荷物を大事に扱ってください.
    《2》(…に) 気をつける, 注意する.
    挨拶 *Take* good *care of* yourself. くれぐれもお体を大切に.
— 動 ① 心配する (care about), 気にする.
    旅行 My parents *care* greatly my overseas trip. 両親は私の海外旅行を心配している.
② 世話する (care for), 面倒をみる (=look after).
    機内 The flight attendant *cared for* a sick passenger in the plane. 客室乗務員は機内の病気の乗客の世話をした.
  ◇ **care for ~** ~が好きである (=like, love);~を食べたい;~を飲みたい. ☆否定文・疑問文でよく用いる.
    機内/カフェ Would you *care for* another cup of tea? もう1杯お茶をいかがで

すか. ☆ **Would you care for** (some more coffee)?（もう少しコーヒーは）いかがでしょうか. 相手に対して丁寧な「提案」を述べたり，相手の「好み」を丁寧に尋ねたりする時に用いる基本的な慣用表現. **Would you like**（**to have**）**...?** とも言う.

買物 The color of the shoes is all right, but I don't *care for* this style. Could you show me some others? 靴の色はいいのですが，この種のスタイルは嫌です. 何か他に見せてくださいますか.

◇ **care to ～** ～したいと思う（=like〈want〉to (do)）. ☆疑問文・否定文でよく用いる.

機内 Would you *care to* purchase any duty-free items? → No, thanks. I don't *care to* buy them. 何か免税品を購入したいですか. →いいえ，結構です. 買うつもりはないです.

---

carnet《仏》カルネ. ☆バス・地下鉄の回数券. もともとはフランス語で「手帳」の意.

---

carousel [kærəsél]《英》**carrousel** 名 回転式コンベヤー. ☆空港にある荷物回転台のこと. そこから乗客が手荷物を引き取る. ちなみに，元来は商標の **Carousel** である. 日本では「ターンテーブル」と言うことがあるが英語の **turntable** は「（テーブルの上に置く）回転盆；（鉄道の）転車台；（レコードプレーヤーの）回転盤」の意.

空港 My baggage didn't come out on the *carousel*. 私の荷物が荷物回転台から出てこなかった. ☆ 空港によっては「上から降りてくる」（come down）場合もある.

---

carriage 名 ①《英》（鉄道の）車両（=railway carriage, 《米》car）, 客車（=coach）.

駅舎 The first-class *carriages* are in front. 1等の客車は前方です.

② 運送. ▶ *carriage* of pets as excess baggage ペットを超過手荷物とする運送.

③ 運賃. ▶ *carriage* free 運賃無料 / *carriage* on a parcel 小荷物の運賃.

---

carrier [kǽriə] 名 ① 航空会社（=airline company）. ▶ Low-Cost *Carrier*〈略 LCC〉格安航空会社. ⇨ Low-Cost Carrier / scheduled *carrier* 定期航空会社 / supplemental *carrier* 不定期航空会社.

関連語 flag carrier 自国を代表する航空会社（=national flag carrier）. **initial carrier** 乗り継ぎで利用する一連の航空会社における最初の利用航空会社. **on-line carrier** その国に乗り入れている航空会社（=on the carrier）. **off-line carrier** その国に乗り入れていない航空会社（=off the carrier）.

◇ **carrier code** キャリア・コード. ☆航空会社の名称を2文字（two letter code）または3文字（three letter code）のアルファベットで表した略号. 別名「エアラ

イン・コード」.
② 運搬人；運送会社, 運送業者. ☆鉄道, 客船, バス, 航空などの旅客会社を含む.
③ 輸送車, 輸送機, 輸送船；(自転車・車などの)荷台.

carry-on 形 機内に持ち込みの.
◇ **carry-on baggage** 携帯手荷物, 機内持ち込み手荷物 (=hand baggage; cabin baggage; unchecked baggage). ⇔ checked baggage (機内預け入れ手荷物). ⇨ baggage

空港 A baggage that is carried by a passenger into the cabin of the plane is called *carry-on baggage* 乗客が機内に持ち込める手荷物のことを carry-on baggage と言う.
— 名 機内持ち込み手荷物.

carryout 名《米》(店で食べるのではなく)持ち帰り用の料理 (=takeout/《英》takeaway).
— 形 持ち帰り用の. ▶ *carryout* bento ⟨box food⟩ 持ち帰り弁当 / *carryout* order 持ち帰りの注文.

certificate [sərtífikət] 名 保証, 証明書. ▶ *certificate* for the exchange of foreign currency 外貨交換証明書 / gift *certificate* 商品券 / international *certificate* of vaccination 国際予防接種証明書 / marriage *certificate* 結婚証明書 / vaccination *certificate* 予防接種証明書 (=yellow card ⟨book⟩).

chamber 名 ① 部屋, 寝室. ▶ guest *chamber* 客室 (=guest room).
◇ **chamber maid** 部屋係のメイド. ☆掃除やベッドなどの用意をする女性. 単に maid とも言う.

ホテル Please have the *chamber maid* come to my room. 部屋係のメイドさんを部屋に来させてください.
② 特別室, (建物の)間. ▶ audience *chamber* (宮殿などの)拝謁の間.

change booth ① 両替所. ☆紙幣を貨幣に交換する場所.
② 換金所. ☆必要な貨幣に替える場所. ▶ *change* machine (自動)両替機 (=coin changer).

check 名 ① 検査, 点検. ▶ security *check* 保安検査(ハイジャック防止の手荷物検査).
② (手荷物の)預り証, 合札, 引換券. ▶ baggage claim *check* 手荷物の預かり証

(=claim *check* for baggage).

③ 勘定(書)，会計，(飲食の)伝票 (=《英》bill) ⇨ bill. ▶ single *check* いっしょの勘定 / separate *check* 別々の勘定.

レストラン May〈Can〉I have the *check*, please? お勘定をお願いします. ☆「勘定・会計」を頼む時の慣用表現である. 単に "Check, please." とも言う. (Let me have my) Check, please. または (I'd like to pay the) Check, please. の略形である. 英米のレストランでは勘定書をテーブルに置かないで waiter〈waitress〉が持ってくることが多い.

ホテル I'm checking out. May I have my *check*, please? チェックアウトします. 会計をお願いします.

レストラン May I have the *check*, please? I'll pay for all of us. Make one *check*, please. 勘定をお願いします. 私達全員の分を払います. 勘定はひとつにしてください.

④ 小切手 (=《英》cheque). ▶ personal *check* 個人小切手 / traveler's *check* 旅行者用小切手，トラベラーズチェック.

買物 Can I pay by traveler's *checks*? トラベラーズチェックで支払ってもいいですか.

— **動** ① 調べる (=examine)，点検する (=inspect)，検査する (=investigate)，照合する.

《1》《空港・機内》

空港 Passports are *checked* here. They *check* the names with the faces in this picture. ここで旅券が調べられます. 名前と写真の顔とを照合します.

機内 Please *check* (to see) that your seatbelt is fastened. 座席ベルトをお締めになったかどうか確かめてください.

《2》《ホテル》

ホテル Could you *check* to see if there is any mail or message for me〈us〉? → All right. I will *check* it right away, sir. 郵便か伝言があるかどうか調べていただけますか. →承知しました. すぐにお調べします.

《3》《レストラン》

レストラン Can you *check* my bill again? → I'll *check* it in detail. もう一度勘定書を調べてください. → 詳しくお調べいたします.

② (一時的に) 預ける (=leave).

《1》《空港・駅》「機内・車内」または「預かり所」に所持品・荷物を一時的に保管する.

空港 Do you want to *check* your baggage or will you be carrying it? 手荷物を預けますか，それとも機内持ち込みにしますか.

◇ **checked baggage** 委託手荷物，預けた手荷物. ☆「機内預け入れ荷物」に関して，

45

空港での「搭乗手続き所」(check-in counter)では checked-in baggage, ホテルや劇場などの「クローク」(cloakroom; checkroom)では checked baggage と区別する場合がある. ⇔ carry-on baggage (機内持込手荷物)

【空港】What's the allowance of the *checked baggage*? 委託手荷物の許容量はどれくらいですか.

《2》《ホテル》「フロント」に貴重品や部屋鍵などを一時的に預ける. ▶ *check one's valuables at the reception desk* 貴重品をフロントに預ける.

【ホテル】Do we have to *check* the room key each time we leave the hotel? ホテルを出るたびに部屋の鍵を預けるべきですか.

《3》《酒場・劇場》「クローク」などに一時的に預ける. 合札と交換に所持品を保管する.

【酒場】Please *check* my coat and bag. コートとバッグを預かってください.

【劇場】Where can I *check* my coat? コートはどこで預けられますか.

③ (手荷物を) 託送する. ☆運送機関を利用する時に委託手荷物として送ること.

◇ **check through** 通しで(荷物などを)送る. ☆(例えば)日本からボストンへ行く場合, 途中シカゴで乗り換えるとしても, 預けた手荷物はそのままボストンまで「通しで」運送されること.

【空港】I'll *check* this baggage *through* to Boston. この荷物をボストンまで託送します. ☆ I'd like to *check* this baggage *through* to my final destination Boston. この荷物を最終目的地のボストンまで通しで送ってください.

cholera 图 コレラ. ▶ get an inoculation against *cholera* コレラに対して予防接種をする.

【空港】Vaccination against *cholera* is no longer required. コレラの予防接種はもはや必要としない.

cigar [sigá:r] (アクセントに注意) 图 葉巻, シガー. ☆シガーは国際取り決めで分煙の時代から機内での使用は禁止されていた. 現在ではシガーに限らず, 航空機内では全面禁煙が一般的である.

【機内】Smoking pipes or *cigars* is not permitted. パイプや葉巻は吸えません.

cigarette [sìgərét / sígərèt] 图 (紙巻き)タバコ. ☆ cigarette「(紙巻き)タバコ」は cigar [sigá:]「シガー, 葉巻」と区別する. tobacco (スペリングに注意) は「刻みタバコ」(pipe tobacco「パイプ用タバコ」). ▶ light a *cigarette* タバコを吸う〈火をつける〉/ put out your *cigarette* タバコを消す.

◇ **a carton of cigarettes** タバコ1カートン. ☆通常20本入りの pack が10個入っ

ている.
免税店 I'd like to buy *a carton of* American *cigarettes* if they are duty-free. 免税品でしたら米国製のタバコ1カートン買います.
◇ **a pack of cigarettes** タバコ1箱. ☆通常20本入っている.
買物 She got *a pack of cigarettes* as a souvenir for her father. 彼女は父の土産用に巻きタバコ一箱を買った.

CIQ ⟨CUSTOMS − IMMIGRATION − QUARANTINE⟩「通関」(荷物・免税品・課税品などの検査) −「出入国管理」(旅券・出入国カードなどの検査) −「検疫」(予防接種証明書などの検査). ☆諸外国の「出入国に際しての必要な検査や手続き」のこと, またはこれらに当たる監督庁のこと. ちなみにこれらの手続きを **government formalities** と言う.

circular 形 ①円形の, 丸い (=round). ▶ *circular* table 丸テーブル.
② 周遊の, 巡回の. ▶ *circular* ticket《英》周遊券, 周遊切符 (=excursion ticket). ⇨ ticket / *circular* tour 周遊旅行 / *circular* trip ⟨略 CT⟩ 周回旅行 (行き帰りで異なったルートを通る往復旅行). ⇨ tour

circle trip ⟨略 CT⟩ 周遊旅行, 周回旅行. ☆ある地点から出発して, 継続する周回ルートによって再び出発地点に帰着する旅行. ⇨ trip. ▶ *circle trip* minimum fare 周回旅行最低運賃.

claim 動 ①(権利として)請求する (=make a claim), 主張する. ☆日本語で「不満・苦情を述べる」とき「クレームをつける」というが, その場合英語では complain; make a complaint と表現する.
空港 Passengers have the right to *claim* their checked baggage at the baggage area. 旅客は手荷物受取所で預けた荷物を請求する権利があります.
② (当然のものとして)受け取る. ☆空港の手荷物受取所で自分の物として受けること.
空港 Where should I go to *claim* my baggage? → You have to go to the baggage claim area over there. 荷物はどこで受け取りますか. →向こうの荷物受取所に行ってください.
― 名 (権利としての)主張, 請求;(所有権の)主張. ▶ *claim* for damages 損害賠償の請求 / baggage *claim* area 手荷物引渡所, 手荷物受取所 (飛行機の旅客が目的地に着き, 出発前に預けた荷物を受け取る場所)/ baggage *claim* counter 手荷物受取所 / damage *claim* form 損害賠償申請書.
掲示 Baggage *Claim*「荷物受取所」

[空港] My baggage is damaged. Where do I go to make a *claim*? 荷物が損傷しています. 苦情はどこへ持っていけばいいのですか. ☆ Where can I *claim* my damaged baggage? / Where should l go to *claim* my damaged baggage? とも言う.

◇ **claim check** 手荷物の預かり証, 手荷物引換券 (=**claim tag**). ☆委託手荷物を預けたときに受ける引替券.

[空港] Can I have⟨see⟩ the *claim check* for your missing bag? お客様の紛失荷物の合札を拝見できますか.

[ホテル] Can I leave my baggage here after I check out? → Sure. Here's your *claim tag*. チェックアウト後荷物を預かってもらえますか. →かしこまりました. こちらがお客様の預かり証です.

◇ **claim ticket** 引換券. ☆荷物や品物の預かり券のこと.

[空港] Many bags look alike. → I'll check your *claim ticket*. Can I see it, please? 似ているかばんがたくさんあります. →引換券と照合してみます. 拝見できますか.

---

clear [動] ① 後片づけをする, 取り除く (=put away). ▶ *clear* the table テーブルを片づける. ☆ clean the table テーブルをきれいにふく.

② (税関手続きを) 通過する, (荷物の) 通関手続きを済ます. ☆空港で荷物の通関手続きを済ます, また出入国の許可が与えられることである.

[空港] When you have *cleared* the customs procedures, you will be completely free to go around in the country where you want to visit. 通関手続きを済ませると訪問国を完全に自由に動きまわれます.

③ (飛行機に) 離着陸する許可を与える; (船舶に) 出入港の許可を与える.

[空港] AA flight 007 has been *cleared* to land at Narita Airport. アメリカン航空007便には成田空港への着陸許可がおりた.

④ (通路を) あける.

[機内] *Clear* the aisle, please. → Sorry. Go ahead, please. 通路をあけてください. → 失礼. どうぞ.

---

clearance [名] ①クリアランス. 《1》通関手続き, 通関手続きの完了; 出入国許可. ▶ baggage *clearance* 手荷物の通関手続き / customs *clearance* 通関手続き.

[掲示] CLEARANCE. 「通関中」☆空港での掲示.

[空港] A tour director undertook the *clearance* of baggage. 添乗員は荷物の通関手続きを引き受けた.

《2》(飛行機の) 離着陸許可; (船舶の) 出入港許可. ▶ departure *clearance* 出発許可 (=*clearance* for departure) / landing *clearance* 着陸許可 (=*clearance* for landing)/ takeoff *clearance* 離陸許可 (=*clearance* for takeoff).

【機内】 Ladies and gentlemen. We are holding at the end of the runway waiting for *clearance* to take off. We'll take off for London in a few minutes. Thank you. 皆様，ただいま当機は離陸の許可を待っており，滑走路の先端で待機中でございます．数分後にロンドンに向けて離陸いたします．☆ We are waiting for air *clearance* for departure.

② クリアランス；処分．▶ *clearance* goods 見切り品 / *clearance* sale 在庫品処分セール．

---

coach 名 ①《英》長距離バス．《米》(長距離・短距離)バス(=bus); 2ドアセダン型自動車．▶ *coach* park《英》バス駐車場 / *coach* station《英》バスターミナル / air-conditioned deluxe *coach* 冷暖房付きの豪華なバス / lavatory-equipped *coach* トイレ付きバス．

【観光】 Let's take a *coach* trip next week. 来週バス旅行しよう．(=Let's travel by *coach* next week.)

②《英》(鉄道の)客車；《米》(食堂車・寝台車と区別した)普通客車，2等列車．⇨ Pullman (1等列車)．▶ day *coach*（近距離）普通客車，2等車．☆ sleeping car (寝台車)に対する用語 / *slumbercoach*（アムトラックの）簡易寝台車 / commute from the country to downtown by *coach* 郊外からダウンタウンまで客車で通勤する．

【交通】 Amtrak offers a 25 percent discount for a group of 15 or more passengers traveling round-trip in *coach*. アムトラックは普通列車で往復旅行をする15人またはそれ以上の団体には25パーセント割引がある．

③（航空座席の）エコノミークラス．▶ *coach* class（旅客機の）普通席 (=《英》economy class) / *coach* passenger エコノミークラスの乗客．

---

code 名 ①コード，番号，略語，符号．▶ Airline *Code* 航空会社の略語 / Airport *Code* 国際空港名の略語 / City *Code* 主要都市の略語．☆3文字の都市コード．**例** HND「羽田」, NRT「成田」. / zip *code* 郵便番号 (=《英》postcode). ⇨ zip code

 (1) **two-letter** *code* 2文字の略語：【AF】Air France
 (2) **three-letter** *code* 3文字の略語：【JFK】John F. Kennedy (International) Airport (IATA 国際航空運送協会による)
 (3) **four-letter** *code* 4文字の略語：【KJFK】John F. Kennedy (International) Airport (ICAO 国際民間航空機関による)
 ◇ **code number** コード番号，暗証番号．▶ airline *code* 航空会社のコード(**例** AF = Air France). ⇨ airline / airport *code* 空港コード(**例** JFK =ニューヨー

クのジョン・F・ケネディ空港)

◇ **code-sharing** 共同運航 (code-share). ☆2つの航空会社が業務提携して同一便に別々の便名 (**code**) を用い, 共同で (**sharing**) 飛行機を運航したり, 座席を販売したりすること. ▶ *code-sharing* flight 共同運航の飛行機.

② (電話の) コード. ☆ code「(電話の) コード」に関して, 国際電話の場合主として以下の4つのダイヤル番号がある. 例 米国から東京の場合: 011-81-3-xxxx-xxxx

1. **International code**: 011　国際コード (かける側の国の国際電話識別番号)
2. **Country code**: 81　相手国コード (相手の国の番号)
3. **Area code**: 3　地域コード (相手の国の市外局番号)
4. **Local code**: No. xxxx-xxxx 現地コード (相手の電話番号: 市内局番と加入者番号)

☆ 海外から国際電話をかける時, 日本の国コードは "81" である.
☆ 海外から国際電話をかける時, 東京の市外局番 "03" の最初の "0" は省略する. 英国では dialing code と言う.

電話 This is a long-distance call, so you put a quarter in the phone and dial "1", then the area *code* and the local number. これは長距離電話ですから, 25セントを入れ, まず「1」を, 続いて相手の地域局番と現地番号をダイヤルしてください.

電話 What's the country *code* for Japan? → Japan is 81 and Tokyo's area *code* is 3. To get Tokyo you dial 3 and the local number. 日本の相手国番号は何番ですか. →日本は81, 東京は3番です. 東京と連絡するためには3番をダイヤルし, それから現地番号です.

③ 規則, 慣例. ▶ dress *code* 服装規定.
④ 法典. ▶ the civil *code* 民法 / the criminal *code* 刑法.

---

coin 名 硬貨. ☆紙幣 (《米》bill;《英》note) に対して用いる. アメリカの場合6種ある.「1セント」(one cent / a **penny**),「5セント」(five cents / a **nickel**),「10セント」(ten cents / a **dime**),「25セント」(twenty-five cents / a **quarter**),「50セント」(fifty cents / a **half-dollar**),「1ドル」(a〈one〉dollar / a **silver dollar**). ▶ *coin* box (電話・自動販売機の) 料金箱; 電話ボックス / *coin* cashier 紙幣を貨幣に交換する係員 / *coin* changer (紙幣から小銭への) 両替機 (=change machine)/ *coin* machine (貨幣を入れて使う) 自動販売機 / *coin*-op《英》コインランドリー (=laundromat); 自動販売機 / *coin* purse 財布 (小銭入れ専用の財布). ⇨ billfold (札入れ財布)/ *coin*-release lever 硬貨 (料金) 返却レバー / *coin* return (slot) 硬貨 (料金) 返却口 / *coin* telephone 公衆電話 (=public telephone)/ pay in〈with〉*coin* 硬貨で支払う / change the dollar bill for〈into〉*coins* 1ドルを硬貨にくずす.

◇ **coin slot** 〈slit〉 硬貨（料金）投入口. ☆自動販売機や電話などに硬貨を入れる穴.
　公衆電話 I'm trying to call Boston. → Please put five dollars in the *coin slots*. And then you can dial the number in Boston. You can speak for three minutes. ボストンに電話をかけたいのです. →5ドルをコイン投入口に入れてください. それからボストンのダイヤル番号をまわしてください. 3分間お話しできます.

◇ **coin-operated locker** コインロッカー. ☆日常会話では単に locker または pay locker と言う. ▶ leave my baggage in a *coin-operated locker* コインロッカーに荷物を預ける.
　ロッカー I can't get my coin back. This *coin-operated locker* must be out of order. コインが戻ってきません. コインロッカーが故障しているようです.

combi aircraft 貨客両用機. ☆combi は combination の略. 貨物と旅客を同時に乗せることができる.

comfort station （遠まわしに）公衆便所 (=comfortable station; public lavatory,《英》public convenience). ☆米国では公園などにある「公衆便所」(=comfort facilities) のこと. ちなみに空港や駅などの公衆便所は rest room, 家庭などでのトイレは bathroom と言う.

comfort stop （バス旅行の）休憩停車, トイレ休憩. ☆長距離バス旅行の時, 手洗いや食事のために一時的に休憩すること. rest stop, meal stop, lunch stop などとも言う.
　旅行 We're going to have a ten-minute *comfort stop*. 10分間トイレ休憩をします.

commutation 名 ①《米》(定期券による長距離) 通勤.
　　◇ **commutation ticket**《米》定期券 (=commuter's ticket); 回数券. ☆英国では season ticket.
　② 交換, 変換；振替 (支払い方法).

commute 動 ①《米》(定期〈回数〉券で長距離を) 通勤する. ▶ *commute* packed like sardines すし詰めになって通勤する.
　② 交換する (=exchange); 振り替える.

commuter 名 ①《米》(定期券による長距離) 通勤者；(回数券で) 通勤する者.
　　▶ *commuter* belt 〈land〉(都市周辺の) 通勤圏, (郊外の) 通勤者住居地区, ベッドタウン (地帯) (=《米》bedroom town) / *commuter* plane 通勤旅客機 / *commuter*

rush hour 通勤ラッシュ時 / *commuter* service 通勤便，短距離間定期航空便 / *commuter* train 通勤電車〈列車〉/ *commuter*'s ticket 定期券 (=commuter pass;《米》commutation ticket;《英》season ticket).

【交通】 The MTR is used mainly by local *commuters* in Hong Kong. 香港のMTRは主として現地の通勤客が利用している. ☆ **MTR** = **M**ass **T**ransit **R**ailway（香港最大の鉄道路線システム）.

② コミューター. ☆主要都市と近郊の地方（都市）を小型機で結ぶ「航空輸送」・「航空会社」のこと.

◇ **commuter airline** コミューター・エアライン，通勤航空会社. ☆通勤便を運行する航空会社. 近距離都市間を結ぶ路線を運航している航空会社. 大会社がサイドビジネスとして経営する場合が多い.

◇ **commuter aircraft** コミューター機. ☆40〜50人乗りの近距離路線用の旅客機.

◇ **commuter flight** 近距離航空便，通勤旅客機 (=commuter plane). ☆通勤用の近距離航空機.

【空港】 There are many domestic airlines with *commuter flights* in this city. この都市には通勤旅客機をもつ国内航空会社が多い.

---

compact car 名《米》小型自動車. ☆レンタカーの場合，小さい順に **subcompact**〈economy〉car（準小型車：1300〜1600cc），**compact** car（小型車：1600〜1800cc），**mid-sized** car（中型車：2000〜2600cc），**full-sized** car（大型車：2600cc以上），**luxury** car（超大型車）.

【レンタカー】 I'd like to rent a *compact car* for a week. How much does it cost to rent a *compact car* for a day? 1週間小型車を借りたいのです. 小型車を借りると1日いくらですか.

---

compartment 名 ① コンパートメント，（列車・飛行機・客船などの）仕切り客室〈個室〉. ☆ヨーロッパ・英国の列車では向かい合わせの座席がある. 一車両は10ほどの個室に仕切ってある. 座席が2列あり，4〜6人が向かい合って座る個室である. 米国では2人用の寝台を持つ，浴室（トイレ・洗面所）付きの個室をさす. 通称「コンパート」. いずれも，ドアによって通路 (corridor) に出る. 日本の成田エクスプレスにも 4-person compartment（4人用コンパートメント）がある. ちなみに列車の場合, (the) first-class compartment 一等客室（両側に3人ずつ計6名座れる）と (the) second-class compartment 二等客室（両側に4人ずつ計8名座れる）がある.

☆横にコンパートメントがあり片側に通廊がある列車は，英国では corridor train「通廊列車」, 米国では vestibule train と言う. couchette「簡易寝台車」（昼は仕切

り部屋，夜は 4 人用寝台）と区別すること．

列車予約 I'd like to book *compartment* seats to London for tomorrow. 明日ロンドンまでコンパートメントの座席を予約したいのです．

② (飛行機の) 収納場所，荷物入れ．▶ baggage *compartment*（飛行機の）手荷物格納室〈ロッカー〉/ cargo〈freight〉*compartment* 荷物室，荷物置場 / overhead *compartment*（機内の）頭上の荷物棚（=overhead locker〈bin〉）．

機内《乗務員に対して》 Could you put my baggage into the *compartment*? この荷物を収納場所に入れてくださいますか．

機内《乗務員から》 Could I put your baggage into the *compartment*? 荷物棚にお客様のバッグを置いてもよろしいでしょうか．

③ 仕切り；仕切られた空間〈部屋〉．▶ smoking *compartment*（客車内の）喫煙室．

---

compensate [kάmpənsèit]（アクセントに注意）**動** (損失などを) 賠償する (=make up for; make compensation for; pay for)．

空港 Can you *compensate* me for this damaged bag? 損傷したバッグを補償してもらえますか．

ホテル I'll talk to the manager about how we may *compensate* you for the damaged shirt. 損傷したシャツをどのように弁償できるかを支配人に話してみます．

---

compensation **名** ① 弁償．▶ make *compensation* for (the lost baggage)（紛失荷物の）弁償．

空港 My baggage is badly damaged. I want you to make *compensation* for it. 荷物がひどく損傷しました．弁償してほしいのです．(=I want you to *compensate* for it.)

② 賠償金，補償金．☆金銭による賠償．▶ *compensation* for damages 損害賠償金．

空港 Will the airline pay me *compensation*? → No, we can't. You had better talk to the insurance company for your *compensation* when you return home. 航空会社は保証金を支払いますか．→いいえ，支払いません．帰国してから保険金について保険会社と相談してください．

---

complain (of, about) **動** 苦情〈不平〉を言う (=make a complaint)；抗議する．☆日本語では相手の行為・処置に対する「苦情・文句」のことを「クレーム」(claim) と言うが英語では complain, make a complaint を用いる．英語の claim は「契約違反に対する損害賠償の請求」の意味．

空港 My bag is damaged. Where do I *complain*? 荷物が破損しました．どこに苦情をもっていけばいいのですか．

complaint 名 苦情, 不平. ▶ *complaint* about〈against〉noise 騒音に対する苦情 / make a *complaint* about the service to the hotel manager ホテル支配人にサービスについて苦情を申し立てる.
◇ **complaint department** 苦情処理部. ☆デパートなどで購入した品物に欠陥がある場合に領収書をもって苦情を申し出る部門. 苦情が認められれば払戻金 (refund) が払われる.

compliment [kɑ́mpləmənt / kɔ́m-] 名 ①賛辞, ほめ言葉 ; 特別〈無料〉サービス.
☆ **compliments**（社交上の賛辞）は積極的なよい意味で用いるが, **flattery** は「へつらいの気持ち」が含まれている.
【機内】 I'd like to have sherry wine. How much do I owe you? → It's free. *Compliments* of Japan Airlines, sir. シェリーワインをください. 支払いはいくらですか.（=How much is it?）→無料です. 日本航空からの特別サービスです.
②（複数形で）挨拶の言葉, 祝辞（お祝いの言葉）. ▶ the *compliments* of the season（新年などの）時候の挨拶.

complimentary [kɑ̀mpləméntəri] 形 ☆同音異義語の complementary「補足的な」と混同しないこと.
① 優待の, 賞賛の. ▶ a *complimentary* address of welcome at the party パーティーでの祝辞.
◇ **complimentary ticket**（音楽会などの）優待券, 招待券.
【娯楽】 I received a *complimentary ticket* for music concert tonight. 今夜の音楽会の優待券を受け取りました.
② 招待の, 無料の (=free). ☆名詞の前に用いる. 日本語の「サービス」に近い意味合い. ▶ *complimentary* breakfast 無料の朝食 / *complimentary* city map 無料の市内地図 / *complimentary* delivery 無料配達 / *complimentary* dinner 招待の会食 / *complimentary* meal 無料で提供される食事 / *complimentary* room 無料提供の客室（ホテルが団体の引率者や関係者に優待または無料で提供する客室）⇨ courtesy room / *complimentary* seat 無料座席 / *complimentary* soft drinks 無料サービスの清涼飲料 / *complimentary* wine 無料のワイン.
【機内】 In a flight cabin, liquor is *complimentary* to the first-class passengers. 機内でのアルコール類はファーストクラスのお客様には無料です.
◇ **complimentary drinks**〈**beverage**〉無料サービスの飲み物.
【機内】 A *complimentary beverage* is served in the flight. 機内では無料の飲み物が出ます.
◇ **complimentary magazine** 無料提供の雑誌.

【機内】 Program details of the entertainment guide are described in *complimentary magazines* "Wing" in your seat pocket. 娯楽ガイドの詳細な案内は座席ポケットにある無料の機内誌「ウィング」に記載されています。
◇ **complimentary newspaper**〈**paper**〉無料提供の新聞。
【ホテル】 The hotel delivers a *complimentary paper* to all guests' doors. 当ホテルは無料提供の新聞を全宿泊客のドアまで届けます。
◇ **complimentary refreshments** 無料提供の軽い飲食物。
【車内】 *Complimentary refreshments* are served on the train. But only drinks and light snacks are available. 列車での軽い飲食物は無料です。しかし飲み物と軽食のみのご利用となります。
◇ **complimentary service** 無料のサービス。
【機内】 We are happy to serve you any of the liquor selections as a *complimentary service.* Soft drinks are also available. Diet drinks and diet sugar are available as well. アルコール類の用意がございますのでお好みのものをお選びください。ソフトドリンク，低カロリー飲料や低カロリー砂糖もございます。

concierge 图 コンシェルジュ，接客係。☆顧客に対するサービス関連のスタッフのこと。ホテルのロビーにカウンターを設け，航空会社への連絡や航空券の予約，レストランの案内と手配，観光・観劇の案内や手配，郵便物(手紙・小包)の発送，ハイヤーやタクシーの手配などを取り扱う。ちなみに羽田空港では空港案内の人を **airport concierge** と呼んでいる。
⇨ electronic concierge
【ホテル】 A *concierge* is an employee in many major hotels, especially in Europe, in charge of guests' service such as baggage handling, dinner reservations, letter mailing, and other personalized services. コンシェルジュとは，特にヨーロッパにおける主要なホテルに勤務する人で，宿泊客の手荷物の世話，食事の予約，手紙の投函，その他個人的な要望への対応といった宿泊客へのサービスを担当する。

concourse [kánkɔəs] 图 ① コンコース。☆空港・駅などの旅客が待ち合わせるための「中央ホール」。または空港ターミナルの中心からゲートに伸びる「幅広い通路」。
【空港】 American Airlines check-in counter is all the way down this *concourse* C, on your left. アメリカン航空の搭乗手続きカウンターはこのコンコースCをずっと行って左側です。
② (公園などの)中央広場。

configuration [kənfɪɡjuréɪʃən] 图 ① 配列，外形。▶ the *configuration* of the earth's

surface 地形.
② 航空機内の座席構成〈構成図〉.
◇ **configuration of aircraft** 機内の座席配列. ☆座席番号は前方から 1, 2, 3 となっており，機首に向かって左から A, B, C のアルファベットがついている．通常欧米で縁起の悪い数とされる「13番」，またアルファベットのⅠと混同されやすい「1番」は欠番となっている．

connect 動 ① つなぐ，接続する；(他の場所に) 連結する. ⇔ disconnect (切断する)
　[交通] This freeway *connects* New York and Boston. この高速道路はニューヨークとボストンを結んでいる．
② (電話で) つなぐ，接続する (=《英》put a call through).
　[ホテル] Please *connect* me to extension 123. → You are *connected*. 内線 123 につないでください．→ 先方とつながりました. ☆ 英国では You're through. と言う．
③ (飛行機・船舶・列車・バスなど交通機関などが) 接続する，連結する，連絡する (=make connection).
　[バス] This bus *connects* with the 2:00 p.m. train. このバスは午後2時の列車と接続しています．
　[列車] The train *connects* with an express for Rome at Milan. 列車はミラノでローマ行き急行と連絡している．
④ (交通機関に) 乗り継ぐ. ▶ *connect* with Japan Airlines flight 123 JAL123 便に乗り継ぐ．
　[空港] I arrived on American Airlines 007 and am *connecting* to your flight 123 for Boston. 私は AA007 便で着いたのですが貴社のボストン行きの 123 便に乗り継ぎます．☆ I'd like to *connect* with AA flight 007 for Boston leaving at 6:00 p.m.（午後6時発のボストン行きのアメリカン航空007便に乗り継ぎたいのです）．

connecting 形 接続する，乗り継ぐ. ▶ *connecting* point 接続地点 / minimum *connecting* time〈略〉MCT 最短〈最少〉乗継所要時間．
◇ **connecting counter (of the terminal 1)** (ターミナル1の)乗継〈接続〉カウンター．
　[空港] Is this the *connecting counter* for the American Airlines flight? ここは AA 便の乗り継ぎカウンターですか．
◇ **connecting flight** (飛行機の)乗り継ぎ便，接続便 (=connecting plane).
　[空港] I have to find my *connecting flight*. I'm going to Boston. 僕の乗る接続便を探さなくてはいけないのですが，ボストンに行くところです．

56

◇ **connecting flight counter** 乗り継ぎ便カウンター.
   空港 Where is the AA *connecting flight counter*? → You have to leave this airport and proceed to another airport. AA便の乗り継ぎ便カウンターはどこですか. → 一度この空港から出て，別の空港へ行く必要があります. ☆ 近くにある場合，Turn to the left corner, and you can't miss it.（左の角をまわればありますよ）などとも言う.

◇ **connecting plane** 乗り継ぎ機, 接続便（=connecting flight）.
   空港 You had better check your reservation for the *connecting plane* and confirm your booking on arrival. 乗り継ぎ機の予約を調べ，到着したら予約確認をしたほうがよい.

◇ **connecting room** コネクティング・ルーム，連結部屋. ☆ホテルの隣接した客室を連結して内側からのドアを利用して往来できるようにした続きの複数の客室. 中間のドアは二重構造になっており，各部屋の内部からロックできる. 廊下を経由せずに往来できるため家族客や団体客などに利用されることが多い. ⇨ room
   ホテル I wonder if you have *connecting rooms* available in this hotel. このホテルには連結部屋が空いていますか.

◇ **connecting passenger** 乗り継ぎ客（=passenger taking a connecting flight）.
   空港 Where is the waiting room for *connecting passengers*? 乗り継ぎ客用の待合室はどこですか.

◇ **connecting train** 連絡列車.
   駅舎 You'll be able to catch the *connecting train*, if you hurry back to the station. 駅に急いで戻れば連絡列車に間に合うでしょう.

---

connection 名 ① 連結，連絡，結合.
   交通 The road to the right is the closest *connection* to the freeway. 右手にあるその道路は高速道路への最短の接続路です.

② （交通機関などの）接続，連絡，連結；接続便；接続車. ▶ transfer *connections*（乗物の）乗り換え連絡〈接続〉/ make a *connection* at Chicago for Boston シカゴでボストンへ行く列車に乗り継ぐ / make a good train *connection* for New York ニューヨーク行きの列車にうまく接続できる / miss a train *connection* 接続列車に乗り換え損ねる.
   空港 The airport limousines run in *connection* with many flights. 空港リムジンバスは多くの飛行便と連絡しながら運行している.
   ◇ **connection bus** 接続バス. ☆シカゴにある広大な空港（ORD:O'Hare）などには数箇所のターミナルの間を運行するバスがある. バスの標識にはCONNECTIONと表示されている.

【空港】 You have to take a terminal *connection bus* to the departure terminal 2 for your next flight. お客様の次の便に乗るためには出発ターミナル2まで接続バスを利用しなくてはいけません.
③（電話の）接続 (telephone connection).
　【電話】 I'm sorry I have a bad *connection*. すみません，よく聞こえないのですが.
④ 縁故，コネ. ▶ have powerful *connections* in the travel agency 旅行代理店には有力なコネがある.

console [kánsoul / kɔ́n-] 名 コンソール. ☆機内の座席のひじ掛けの内側に付けられているチャンネル選択装置. 映画・音楽・機内放送用に使用されている.
　【機内】 Music is heard over the headset plugged into a *console* in the seat armrest. 音楽はひじ掛けにあるコンソールの穴にヘッドホンを差し込むと聴けます.

consul 名 領事. ▶ *consul* general 総領事 / acting *consul* 代理領事. ☆ ambassador は「大使」，minister は「公使」.

consular 形 領事の. ▶ *consular* section（大使館の）領事部 / *consular* agent 領事代理 / *consular* assistant 領事官補.

consulate 名 領事館. ⇨ embassy（大使館）. ▶ *consulate* general 総領事館.
　【案内所】 You can get a visa at the *consulate*. ビザ〈査証〉は領事館で受け取るのです.

Continental Plan (the ～)〈略〉CP〉コンチネンタル方式宿泊料金制. ☆ 1泊1食 (continental breakfast) 付きの客室料金制度. ⇨ plan

conversion 名 ① 外貨への交換，両替；換算. ⇔ reconversion（再両替）. ▶ *conversion* rate（為替）交換レート，交換率，（各国通貨との）換算率 / *conversion* table（通貨の）換算表.
② 変換，転換. ▶ the *conversion* of goods into money 商品の現金化〈換金〉.

convert [kənvə́ːt] 動 ① 両替する；換算する；換金する. ⇔ reconvert（再両替する）. ▶ *convert* Japanese yen into US dollar at the airport 空港で日本円を米ドルに両替する.
　【観光】 You must *convert* your money into euros when you visit Europe. 欧州に行けばユーロに換金すべきです.
② 改装する. ▶ *convert* the living room into a guest bedroom 居間を客人用の寝

室に改造する．

---

convey [kənvéi] 動 運搬する，運送する (=carry, transport)．▶ *convey* goods from Boston to Chicago by truck 品物をボストンからシカゴへトラックで運ぶ．

---

conveyance 名 ①運搬，運送．▶ *conveyance* by air〈sea, land〉空路〈海路，陸路〉輸送．② 運送機関，乗物 (=vehicle)．▶ public *conveyance* 公共〈公衆〉の乗物．

---

conveyer〈**conveyor**〉名 運送者；運送機，コンベヤー (=belt conveyer)．
　[空港] Why don't you tie a ribbon on the handle of your suitcase? → That's a good idea. So I can find it more easily on the *conveyer*. スーツケースの取っ手にリボンをつけてはどうですか．→いい考えですね，そうすればベルトコンベヤーでもっと簡単に見つけられます．

---

copter 名 ヘリコプター (=chopper)．☆正しくは helicopter．日本で「ヘリ」(heli) と言うが口語英語では copter と言う．

---

corridor 名 (ホテルなどの)廊下 (=《米》hall(way);《英》passage(way));(列車内の)通路．▶ at the end of this *corridor* この廊下の突き当たりに / in the middle of this *corridor* この廊下の中央に．
　[ホテル] Some people are making strange noises in the *corridor*. I'd like you to check it. 廊下で何か変な物音をたてる人々がいます．調べてください．
　◇ **corridor which connects two buildings** 渡り廊下 (=breezeway)．
　◇ **corridor train**〈**carriage, coach**〉通廊列車〈車両，客車〉．☆片側に通路があり，これに面して横に客室 (⇨ compartment) がある列車．日本の寝台列車はこの形式が多い．⇨ vestibule train

---

couchette 名 クーシェット，(ヨーロッパ鉄道の)簡易寝台車．☆ヨーロッパ鉄道(主としてフランスやイタリア)に見られる簡易寝台車．個室はコンパートメントになっており，夜は4人用部屋(1等には2段寝台が2つある)または6人用部屋(2等では3段寝台が2つある)として使用され，毛布，枕，タオルなどが装備されている．米国のアムトラック車では「スランバーコーチ」と言う．⇨ slumbercoach
　[列車] The *couchettes* offer less comfort than the sleepers and cost less. クーシェットは寝台車より寝心地はよくないが運賃は安い．

---

counterfeit [káuntəfit] (アクセントに注意) 形 偽りの，偽造の．▶ *counterfeit* passport

〈signature〉偽造パスポート〈署名〉/ *counterfeit* ten-dollar bill 偽造の10ドル紙幣 / *counterfeit* diamond 模造ダイヤ.
— 動 (紙幣・文書などを)偽造する. ▶ *counterfeit* passport〈bill〉パスポート〈紙幣〉を偽造する.
— 名 偽物；模造品, 偽作.

countersign [káuntərsàin]（アクセントに注意）動 副署する, 連署する, 照合サインをする. ☆小切手, 書類, トラベラーズチェックなど署名済みの文書に, 認証のため副署〈照合のサイン〉をすること. 以前にしたサインと同じサインを2度目にすること. ▶ *countersign* the traveler's checks at the bottom トラベラーズチェックの下方に副署する.
【銀行・買物】You need to *countersign* a traveler's check when you cash it or make payment for your purchases. トラベラーズチェックを現金化する場合, または買い物時の支払いをする場合には副署する必要がある.
— 名 副署, 連署 (=countersignature).

countersignature [kàuntərsígnətʃər] 名 副署, 連署. ☆前もって署名済みの文書, 小切手, トラベラーズチェックなどを使用する際に, 同一使用者であるという確証のために受取人の面前でもう一度署名すること. トラベラーズチェックの場合などは下方に副署することになっている. holder's sign とは「(トラベラーズチェックの購入時に行う)所持者の署名」のこと. ⇨ endorsement

coupon 名 ① クーポン, クーポン式乗車券；切り取り(式)切符, 回数券の1片. ☆国際航空券の「クーポン(搭乗用片)」の区分に関しては **air ticket** を参照すること. ▶ flight *coupon* フライト・クーポン(航空券の搭乗用片で, 特定の地点が明記されている) / hotel *coupon* ホテル・クーポン(宿泊料の支払証明書, 料金支払済みのホテル利用券)/ meal *coupon* 食事券(支払済みの食事利用券)/ passenger *coupon* 搭乗者クーポン(航空券の旅客控え用の1片).
◇ **coupon ticket** 回数券, クーポン式乗車券.
【駅舎】What's the fare for the *coupon ticket*? 回数券はいくらになりますか.
② (商品・広告などにつく)景品引換券, 見本〈資料〉請求券；優待券, 割引券 (=discount coupon).
【買物】Free cosmetics bags can be obtained with this *coupon*. この優待券で化粧品バッグが無料で貰えます. ☆ You can get the free cosmetics bags with the *coupon*.

courier [kə́:riər] 名 ①（旅行会社が団体客につける）添乗員, 随行員；（個人の外国旅行につける）世話人. ▶ *courier* guide 添乗ガイド, 現地旅行の随行員. ☆現地における団体旅行の全行程に同行する.
②（外交）特使, 急使（=messenger）.

---

courtesy [kə́:təsi] 名 優待（=hospitality）, 礼儀（=etiquette）, 好意（=favor）. ⇔ discourtesy（非礼）. ☆ホテルにおける特別な配慮（hospitality）のこと. 到着時の出迎え, 出発時の見送り, 客室への果物または花を無料で提供する. ▶ show a *courtesy*（to）（に対して）優待する.
— 形 ①儀礼上；優遇の, 優待の. ▶ *courtesy* visit 表敬訪問 / *courtesy* card 優待カード.
② 無料の, サービスの；（ホテルなどの）送迎用の. ▶ *courtesy* rates サービス料金.
  ◇ **courtesy coach**〈**bus**〉 送迎バス. ☆ホテルと空港・駅・繁華街などの間を無料で往復する.
    【空港】 The *courtesy coach* is parked at the rear of this airport building. 送迎用バスはこの空港ビルの後部に駐車してあります.
  ◇ **courtesy car**〈**van**〉（各ホテルが持っている）送迎用の車. ☆空港に近いホテルでは, 定期的に空港とホテルを往復する無料送迎サービスを行っている. 無料ではあるが欧米では運転手には手荷物1個につき1ドルチップを渡す習慣がある.
    【ホテル】 The *courtesy car* will be there in ten minutes. Just go outside and wait near the center door. 迎えの車が10分以内にそちらに参ります. 外に出て正面口のそばでお待ちください.
  ◇ **courtesy room** サービスの部屋. ☆ホテルのチェックアウト後に使用できる客室で, 着替えをしたり手荷物を保管したりする. complimentary room とも言う.
    【ホテル】 You can use two *courtesy rooms* until your departure. 出発まで2部屋を自由に使用できます.
  ◇ **courtesy parking** 顧客無料駐車場.
    【掲示】 *Courtesy parking* only. 「来客専用無料駐車場」
  ◇ **courtesy telephone**〈**phone**〉 無料連絡電話. ☆空港周辺または市内のホテルに直結している予約専用の電話. 通常は手荷物引取所近くに見られる空港ホテル案内所付近に設置されている.
    【空港】 You can book the hotel by using the hotel *courtesy phone*. ホテル予約専用電話を使って無料でホテルの予約ができる.

---

cover charge （クラブなどの）席料, テーブルチャージ（和製英語）.
  【クラブ】 Is the *cover charge* included in the bill? 席料は勘定に含まれていますか.

credit 图 クレジット, 掛け, 付け. ▶ *credit* account 掛売り勘定 (=《米》charge account).
> 【買物】 No *credit* is given at this shop. この店では付け〈掛け〉はできません.
◇ **credit buying** クレジットでの買い物. ☆ **buy on credit**「クレジットで買い物をする」.
◇ **credit card**〈略〉C/D〉 クレジットカード, 信用販売のカード. ☆買い物やレストランなどでは, 現金の代わりにクレジットカードをよく用いる. **plastic card** または **plastic money** とも言う.
> 【買物】 How would you like to pay? Cash or *credit card*? → By *credit card*. お支払いはどのようになさいますか. 現金それともクレジットカードですか. → クレジットカードです.
> 【買物】 I don't have enough cash with me. Do you accept a *credit card*? → Yes, we do. What kind of card do you have? → I have Visa card. → No problem. We accept Visa card. Please sign here. いま現金を持ち合わせていませんが, クレジットカードを受け付けますか (=Can l use a credit card? / Do you take a credit card?) →はい, 受け付けます. どのようなカードですか. (否定の場合: No, sorry. We only accept cash.) → ビザカードです. (=Mine is a Visa card.) → 大丈夫です. (=All right.) ビザカードは受け付けます. ここにサインをお願いします.
◇ **credit card call** クレジットカードによる通話, クレジットで支払う通話. ☆オペレーターに申し込む国際電話の一形式で, 料金をカードで支払う通話.
> 【通話】 I'd like to make a *credit card call* to Tokyo, Japan. My credit card number is 1234-5648-9012. クレジットカードで日本の東京に電話したいのです. クレジット番号は 1234-5648-9012 です.
◇ **credit limit** カード使用限度.
> 【買物】 The *credit limit* set by ABC card company is $500. ABC カード会社のカード使用限度は 500 ドルです.
◇ **credit voucher** 商品券; 引当金証書.
> 【買物】 I want to buy this dress on *credit voucher*. このドレスを商品券で購入したいのです.
◇ **on credit** 掛けで, 付けで.
> 【買物】 I'd like to buy this dress *on credit*. このドレスを付けで買いたいのです.

crew [krúː] 图 ① (飛行機の) 乗務員, 搭乗員. ☆飛行機の乗務員の場合 **air crew** は「全員の乗務員」を指す. **a crew member** は「個々人の乗務員」(a member of crew) を指し. 通常は captain (機長), co-pilot (副操縦士: first officer), purser (パーサー), cabin attendant (客室乗務員), flight-engineer (飛行機関士) などを含む. 飛行機のドアがいったん閉まれば全員が **air crew** である.

▶ *crew* and cabin attendants 飛行機の乗務員. ☆運航・客室の両グループを合わせた１チーム / *crew* briefing クルー・ブリーフィング. ☆運航・客室の両グループによる出発前の打ち合わせ / *crew*'s cabin 乗務員室 / cabin *crew* 客室乗務員 / cockpit *crew* 運航乗務員 / flight *crew* 客室乗務員 / ground *crew*（飛行場の）地上勤務員（＝《英》ground staff）. ☆事務職員・乗客係・整備員など.
掲示 *Crew* Only.「乗務員以外立入禁止」
機内 All the *crew* of the plane is⟨are⟩ American. その飛行機の乗務員はすべてアメリカ人である. ☆「集合体」に重点を置く場合は単数,「各構成要員」に重点を置く場合は複数になる. one of the *crew*「乗務員の１人」. a *crew* of five in all「乗務員は全員で５名」.
② (船舶の)乗組員. ▶ a *crew* of ten in all 全員で 10 名の船員.
③ (列車の)乗務員. ▶ train *crew* 列車乗務員 (全体).

crewman（**複 crewmen**）名（飛行機・船舶・宇宙船などの）乗組員, 乗務員. ☆個人の場合を言う. ⇨ crewmember

crewmember 名 乗組員, 乗務員 (=crewman, a member of crew). ▶ carry 10 *crewmembers* 10 名の乗員を乗せる.

critical 11 minutes 危険な 11 分間. ☆飛行機の事故は「離陸の３分間」そして「着陸 8 分間」に発生しやすいと言われる. ☆ **critical** 形「危機的な」. be in *critical* situation 危機的な状態にある.

crossing〈**xing**, **Xing**〉名 ①（道路の）交差点(=crossroads), 十字路(=intersection);（鉄道の）踏切；横断歩道. ☆「陸橋」は **overpass**,「地下横断路」は **underpass** と言う.
▶ *crossing* gate 踏切遮断機 / diagonal *crossing* スクランブル交差点 / grade *crossing* 踏切, 平面交差点 (=《英》level *crossing*) / pelican *crossing*《英》押しボタン式信号のある横断歩道. ☆ pedestrian light controlled crossing（歩行者用信号制御横断歩道）の頭文字を組み合わせた混成語（PELICON）に由来する. / pedestrian(s)' *crossing*《英》横断歩道 (=《米》crosswalk) / overhead *crossing* 立体交差 / railroad *crossing* 鉄道の踏切 / traffic lights at a *crossing* 交差点の信号灯 / zebra *crossing*《英》(白ペンキのしま模様の) 横断歩道, 歩行者優先横断歩道. ☆日本語での「スクランブル交差点」は歩行者が対角線（diagonal）に交差すること. 英語では cubic intersection; intersection with diagonal crosswalks または歩行者がどの方向にも横断できる交差点なので crossing where pedestrians can

go in any direction (simultaneously) と言えよう.
② 横断；渡航, 航海. ▶ channel *crossing* 海峡横断.

crossover 名 《英》(鉄道の)渡り線；(道路の)陸橋(=《米》overpass), 歩道橋, 立体〈高架〉交差路.

crossroad 名 ①(他の道路と交差する)道路(=cross street)；(幹線道路を結ぶ)支道；(大通りを結ぶ)横道.
② 交差点(crossroads), 十字路(=crossing, intersection)；(人生の)岐路. ▶ stop at the *crossroads* 交差点では止まる / turn left at the next *crossroads* 次の交差点で左に曲がる.

crosswalk 名 《米》(歩行者用の)横断歩道(=《英》pedestrian〈zebra〉crossing). ⇨ crossing

cruise 動 ①(船が)遊覧〈周遊〉する；船旅をする；(巡航のため)巡洋航海する. ▶ go *cruising* along the seashore 海岸沿いに巡遊する / *cruise* along the beautiful shore 美しい海岸を遊覧する.
②(飛行機が)巡航する, 巡航速度で飛ぶ. ☆水平飛行している状態. ▶ *cruise* at a ground speed of 500 miles per hour 対地速度毎時500マイルで巡航する / *cruise* at an altitude of 30,000 feet 高度3万フィートで飛ぶ.
③(タクシーが客を拾うために)ゆっくり流して走る；(パトカーが)巡回しながらゆっくり進む.
— 名 巡航；周遊(観光)；船旅；巡洋航. ▶ enjoy the 90-minute *cruise* 90分間の遊覧を楽しむ.
　◇ **cruise bus** 巡行〈周遊〉バス(cruising bus). ☆観光名所のある市内の主要停留所を巡行する.
　◇ **cruise ship** 周遊観光船, 巡航客船；長期の遊覧客船. ⇔ regular liner (定期船)
　◇ **cruise tour** クルーズの観光. ▶ take the *cruise tour* クルーズ観光をする.
　◇ **lake cruise** 湖上周遊観光. ▶ take the *lake cruise* 湖上を周遊観光する.
　◇ **go on a cruise** 巡洋航海に出かける (=take a *cruise*). ▶ *go on a cruise* on a liner 定期船で遊覧する.

cruiser 名 ① クルーザー, 周遊船, 行楽用のヨット(=cabin cruiser). ☆宿泊設備のあるレジャー用ヨットの総称. motorboatより大きくyachtより小さい. 船室(cabin)では宿泊ができる.

② 流しの巡回タクシー（=cruising taxi）；《米》（無線付きの）パト（ロール）カー（=patrol car）.

タクシー It is hard to find a *cruiser*⟨cruising taxi⟩ in this city. 当市で流しタクシーを見つけるのは難しい．☆海外では大都会を除くと巡回タクシーは少ない．

③ 遊航する飛行⟨航空⟩機．

---

cruising 名 ①（船舶の）巡航．▶ *cruising* speed 巡航速度．☆「船舶」が速度を一定に保ち目的地まで運航すること．

②（飛行機の）巡航．☆「飛行機」が安定した速度で運航すること．

◇ **cruising altitude** （飛行機の）巡航高度，安定飛行高度．☆国際線の旅客機の場合，通常高度 5,000m から 10,000m 以上の巡航高度を言う．離陸後約 15 分から 30 分以内でこの高度に達する．

機内 There will be a snack and refreshment service just after we reach our *cruising altitude*. I'm sorry there is no complimentary lunch service. 巡航高度に達した後で軽い飲食物サービスがございます．無料の昼食サービスはございません．⇨ complimentary

---

currency 名（現在通用している）通貨，貨幣．▶ *currency* conversion table 通貨換算⟨換算率⟩表 / certificate for the exchange of foreign *currency* 外貨交換証明書 / foreign *currency* exchange rate 外貨換算率 / gold *currency* 金貨 / hard *currency* 硬貨（外貨との交換可能な通貨）/ local *currency* 現地通貨 / metallic *currency* 硬貨，コイン / paper *currency* 紙幣 / soft *currency* 軟貨（外貨との交換不能な通貨）．

通貨 Japanese *currency* is widely used in the world. 日本円は世界中で使用されている．

◇ **currency declaration** (**form**) 携帯通貨申告（書）．

空港 In customs area you are advised to make an honest *currency declaration*. 税関では正直に通貨申告をすることを勧める．（=At customs area you are advised to make a *currency declaration* honestly.）

◇ **currency exchange** 通貨の両替；両替所．

空港 The *currency exchange* is open between nine in the morning and five in the evening. 両替所は朝 9 時から夕方 5 時まで開いています．

◇ **currency exchange booth** 両替ブース（=currency exchange counter⟨office⟩）.

空港 For arriving international passengers a *currency exchange booth* is located within the baggage reclaim area. For departing international passengers a *currency exchange booth* is located in the departure lounge. 到

着する国際便の乗客のためには両替ブースは手荷物受取所内に設置されてある．出発する国際便の乗客のためには，両替ブースは出発ラウンジに設置されてある．

◇ **currency exchange statement** 貨幣交換証明書，通貨引換証明書．☆旅行前または旅行中に両替する時に受領する．旅行を終えて再度換金する場合，この証明書を要請する国もある．

銀行・両替所 Here's your *currency exchange statement*. Sign here, please. 通貨交換証明書です．ここにサインしてください．

---

customs 名 ① 関税 (=duties); 税関． ▶ *customs* area 税関検査場〈所〉/ *customs* clearance 通関手続き(=*customs* formalities 〈procedures〉)/ *customs* counter 税関カウンター / *customs* duty〈duties〉 関税 / *customs* entry 通関手続き / *customs* formalities 通関手続き(=*customs* procedures)/ *customs* fee 税関手数料 / *customs* free 免税(=tax-free)/ *customs* house 税関所 / *customs* inspection of baggage 税関手荷物検査 / *customs* tariff 関税表，税率 / impose *customs* 関税を課す．

空港 You must pay *customs* duty on this watch. この時計には関税を払う必要があります．

◇ **customs authority** 税関当局．

空港 False statements made to the *customs authority* are punished by law. 税関当局での不正申告は法律によって罰せられます．

◇ **customs control** 税関審査．

空港 You should line up for the *customs control*. 税関審査のために並んでください．

◇ **customs declaration** 税関申告．☆「口頭申告」(oral declaration)と「書面申告」(written declaration)がある．通常は「口頭申告」で済む場合が多い．

◇ **customs declaration form** 税関申告書(=customs declaration card)．

空港 Please be sure to sign your passenger's *customs declaration form*. 旅客税関申告書にサインすることを忘れないでください．

◇ **customs inspection** 税関検査(=customs examination)．

空港 You must undergo *customs inspection* when you enter a country. In particular you'll have your baggage inspected. 入国時には税関検査を受けます．特に手荷物が検査されます．

◇ **customs office** 税関所．

空港 At the *customs office* entering passengers are expected to declare all items accompanied that are not free of duty. 税関所では，入国する旅行者は免税品以外のすべての携帯品を申告することになっています．

◇ **customs officer** 税関検査官, 税関吏, 税関係官. ☆ customs official; customs inspector などとも言う.
　🛬 Please give this customs declaration form to the *customs officer* at the exit. 出口の税関係員に，この税関申告書を渡してください.

② (the) Customs 税関；通関手続き.
◇ **go〈pass〉through (the) Customs** 税関を通る.☆「入国する旅客」または「出国する旅客」の旅具の検査また持ち込み品〈持ち出し品〉の検査・課税・麻薬の取り締まりなどを行う.
　🛬 Going through *Customs* means having your baggage inspected by a customs officer. 通関〈税関を通ること〉は手荷物を税関吏が検査するということである.

cycle [sáikl] 名 ① 自転車 (=bicycle)；オートバイ (=motorcycle)；三輪車 (=tricycle).
▶ get on〈ride〉a *cycle* 自転車に乗る / get off a *cycle* 自転車から降りる.
② (現象の)ひと巡り；周期. ▶ the *cycle* of the seasons 四季の移り変わり（春夏秋冬）.
— 動 自転車に乗る. ▶ *cycle* to school 自転車で学校に行く（=go to school by cycle）.

cyclical menu サイクリカル・メニュー. ☆同じ献立を一定期間繰り返して提供するメニュー.

cycling 名 サイクリング, 自転車旅行. ▶ go (on a) *cycling* サイクリングに行く.

cycling car サイクリング車. ☆ cyclist「自転車〈オートバイ〉に乗る人(=cycler)」.

---

cycling car の関連語

- **B** bicycle 自転車 / bike 自転車.
- **F** folding bicycle 折り畳み式自転車.
- **L** larger-size motorcycle 大型バイク / monocycle 一輪車 / moped 自動二輪車 / motorcycle オートバイ, バイク.
- **S** (motor) scooter スクーター / side-car サイドカー / small-size motorcycle 小型バイク.
- **T** tandem タンデム（2人乗り自転車）/ tricycle（子供用）三輪.
- **U** unicycle 一輪車.

D

daily specials 日替わりのおすすめ料理, 本日の特別料理. ⇨ special
　レストラン What are your Chef's *Daily Specials* for tonight? 今晩のシェフの特別料理は何ですか.

damage [dǽmidʒ] 名 ① 損害. ▶ *damage* in transit 輸送途中の損害.
② 損害賠償(金).
　空港 I claimed *damage*, because my suitcase was badly cracked. スーツケースにひどいひびが入ったので, 損害賠償金を請求しました.
　◇ **damage claim form** 損害賠償申請書(=damage compensation).
　　空港 They paid damages after I filled out a *damage claim form*. 損害賠償申請書に記入した後で彼らは損害賠償金を支払ってくれた.
― 動 損害〈損傷, 被害〉を与える(=do damage to)；破損する(=destroy, harm, spoil).
　空港 One of our suitcases was badly *damaged*. So I filled out a damage claim form. スーツケースの1個がひどく破損しましたので, 損害賠償申請書に記入しました.

damaged 形 破損した. ▶ *damaged* goods 損傷貨物 / *damaged* baggage〈luggage〉損傷荷物.
　空港 You can cover your *damaged* baggage with your insurance. 破損荷物は保険で保証してもらえる.

date line (the ～) 日付変更線. ☆180度の子午線. 東に向かって越えるときは, その日をもう一度数え, 西に向かって越えるときは, その次の日付に変更する.
⇨ International Date Line (国際日付変更線)

day-tripper 名 日帰り行楽客. ▶ spa〈hot spring〉for *day-tripper* 日帰り温泉旅行.
　観光 Niagara Falls is〈are〉popular for *day-trippers* all (the) year round. ナイアガラ瀑布は日帰り行楽客で年中にぎわう. ☆Niagara Falls は通常は単数扱い. 2つの部分(アメリカ瀑布・カナダ瀑布)から成ることを特に意識して言う時は複数扱いとなる.

deadhead [dédhed] 名 ①〈略〉D/H 正式乗務外の状態(乗務員が回送機で帰ること).
②《米》回送車(deadhead train). ☆日本の電車やバスには out of service と表示されている.

③ 優待券乗客〈入場者〉；（優待券などによる）無賃乗客；（航空会社の職員の）無料入場者．

---

delay 動 ①（悪天候・事故などで）遅らせる，遅延させる．☆ be delayed「遅れる」．▶ be *delayed* one hour by the heavy traffic　交通渋滞に巻きこまれて1時間遅れる．

空港 AA flight 123 may be *delayed* a little because of the bad weather. AA123便は悪天候のため少々遅延の見込みです．

② 延ばす，延期する（=put off; postpone）．☆ delay は「ある理由〈過失〉で早くすべきことをある時期まで延ばすこと」．時には「無期限に延ばすこと」．例 We must *delay* our departure until the weather improves.「天気がよくなるまで出発を延期すべきです」．postpone〈put off〉は「ある理由で一定の時期まで先に延ばすこと」．例 The baseball game was *postponed* until Monday because of the heavy rain.「野球の試合はひどい雨のため月曜日まで延期になった」．

旅行 We *delayed* our trip for six days because of the train strike. 列車ストのため旅行を6日間延期した．

— 名 ①〈略 DLY〉遅延，延着；延期．☆不可避的な天候不順等のためにおきた乗物の「発着の遅れ」のこと．creeping delay とも言う．

駅舎 The train arrived after a *delay* of three hours. 列車は3時間遅れで到着した．

②（到着・出荷などの）遅れ，遅延時間．

交通 The bus had a twenty-minutes' *delay*〈a *delay* of 20 minutes〉．バスは20分遅れた．

---

delayed 形 延期した．▶ *delayed* arrival 延着．

◇ **delayed departure** 出発の遅延．

ホテル A full-day room charge will apply for a *delayed departure* after 6:00 p.m. 午後6時以降に出発が遅延する場合，1日分の部屋料金が適用されます．

---

denomination [dinàmənéiʃən] 名 ①（貨幣・紙幣などの）単位・種類；額面の金額（=denomination value）．☆銀行や両替所などで顧客に対して外貨の額面を「どのような金種で両替するか」（What *denominations* would you like?）を尋ねる時に用いる単語である．元来 denomination は「金額の単位」のことで，coins〈bills〉of many denominations「いろいろな単位の硬貨・貨幣」を指す．米ドルの場合「**紙幣**」は1，2，5，10，20，50，100の各ドル．「**貨幣**」は1，5，10，25，50の各セントおよび1ドルがある．

両替所 Please change this into US dollars. I'd like to have some small change, too. → Sure. What *denominations* do you want (to change US dollars)? 米ドルに替えてください．小銭も少しお願いします．→はい．どのような額面にしますか．☆ In what denominations do you want? または How would you like your money? などとも言う．海外の空港での実際の会話では両替する人に対して簡潔に "What denominations?" と言っている．

◇ **small denominations** 少額貨幣〈札〉(=bills《英》notes, money) of small denominations). ☆ break（細かく崩す）の動詞とともに用いる場合が多い．
　例　*break*〈change〉a 10,000-yen note　1万円札を崩す．
　銀行　I'd like to break this 100-dollar bill into *small denominations*. 100ドル札を細かいお金に崩してください．

② 宗派, 教派 (=religious sect).
　観光　No matter whether you visit churches to worship or to see the sights, there are strict ground rules for dress and behavior, which vary according to *denominations* and localities. 教会を訪れるのが礼拝のためであれあるいは観光のためであれ，宗派や地域性によって異なるが，服装と行動に関する厳格な基本ルールがある．

deplane 動 降機する，飛行機から降りる (=disembark). ⇔ enplane（飛行機に乗る）．⇨ disembark. ▶ *deplane* from the forward exit 前方の出口から降機する / *deplane* through the Jetway《英》boarding bridge〉(航空機の) 搭乗橋を通って降機する / *deplane* into the concourse of airport 降機して空港の中央ホールに出る．
機内　Transit passengers are requested to *deplane* taking all their personal belongings with them. 通過旅客〈引き続き同じ便を利用する乗客〉は降機の際，私物をすべて所持してください．
機内　Which door do we use when we *deplane*? 飛行機から降りるときはどちらの扉を使いますか．

deposit 動 ①（ある場所に）置く (=put)；(公衆電話・自動販売機などに硬貨を) 入れる．
　▶ *deposit* the bag on the table for inspection　検査のためバッグを机の上に置く．
電話　Could you tell me how to call in this country? → Please *deposit* two dollars and forty-five cents for the first three minutes. Then dial your number. この国での電話のかけ方を教えてくださいますか．→最初の3分間の通話料2ドル45セントを入れてください．それから番号をダイヤルしてください．

② (貴重品を一時) 預ける．
　ホテル　Money and valuables must be *deposited* in the safety-deposit box. Otherwise the hotel will not be responsible for any loss. 現金・貴重品などの紛失についてはホテル側では責任を負いかねますので必ず貸し金庫にお預けくだ

さい. ⇨ safe-deposit box
③ 手付金〈保証金；頭金〉として支払う.
[買物] We *deposited* 200 dollars on the purchase. 買い物に 200 ドルを手付けとして払った.
— 名 ①敷金, 頭金；（予約の）内金. ▶ reservation *deposit*（旅行業約款の）申し込み. ☆ホテル確保のために要求される予約金. credit card 番号を連絡すれば不要の場合もある. 通称『デポ』.
[ホテル] Can I pay a small *deposit* now and the rest later? いま少しの予約金を支払い残額は後で支払ってもよろしいでしょうか.
② (外貨) 預金；(銀行) 預金. ▶ *deposit* account《米》(銀行) 預金 (勘定);《英》普通預金口座 (=《米》saving accounts)/ bank *deposits*〈savings〉銀行預金.
③ 保管, 預かり. ▶ safety-*deposit* box（ホテルなどの貴重品）貸金庫.

depot [díːpou] 名（長距離バス・飛行機の小さな）発着所;《米》(鉄道の小さな) 駅 (=《米》railroad station;《英》railway station), 停留所；空港ターミナル;《英》車庫. ▶ bus *depot* バス停；《米》バスターミナル / quarantine *depot* 検疫所 / railroad *depot* 停車所 / railway *depot*《英》列車車庫 / taxi *depot* タクシーの発着所 / train *depot* 列車車庫.
[交通機関] Where is the closest bus *depot*? 最寄りのバス停はどこですか (=Do you know〈Could you tell me〉where the nearest bus *depot* is located?)

derail 動（列車を）脱線させる. ☆ be derailed「脱線する」.
[交通] Two trains were *derailed* by a head-on collision. 正面衝突により２つの列車が脱線した.

derailment 名 脱線. ▶ the delay caused by a *derailment* 脱線による遅れ.

descend 動（飛行機などが）降下する；降りる, 下りる (=go down; come down). ⇔ ascend (上る). ▶ *descend* the staircase 階段を下りる.
[機内] We are now starting to *descend* and will soon be landing at Los Angeles International Airport. 当機はただ今より降下しはじめ, まもなくロサンゼルス国際空港に到着する予定でございます.

descent 名 ①降下, 降りること. ⇔ ascent (上昇). ▶ make a slow *descent* 徐々に降下する.
[機内] We're going to begin the *descent* for Beijing International Airport. 当

機は北京国際空港への着陸態勢に入ります.
② 下り坂〈道〉. ▶ steep *descent* into a valley 谷に下る険しい坂.

detour 图 遠回り, 迂回；迂回路 (=《英》diversion). ▶ take a *detour* 回り道で行く.
 〖交通〗 We made a *detour*, because the board said, "Road under construction." 交通標識に「道路工事中」と書いてあったので我々は迂回した.
— 動 迂回する, 遠回りする (=make a detour).

disconnect 動 ① 切断する, 連絡を断つ. ☆ disconnection 图「切断, (電話の) 断線」.
 〖車内〗 You have to move to the front three cars for Chicago. This part of the train will be *disconnected* at St. Louis. シカゴ行きの前3両へ移動しなくてはいけません. 列車のこの部分はセントルイスで切り離されます.
② (電源・電話回線などを) 切る.
 〖通話〗 We were *disconnected* while we were still talking. 通話中なのに電話が切れてしまいました.

disembark [dìsembá:k] 動 (飛行機から) 降りる (=deplane), 降ろす；上陸する (=land), 上陸させる；下船する, 下船させる：入国する. ⇨ deplane. ⇔ embark (乗る). ▶ passenger *disembarking* in London ロンドンで降りる乗客.
 〖機内〗 You are requested to check the seat area before you *disembark* from the plane. 飛行機から降りる前に座席周辺を調べる必要がある. (=You must check the seat area before you *disembark* from the plane.)

disembarkation 图 降機；上陸；下船；入国. ⇔ embarkation (搭乗；出国).
 ▶ *disembarkation* point 降機地 / *disembarkation* procedures 入国手続き / temporary *disembarkation* 一時降機.
 ◇ **disembarkation card** 入国 (記録) カード (=entry 〈landing; arrival〉 card). ⇔ embarkation card (出国カード). ☆飛行機の乗客がある国から他の国へ入国する際の証明書. 国外旅行の最初に外国の到着地で氏名, 生年月日, 旅券番号などを所定の書類に記入し, 入国審査官に提示するカード.
 〖空港〗 You should not forget to sign here when you fill out the *disembarkation card*. 入国カードに記入する時ここに署名を忘れないでください.
 ◎ 米国の場合, 入国カードには次のような項目がある.
 Family Name「姓」.
 First Name「名」.
 Date of Birth「生年月日」.

Nationality「国籍」(例 Japan).
Sex (Male, Female)「性別（男・女）」.
Passport Number「旅券番号」.
Airline Flight「航空機便名」(例 JAL 1234).
Country of Residence「居住国」(例 Tokyo, Japan).
From「搭乗地」(例 Narita, Tokyo).
Visa, place of Issue「査証発行地」(例 Osaka, Japan).
Visa, date of Issue「査証発行日」.
U.S. Address「米国滞在期間中の住所」(例 Hilton Hotel, Chicago).
City and State「市，州」.
◎ 国によっては次のような項目もある.
place of birth「出生地」(例 Tokyo, Japan).
occupation「職業」(company employee / student).
permanent address「本籍地」(Kyoto, Japan).
number of passport「旅券番号」☆ No（番号），issued on（発行日），issued at（発行地）を旅券にあるとおり記入する.
airport of embarkation「出発空港」(例 Narita Airport).
purpose of visit「訪問目的」(例 sightseeing（観光）/ business（商用）).
intended length of stay「予定滞在日数」(例 3 days / 2 weeks).
address in「入国先の住所」(例 Hilton Hotel, Chicago).

DIY tour 〈do-it-yourself tour〉手づくり旅行. ☆往復の航空券と最小限のホテル宿泊券が決められている以外は旅客のほうで自由に旅程を組み立てられる旅行.

doggie bag 持ち帰り用の袋. ☆犬に与えるという口実で，レストランなどで食べ残した物を入れる袋. 実際には人間が食べるので **people bag** とも言う. ☆ **doggie** 〈**doggy**〉「小犬，（小児語）わんわん，わんちゃん」.
[レストラン] I'd like to take out this remained food. → I'll give you a *doggie bag*. この残った料理を持って帰ります.→お持ち帰り用の袋を差しあげます. ☆Will you make a *doggie bag*?「これを持ち帰り袋に入れてもらえますか」.

doghouse 名 ① 犬小屋 (=《英》kennel).
② 小型収納庫. ☆機内の客席最後列の後方床面にある三角形のドアがついている小さな収納庫 (a small, floor-level compartment with a triangular door behind the last row of passenger seats) のこと. その形が犬小屋に似ていることが呼称の由来.

dome car ドームカー，(列車の) 展望車. ☆天井にガラス張りのドーム (dome) がついた展望席のある2階建ての客車. 通常は長距離列車に連結されている. **vista-dome car** とも言う.

domeliner 名 展望列車. ☆展望車 (dome car) を連結している長距離列車.

double 形 ① 2倍の, 倍の. ▶ *double* door　両開きのドア.
　【買物】We paid *double* the price. 私たちはその倍の価格を支払った. ☆double は「the+ 名詞」の前に置く.
② 二重の, 対になった. ▶ *double* lock (on the door) (ドアの) 二重の錠. ☆内側から鍵をかけること. 自動ロックの他に二重に施錠することになり, マスターキーでも開錠できなくなる / *double* seat　2人掛けの座席.
　【電話】My telephone number is 03-1234-5567. 私の電話番号は03-1234-5567です. ☆ zero 〈O〉, three–one, two, three, four, *double* five, six, seven. 電話番号などで数字・文字が2つ重なるときには「double +数字」で読むことがある.
　【ファーストフード店】I'd like a *double* cheeseburger and regular French fries. ダブル・チーズバーガーと普通サイズのフレンチ・フライをください.
③ (ベッドが) ダブルの, (ホテルにある) 2人客室用の (=double(-bedded) room).
　【ホテル】Do you have a *double* room for tonight? 今晩ダブルルームが空いていますか.
　◇ **double occupancy** 2人相部屋. ☆ホテルで1部屋を2人で利用すること. 1人部屋を1人で利用する場合は single occupancy と言う. ⇨ occupancy
　　【ホテル】The price is as low as $150 per person *double occupancy*. 値段は2人相部屋で1人150ドルの格安です.
　◇ **double occupancy rate** 2人相部屋料金. ☆2人部屋を2人で利用した場合の客室料金.
④ (ウイスキーなど) ダブルの, 2倍の強さの. ▶ *double* Scotch　ダブルのスコッチ (機内のウイスキーはミニチュア瓶なので2本分を入れること)／ *double* beer (強さが倍の) 特性ビール.
　【機内】I'll have *double* Scotch, please. スコッチのダブルをお願いします. ☆ Please give me two *double* whiskies. 「ダブルのウイスキーを2杯ください」
— 名 ダブル. ☆2倍の量のウイスキーなど.
　【酒場】Give me a *double*, please. ダブルにしてください. (=Can I have a *double*?)
— 動 ①折り重ねる. ▶ *double* the blanket (if you feel cold) (寒い場合) 毛布を重ねる.
　② 兼用する. ▶ the living room which *doubles* as a dining area　食堂を兼用している居間.

◇ **double up (with 〜)** 〜と同室する．2人で共有する．☆ホテルの客室や船室などを共有する．1部屋を2名以上の利用客が共同で使用すること（=double occupancy）．パッケージ・ツアーなどの団体料金はこの方式を用いている．1人部屋を利用する場合は別料金が追加される．

ホテル We *doubled up* a room last night. 昨夜2人で同じ部屋に泊まった．

downgrade 图 等級を下げること．⇔ upgrade 图（等級を上げること）

① （発券用語）（飛行機の）下級座席への変更．☆利用するクラスのグレードを下げること．例 first class から business class，または business class から economy class へ等級を変更する．運賃は再計算され，差額があれば払い戻される．

◇ **involuntary downgrade** 航空会社の都合による下級席変更．☆差額は支払われるがビジネスクラス以上の予約コントロールは厳密に行われているので現実にはほとんど起こりえない．⇔ involuntary upgrade.

◇ **voluntary downgrade** 旅客の意志による下級席変更．⇔ voluntary upgrade

② （ホテルで）宿泊者が支払った価格以下の下級客室．☆利用する客室クラスのグレードを下げること．例 suite 部屋から standard 部屋へ変更する．⇔ upgrade

down payment （分割払いの）手付金〈頭金〉．☆分割払い（easy payment; installment plan）などで購入する時に最初に支払う金．ちなみに家や車を月ぎめ払いで買う場合は monthly installment（月賦）と言う．

ホテル／買物 Can I make a *down payment* now and pay the rest later when I pick it up? いま手付金を支払い，後でそれを貰った時に残りのお金を支払えますか．

dual 形 二重の；二者の．▶ *dual* nationality 〈citizenship〉 二重国籍〈市民権〉．

◇ **dual carriageway** 中央分離帯のある高速幹線道路（=《米》dual 〈divided〉 highway）．

掲示 *Dual Carriageway* Ahead.「前方に幹線道路あり」．☆道路標識．

◇ **dual channel system** 二元通路制度．☆通関時における旅行者の通路（channel）が課税・非課税の区別によって各々赤・緑の2色（dual）で示されており，旅行者が自由に選択する制度（system）．green and red channel system とも言う．「赤色ランプ」は免税範囲外，「緑色ランプ」は免税範囲内である．

◇ **Dual ModeVehicle** 〈略 DMV〉二重モード車．☆線路を走行する電車と道路を運行するバスの機能を合わせ持つ乗物．

◇ **dual mode bus** 〈略 DMB〉手動と自動運転の両用バス．

dump truck ダンプカー（和製英語）（=dumper）．☆日本語の「ダンプカー」は荷台を傾

けて，積んだ土砂などを降ろす「トラック」のこと．英語では **dump truck**，または英国では **tipper lorry** と言う．英語の dump car は「傾斜台付き貨車」（荷台を傾斜させられる鉄道の貨車）の意味． ⇨ car

---

duplicate 形 ①複製の，写しの；(他物と)全く同じの． ▶ *duplicate* copy 写本，複本．
② 重複の，二重の． ▶ *duplicate* payment 二重支払い．
　◇ **duplicate booking** 重複予約．☆第1希望と第2希望を重複して予約すること．double-booking（二重予約）と区別すること．
　◇ **duplicate key** 合い鍵 (=spare key; extra key)．☆master key は「全室が開けられる親鍵」．
　　[ホテル] I shut myself out. → Well, I suggest you go down to the front desk and ask for a *duplicate key*. 部屋から締め出されたのです（=I've locked myself out.）→そうですね，フロントに行って合い鍵をもらったらいかがでしょう．
― 動 複写する． ▶ *duplicating* machine 複写機，コピー機 (=duplicator)．

Dutch roll ダッチロール．☆飛行機が横揺れ（ローリング）と機首の左右方向の揺れ（ヨーイング）の両要素を併せて繰りかえして左右に蛇行する．

Dutch treat 割り勘の食事〈映画，芝居，旅行〉．
　◇ **go Dutch** 割り勘にする．☆この表現はオランダ人（a Dutchman〈Dutchmen〉, a Hollander）には少々不愉快であるかもしれないので．同じ意味の **split the bill** を用いるほうがよい．
　　[レストラン] We'd like to have separate bills. Let's *go Dutch*〈split the bill〉for lunch. 勘定は別々にしたい．昼食は各自持ち〈割り勘〉にしよう．

Dublin, Ireland

E

earthquake 名 地震. ▶ *earthquake*〈seismic〉center 震源地 / *earthquake* prediction 地震の予報 / *earthquake* sea wave; tsunami 津波. ☆tsunami は国際語として通じる / *earthquake* shock 地震の震動 / *earthquake* sound 地鳴り.
[災害] There was a severe *earthquake* in Tohoku district in 2011. 2011年東北地方に大地震があった. ☆ A severe *earthquake* occurred in Tohoku district. / They 〈We〉had a severe *earthquake* in Tohoku district. とも言う.

Eastern Daylight（Saving）Time 〈略 EDT〉（米国）東部夏時間. ☆日本時間より14時間遅い. daylight saving time は「《米》夏時間, サマータイム（summer time）」のことで標準時より1時間早い.

Eastern Standard Time 〈略 EST〉（米国）東部標準時. ⇨ standard time

edible 形（物に毒性がなくて）食べられる, 食用に適する (=eatable). ⇔ inedible（食べられない）. ▶ *edible* frog〈bullfrog〉食用カエル / *edible* snail 食用カタツムリ (=escargot).
[レストラン] This leaf is for decoration only. It is not *edible*. これは飾りの葉です. 食べられません.

edibles 名（料理前の）食べ物, 食用品. ☆健康ブームやダイエットブームに乗って edible flowers（食用花）の香りや薬効などの利点が脚光をあびている. eatables は「調理後の食べ物」.

ejection seat 射出座席 (=ejector seat), 緊急脱出用シート. ☆操縦士の緊急脱出用の機体外放出装置. 緊急の場合飛行機から分離して空中に飛び出し, パラシュートで地上に降りることができるように作られている座席.

electric 形 電力の, 電動の, 電気の. ☆ electricity「電気」. ▶ *electric* train〈railcar〉電車 (=《英》tramcar;《米》streetcar) / *electric* heater 電気ストーブ / *electric* locomotive〈略 EL〉電気機関車 / *electric* outlet〈plug〉コンセント（和製英語）/ *electric* vehicle〈略 EV〉電気自動車 (electric automobile〈car〉).
◇ **electric sign board** 電光掲示板 (=《英》electric notice board)
[空港] You can check the departure time on the *electric sign board*. 出発時間

は電光掲示板で調べられます．
◇ **electric news board** 電光ニュース．☆ electric news display; electric board spelling out news items とも言う．

electronic 形 電子の．

◇ **electronic concierge** 電子コンシェルジュ．☆電子コンシェルジュはスクリーン・タッチ式のミニ・コンピューターを使用した情報提供システムである．コンピューターから得られる多数のオプション（選択肢）を通じて当地のレストランやイベント，アトラクションなどの情報が利用できる．ホテルや空港などで利用されている．
◇ **electronic devices** 電子機器．☆ **electronic calculator**「電子計算機」．
（機内）Any passengers using *electronic devices* such as a laptop computer are asked to refrain from using them until approximately 20 minutes after your departure. ラップトップ・コンピューターなどの電子機器をご使用なされているお客様は，離陸から約20分を過ぎるまでご使用をお控えください．
◇ **electronic mail** 電子メール．☆ **e-mail** と略する．
◇ **electronic security lock** 電子安全ロック．
（ホテル）All guest rooms are equipped with the latest *electronic security lock*. すべての客室は最新式の電子安全ロックを装備しています．
◇ **electronic (airline) ticket** 電子航空券．☆通称 **e-ticket**（Eチケット）．オンライン予約のチケットのこと．アメリカ，カナダまたヨーロッパの航空会社で幅広く利用されている．現行の航空券（actual air ticket）に代わるもので旅程領収書（itinerary receipt）が発行され，予約の証明になる．この書類は出発日には空港で現行の航空券の代用として航空券係員に提出する．乗客の利点として，チェックインと搭乗時間が短縮でき，航空券を紛失する心配もない．▶ **E-ticket kiosk** 航空機チケットの発行可能な機械．
（空港）After your airline booking is confirmed it is automatically ticketed. Then an *electronic ticket* will be issued. 航空会社との予約が確認されれば自動的に切符が切られ，電子航空券が発券されます．

embark [imbá:k] 動 ①（飛行機に）搭乗する；（船に）乗船する；出国する．⇔ disembark（降機〈下船〉する）．▶ *embark* on an around-the-world〈globe〉trip 世界〈地球〉一周旅行に出発する．
（搭乗）They *embarked* at New York for London. ニューヨークで搭乗しロンドンに向かった．
② （飛行機に）搭乗させる；（船に）乗船させる．
（乗船）The ocean liner *embarked* two thousand passengers. 定期船は2千人の

乗客を乗せた.

embarkation 名 搭乗 (=getting on a plane); 乗船; 出国. ⇔ disembarkation (降機〈下船〉; 入国)

▶ *embarkation* officer 移民担当官; 乗船係 / *embarkation* port 搭乗地; 乗船港 (port of embarkation)/ *embarkation* procedure 出国手続き, 搭乗手続き; 乗船手続き / *embarkation* tax 出国税 (=departure tax; exit tax).

◇ **Embarkation/Disembarkation card** 〈略〉E/D card〉出入国（記録）カード. ☆国によって呼称が異なる場合がある. ニュージーランドまた香港では Arrival Card / Departure Card, オーストラリアでは Incoming Passenger Card / Outgoing Passenger Card などと言う.

◇ **embarkation card** 出国（記録）カード; 乗船通知用カード. ☆飛行機〈船舶〉の乗客が国外へ出る際に出国審査官に提示するカード. ⇔ disembarkation card（入国カード）

空港 May I see your passport, boarding pass and *embarkation card*, please? → Yes, sir. Here you are. → Sign here, please. You missed the signature in the *embarkation card*. 旅券と搭乗券, それに出国カードを拝見できますか. →はい, どうぞ. →ここにサインをしてください. 出国カードに署名を落としています.

embarking passenger 搭乗客. ▶ *embarking passenger* in Chicago シカゴでの搭乗客.

空港 The *embarking passengers* should go to the gate leading to the boarding bridges. 搭乗客は搭乗橋に通ずるゲートへとすすみます.

embassy 名 ① 大使館. ▶ the American〈British〉*Embassy* in Tokyo 東京の米国〈英国〉大使館. ☆ ambassador（大使）; legation（公使館）; consul（領事）; consulate（領事館）; minister（公使）.

空港 I can't find my passport. I've lost it. → I guess we should go to the *embassy* or consulate and report them its loss. 旅券が見つかりません. 紛失したようです. →大使館または領事館を訪ねて, 紛失したことを報告すべきですね.

② (集合的に)大使館員. ☆公使館員 (legation) よりは上位.

emergency 名 緊急; 非常事態; 緊急事態発生. ▶ *emergency* escape slide（飛行機の）緊急脱出シュート.

ホテル Please push this button in an *emergency*. 非常時にはこのボタンを押して

ください.

◇ **emergency demonstration card** 緊急事態時の説明カード (=safety demonstration). ☆飛行機の離陸前に見ておくカードで, 救命胴着 (life jacket), 緊急脱出シュート (evacuation slide), 酸素マスク (oxygen mask) などの緊急事態に関する説明が記載されている.

◇ **emergency exit** 非常口 (=emergency door). ▶ hurry toward the *emergency exit* 非常口に急ぐ.
掲示 EMERGENCY EXIT「非常口」. ☆ FIRE EXIT とも言う.

◇ **emergency landing** 緊急着陸, 不時着. ▶ make an *emergency landing* (飛行機が) 緊急着陸する.

◇ **emergency telephone number** 緊急電話番号. ☆緊急の場合に警察署 (police department) や消防署 (fire department), 病院 (hospital) などにかける電話番号のこと. 米国では「911番」, 英国では「999番」である. 公衆電話の上にはり付けられたシート (emergency strip) に書かれている. 電話をかけオペレーターが出れば, "Police, please." や "Ambulance, please." などと言い, 住所氏名 (name and address) を告げる.

◇ **emergency stairs〈staircase〉** 非常階段 (=fire escape).

emigrant [émǝgrǝnt] 名 (自国から他国への)移民者. ⇔immigrant (他国からの移民者)

emigrate [émǝgrèit] 動 (自国から他国へ)移住する, 移民する. ▶ *emigrate* from Japan to Brazil 日本からブラジルへ移住する. ⇔ immigrate (他国から移住する)

emigration 名 ① (自国から他国への)移住, 移民. ⇔ immigration (他国からの移民)
② (空港などの)出国管理.

endorse [indɔ́:s] 動 ① (小切手などに)裏書きする.
銀行 You must *endorse* the traveler's checks and show your passport. トラベラーズチェックに裏書きし, 旅券を見せる必要があります.
② (航空券の予約変更を)裏書きする. ☆航空券に記載されている予定便の航空会社を別便の他の航空会社に変更する場合, 記載されている航空会社が行う保証の「裏書き」(航空券の裏に署名・押印する承認書き) が必要である. その場合再発券の必要ないステッカー処理 (sticker) なのか, または航空券の再発行 (reissue) をするのかに注意すること. この裏書きが無い場合は無効である. ちなみに他社便へ変更できないことを **non-endorsable** と言う.
空港 You should have the air ticket *endorsed* by the original carrier when

you want to change an airline's flight to another. ある航空会社の便から他社の便に変更したい場合，もとの航空会社に航空券を裏書きしてもらわなくてはなりません.
🛫 Did you have your air ticket *endorsed*? お客様の航空券は裏書きされていますか.

endorsement 名 （小切手また航空券などの）裏書き. ⇨ countersignature

enplane 動 飛行機に乗る(=board; get on board). ⇔ deplane (飛行機から降りる)
🛫 From which gate are we supposed to *enplane*? → You should board the plane at gate 5. どのゲートから飛行機に乗りますか. → 5番ゲートから乗ります.

en route 途中で. ☆ en route はフランス語であり，英語では"on the way"の意味である.
🚌 The limo stops at five other hotels *en route*. リムジンは途中5か所他のホテルに立ち寄ります.

entry 名 ① 入国；通関手続き. ⇔ exit. ☆ entrance よりは儀式ばった用語. ⇨ reentry（再入国）. ▶ *entry* and exit formalities 出入国手続き(=government formalities)/ *entry* visa 入国査証/ illegal *entry* 不法入国. ⇔ illegal exit (不法出国)
🛫 Is a visa needed for *entry* into this country? 当国に入るにはビザが必要ですか.
◇ **entry card** 入国カード. ☆ **entry form, arrival card, landing card, disembarkation card** などとも言う. ⇨ disembarkation card
🛫 You should not forget to sign here when you fill out the *entry card*. 入国カードに記入する時ここに署名を忘れないでください.
◇ **entry form** 入国許可書. ☆ arrival card, landing card, disembarkation card などとも言う.
🛫 You are requested to fill out the *entry form* before proceeding to the Immigration Counter. 入国審査カウンターに進む前に入国許可書に記入する必要があります.
◇ **entry formalities** 入国手続き(=entry procedures).
🛫 I have gone through the *entry formalities* of this country. この国への入国手続きは済みました.
◇ **entry permit** 入国許可（書）(=entry permission).

[空港] You must get *entry permit* before you enter any foreign country. 入国許可はどの外国へ入る前にも必要です.
　◇ **entry procedures** 入国手続き（=entry formalities）. ☆通関手続き CIQ 全体のこと. ⇨ CIQ
　　[空港] You should go through the *entry procedure* at the airport. 空港では入国手続きをしなければなりません.
② 入場, 進入, 立入.
　　[掲示] The sign says "No *Entry*." 掲示には「出入禁止」と書かれている. ☆「入場禁止」「進入禁止」など.
③ （音楽会などの）参加者（数）. ▶ a large *entry* for the music contest 音楽コンテストへの多数の参加者.

equivalent [ikwívələnt] [形]（価値・数量・意味などが）等しい, 同等の；相当する（=equal）.
　　[距離] One mile is *equivalent* to 1.6 〈one point six〉 kilometers. 1マイルは1.6キロメートルです.
　　[買物] What is 50 dollars *equivalent* to in Japanese yen? → (It's) About 4750 yen. 50ドルは日本円にしていくらですか. → 4,750円ぐらいです.
― [名] 同等物 (of)；相当額.
　　[空港] Any amount exceeding 10,000 dollars or the *equivalent* must be declared. 1万ドルまたは当額を越える額（の通貨）は申告すべきである.
　　[観光] What is the English *equivalent* of "*Sakura*"? → The English *equivalent* of the Japanese "*Sakura*" is "cherry (blossom)."「桜」に相当する英語は何ですか. (= What is the English for "*Sakura*"?) → 日本語の「桜」に相当する英語は "cherry (blossom)" です.

estimate [éstəmèit] [動] ①（費用・値段などを）見積もる, 概算する. ☆ estimation [名]「見積り」.
　　[観光] We *estimate* the cost at 100 dollars per head. 費用1人あたり100ドルとして見積もります.
② 予定する, 推定する.
　　[空港] Our flight time to New York is e*stimated* at 12 hours and 15 minutes. ニューヨークまでの飛行時間は12時間15分を予定しています.
― [éstəmət] [名] ① 概算. ▶ make a detailed *estimate* of the travel expenses 旅費を詳細に見積もる.
② 予定, 推定. ▶ an *estimate* of departure time 出発時間の予定.

estimated 形 予定された (=expected).
- ◇ **estimated departure time**　出発予定時刻 (=estimated〈expected〉time of departure).
  - 空港 The *estimated departure time* of your flight is 10:30 a.m. Please check in by 9:30. お客様の便の出発予定時刻は午前10時30分です．9時30分までには手続きをしてください．
- ◇ **estimated flying time**　予定飛行時間 (=expected flying time).
  - 機内 Our *estimated flying time* is ten hours. 当機の予定飛行時間は10時間です．
- ◇ **Estimated Time of Arrival**〈略 ETA〉到着予定時刻 (=expected time of arrival; estimated arrival time).
  - 機内 What's our *Estimated Time of Arrival* in Paris? → It's 9:00 p.m., local time. One hour more. この飛行機は何時にパリに到着する予定ですか．(=What time is our plane due to arrive in Paris?) →現地時間の午後9時です．あと1時間です．
- ◇ **Estimated Time of Departure**〈略 ETD〉出発予定時刻 (=expected time of departure; estimated departure time).
  - 空港 Is there any change in the *Estimated Time of Departure* for London? ロンドン行きの出発予定時刻になんらかの変更がありますか．
- ◇ **Estimated Time Over**〈略 ETO〉通過予定時刻．

E-ticket〈e-ticket〉名 E-チケット．⇒ electronic airline ticket (電子航空券)

euro〈Euro〉名 ユーロ．☆ EU (欧州連合) 28か国の内，ユーロ圏 (Euro Zone) 19か国において共通通貨 (Euro currency) として採用されている単位．EU非加盟の6か国を含め，25の国で使用されている (2015年5月現在)．表面は共通のデザイン．裏面は各国それぞれのデザインを採用している．
- ◇ **euro note** ユーロ紙幣．☆7種類：5・10・20・50・100・200・500ユーロ．
- ◇ **euro coin** ユーロ硬貨．☆8種類：1・2・5・10・20・50セントと1・2ユーロ．
  - 免税店 I'll take two bottles of the Jack Daniel's. How much is it? → It's 20 *Euros* for one bottle of Jack Daniel's. It comes to 40 *Euros* altogether. ジャックダニエルを2本ください．いくらですか．→ジャックダニエル1本は20ユーロです．合計40ユーロです．

European Plan (the 〜)〈略 EP〉ヨーロッパ方式宿泊料金制．☆ホテルで部屋代・食費・サービス料は別勘定の制度．⇒ plan

Eurostar 名 ユーロスター (Euro train). ☆ロンドン (St. Pancras 駅) とパリ (Paris-Nord 駅) の間などヨーロッパ大陸を走行する旅客列車.
　駅舎 I'm looking forward to tomorrow's *Eurostar* ride. This is my first time to take the *Eurostar* under the English Channel〈the Strait of Dover〉. 明日ユーロスターの乗車を楽しみにしています. イギリス海峡〈ドーバー海峡〉の下を走行するユーロスターを利用するのは初めてです.

evacuate [ivǽkjuèit] 動 脱出する, 避難する；(人を安全な所に) 避難させる.
　機内 All of the passengers were *evacuated* from the Boeing 767 Aircraft about an hour after the incident. 事故の後 1 時間ほどで乗客全員はボーイング 767 から避難した.

evacuation 名 (緊急) 脱出, 避難. ▶ *evacuation* landing 緊急着陸 / *evacuation* on land 地上での緊急脱出 / *evacuation* on water 海上での緊急脱出 / *evacuation* chute〈slide〉緊急脱出シュート / emergency *evacuation* 緊急脱出 (非常事態が生じた場合機外へ脱出する) / emergency *evacuation* system 緊急脱出装置.
　機内 If any emergency *evacuation* is necessary, you are requested to leave all carry-on items behind in the cabin. 緊急脱出が必要な場合, 荷物はすべて機内に置いていかれるようにお願いします.
　☆ FOR EVACUATION「緊急脱出」. 機内にある「緊急脱出時の注意点」には次の説明が記載されている.
　(1) Do not carry any baggage. 手荷物を持ち出さないこと.
　(2) Remove high heel shoes. ハイヒールの靴は脱ぐこと.
　(3) After evacuating, move away from the aircraft. 脱出後は飛行機から離れること.

exceed [iksíːd] 動 ☆「超えて」(ex)「行く」(ceed).
　① (限度を) 越える, (程度を) 超過する.
　　空港 Does this baggage *exceed* the weight limit? → Yes, it does. The weight *exceeds* the free baggage allowance. この荷物は重量制限を超過していますか. →はい. 越えています. 重量が無料手荷物許可量を超過しています. ☆否定の場合 No, it doesn't. No problem. (いいえ, 超えていません. 心配ございません.)
　② ～に勝る, ～をしのぐ, 上回っている.
　　観光 The population of Tokyo *exceeds* that of London. 東京の人口はロンドンを上回っている. ☆ Tokyo *exceeds* London in population.

excess [iksés] (アクセントに注意) 名 超過 (分・量), 過度.

【買物】 Any *excess* in payment will be returned. 支払い金額の超過分はお返しいたします.

— [形] 超過の, 制限外の. ▶ *excess* baggage（重量制限の）超過手荷物（=overweight baggage）.

◇ **excess baggage charge**（重量制限）超過手荷物料金（=charge for excess baggage）. ☆国際航空輸送において, 所定の「無料手荷物許容量」(free baggage allowance) を超過する手荷物の運送料金. 旅客一人あたり無料で運べる手荷物の重量はエコノミーの場合23kgまでと決められている. 本人が搭乗する国際線の飛行機で運ぶ手荷物が許容量を超過する場合, 重量によって加算される.【例】ANAの場合, 23～32kgまでは3,000円. 32～50kgは15,000円である（2013年1月現在）. 通称「エクセス」.

【空港】 How much is the *excess baggage charge*? → (It's) Five dollars per kilo. 手荷物の超過料金はいくらですか（=What's the charge for *excess baggage*? / How much should I pay on this *excess baggage*?）→ キロ当たり5ドルです.

◇ **excess baggage ticket** 超過手荷物チケット. ☆超過手荷物料金を支払った時に旅客に交付されるチケット.

◇ **excess fare** 超過料金（=extra fare）; 乗り越し料金;（上級車への）乗換え割増金.
【空港】 How much is the *excess fare*? → Please pay 5 dollars. 超過料金はいくらですか. → 支払いは5ドルです.

◇ **excess weight** 超過重量.
【空港】 How much must I pay for the *excess weight* of my baggage? → It's free of charge because your baggage weighs within 20 kilos. 私の荷物の重量超過分はいくら払えばよろしいですか. → お客さまの荷物の重さは20キロ以内ですのでお支払いは必要ありません.

exchange [動] ① 交換する (for, with), 取り替える (=change). ☆交換するものが2つ〈2人〉以上含まれている場合, 目的語が可算名詞であれば複数形を用いる.
▶ *exchange* this dress for a larger one このドレスをもっと大きなサイズに取り替える / *exchange* Christmas presents with one's friend 友人とクリスマスプレゼントを交換する.
【機内】 Would you *exchange* seats with me? 私と座席を交換してもらえますか.

② 両替する,（外貨と）交換する (for, into). ▶ *exchange* yen for dollars 円をドルと両替する (=change yen into dollars) / *exchange* dollars at 90 yen 1ドル90円で両替する.
【ホテル】 Where can I *exchange* money? → At the cashier, over by the front

desk. どこで両替できますか. →フロントの向こうの会計でできます.
― 名 ① 交換, 取替え. ▶ *exchange* of presents プレゼントの交換.
  ◇ **exchange counter**（デパートなどの）商品交換カウンター. ☆商品の交換や返品を受けつけない店では次のような掲示がある. NO EXCHANGE.「交換不可」/ NO REFUND.「返金不可」/ NO RETURNS.「返品不可」.
  ◇ **exchange order**〈略〉XO〉引換証；航空券引替証；支払い証明書. ☆旅行サービスを受けるとき現金の代わりに支払いにあてるもの. 旅行現地における特定のサービス提供を保証するクーポン券（=coupon）.
    旅行代理店 Can I have an *exchange order* for a Eurail Pass? 欧州鉄道周遊券の引換証をくださいますか.
② 両替. ▶ foreign currency *exchange* 外貨両替 / *exchange* of dollars for yen ドルから円への両替.
  ◇ **exchange bureau** 両替所. ☆（foreign）**money exchange office**,（foreign）**money exchange counter**〈desk〉, **currency exchange** などとも言う. 国また地域によって多様な呼称がある.
    空港 Do you think the *exchange bureau* at the terminal is still open? ターミナルの両替所はまだ開いていると思いますか.
  ◇ **exchange certificate** 交換証明書. ⇨ currency exchange statement
    ホテル You had better have an *exchange certificate* issued by the hotel cashier when you change foreign currencies into US dollars. 外貨をUSドルに換える時, ホテルの会計係が発行する交換証明書を受け取ったほうがいいです.
③ 為替. ▶ bill of *exchange* 為替手形 / domestic *exchange* 国内為替 / foreign *exchange* 外国為替.
  ◇ **exchange rate** 為替レート, 為替相場, 交換率（=the rate of exchange）.
    銀行/両替所 What's today's *exchange rate*? →（Today's exchange rate is）90 to the US dollar. 今日の交換率はいくらですか.（=What's the *exchange rate* for yen today?）→ 90円です. ☆ One dollar is equal to about 90 yen.「1ドルは約90円に相当する」

---

excursion〈略〉EX〉名 ① 遠足（=trip）；（団体の）小旅行；周遊. ⇨ travel / trip.
  ▶ pleasure *excursion* 遊覧旅行 / shore *excursion* 寄港地上陸観光（船旅で寄港地上陸の乗客を対象としたツアー）. ⇨ shore excursion
    観光 We went on an *excursion* to Niagara Falls. 私たちは遠足でナイアガラ滝に行った.
  ◇ **day excursion** 日帰り旅行.

観光 Let's go on 〈make〉 a *day excursion* to Boston tomorrow. 明日はボストンまで日帰り旅行に出かけましょう．
② (特別割引料金の) 周遊旅行, 遊覧旅行． ▶ *excursion* ticket 周遊券 (=circular ticket)/ *excursion* trip 周遊旅行, 回遊旅行 (=circular trip)/ *excursion* train 回遊列車．

◇ **excursion fare** 周遊運賃；周遊旅行特別割引運賃；(飛行機の) 周遊運賃．☆特定の地域と日数を限って，個人に適用される特別割引運賃．
観光 The estimated *excursion fare* is 150 dollars. 周遊運賃の見積りは 150 ドルです．

executive 图 (企業などの) 役員, 管理職；重役． ▶ chief *executive* 社長, 取締役会長．
── 形 管理 (職) の；管理権のある． ▶ *executive* position in a company 会社における管理者の地位．

◇ **executive class** エグゼクティブ・クラス (=business class)．☆飛行機で first class (一等) の次のクラス．

◇ **executive floor** エグゼクティブ・フロアー．☆高級ホテルが上級管理職にあるビジネス客の宿泊を優遇するために設けた特別階のこと．通常専用ラウンジ (executive floor lounge) には専属の秘書または係員がいてチェックインを行う．このラウンジで朝食などもとれる．

◇ **executive lounge** エグゼクティブ・ラウンジ．☆空港などでビジネスクラスまたはファーストクラスの乗客のために設けられたラウンジ．

◇ **executive plane** 役員専用機．☆会社の重役が会議をしながら移動するための飛行機．

◇ **executive service** エグゼクティブ・サービス．☆ホテル宿泊者のためのビジネス支援サービス (例 通訳, 翻訳) のこと．通常は business center で行う．

exempt [igzémpt] 形 (支払が) 免除された．☆名詞の前には用いない． ▶ goods *exempt* from tax 免税品 (=tax-*exempt* article)．
空港 Three bottles of liquor are *exempt* from customs duty. 酒 3 本は免税です．
── 動 (支払・義務などを) 免除する． ▶ *exempt* from the examination 検査を免除する．

exemption 图 (支払などの) 免除． ▶ visa *exemption* 査証免除 / tax *exemption* 免税 (=*exemption* from tax)．

exit 图 出国．⇔ entry (入国)． ▶ *exit* formalities 出国手続き / *exit* permission 出国許可 / *exit* permit 出国許可 (証)/ *exit* procedures 出国手続き / *exit* sign 出口表示板 / *exit* tax 出国税 / *exit* visa 出国査証．

◇ **exit card** 出国カード (=exit record). ⇨ embarkation card.
〔空港〕 Please fill in this *exit card*. 出国カードに記入してください.

exit fare 乗り越し料金 (=excess fare). ☆切符の行き先駅を越えて乗車した場合の不足額. "Exitfare" はワシントン DC の地下鉄駅に設置された「乗り越し料金精算機」(exit fare machine) の名称. 日本では fare adjustment が使用されている.

expiration 名 満了, 満期；失効 (=termination).
〔空港〕 Your passport is too close to *expiration*. You had better talk to someone at border control. あなたの旅券の有効期限はぎりぎりです. 出入国管理〈国境検問所〉のだれかと相談するほうがよいでしょう. ⇨ immigration
◇ **expiration date** 失効期日 (=the date of expiration).
〔買物〕 I'd like to pay with my credit card. Do you need to know my credit card number? → Yes, sir. What's the *expiration date* of your card? 支払いはカードです. カード番号を知らせる必要がありますか. →はい. カードの失効期日はいつですか.

expire [ikspáiə] 動 (期限が) 満了する (=end), 失効する；有効期限が切れる (=run out). ☆ **expiration** 名 「満了, 満期」.
〔旅券〕 My passport *expired* because I did not renew it. 旅券は更新しなかったので失効しました.
〔査証〕 My visa *expired* on the first of May. 5月1日にビザが切れました.
〔切符〕 The validity term of your ticket *expired*. あなたの切符は有効期限切れです.

expired 形 有効期限切れの. ▶ *expired* ticket 有効期限切れの切符.

exposition 〈略 Expo, expo〉 名 エキスポ, 博覧会, 展覧会, 展示会. ▶ world *exposition* 万国博覧会. ☆ exhibition より大規模な博覧会. 日本では 1975 年の the Osaka World *Exposition* (大阪万博), 1970 年の the Okinawa international Ocean Exposition (沖縄海洋博), 2005 年愛知県の *Exposition* of Global Harmony (愛・地球博) などがある.

express 動 ① 表現する, 言い表す. ☆ **expression** 名 「表現；表情」.
〔感謝〕 I'd like to *express* my thanks to you. 感謝の言葉を述べたい.
② 《米》(荷物を至急) 運送会社で送る, 急送する；《英》(手紙・荷物を) 速達で送る.
〔郵便局〕 I'd like to have this letter *expressed*. この手紙を速達にしてくださ

い. ☆ I'd like to have this letter sent by express (delivery)《米》by special delivery). とも言う.

— 形 ① 高速(用)の; 急行の. ▶ express highway〈《米》expressway〉高速道路 / super*express* train 特別急行列車.

◇ **express check-in** (ホテルでの)エキスプレス・チェックイン. ☆正規の手順より簡略化されたチェックインの総称. registration card (宿泊者記録カード)への記入を簡略化したもの. 比較的信頼度の高い宿泊者に実施される. executive floor の宿泊者が多い. ⇨ executive

◇ **express check-out** (ホテルでの)エキスプレス・チェックアウト (=nonstop check-out). ☆フロントや会計で精算を行わずに客室を明け渡すチェックアウトの総称. クレジット・カードでの支払いが多い. 比較的信頼度の高い宿泊者に実施される. executive floor の宿泊者が多い. ⇨ executive

◇ **express elevator**〈《英》lift〉急行〈直通〉エレベーター. ▶ an *express elevator* for the lobby〈the top floor〉. ロビー〈最上階〉への直通エレベーター.

◇ **express service** 至急のサービス.
[ホテル] I need the dress tonight. Could you have it ready by 5:00 p.m.? → Sure. But *express service* will cost an extra fifty percent. 今晩ドレスが必要なのです. 5時までに用意していただけますか. →かしこまりました. でも至急のサービスには50パーセントの追加料金がかかります.

◇ **express ticket** 急行券.
[列車] This *express ticket* is valid for one ride. この急行券の有効乗車は1回である.

◇ **express train** 急行列車. ☆単に express とも言う. ⇔ local train (普通列車)
[駅舎] Where can I catch an *express train* for Boston? → You must get it at track 5 of (North) Station. ボストン行きの急行列車にはどこで乗れますか. → (ノース)駅の5番線で乗れます.

② 《英》速達の. ▶ *express* (delivery) 速達郵便, 至急便 (=《米》special delivery)/ *express* letter 速達の手紙 (=《米》a special delivery letter)/ *express* mail 速達便 (=《米》special mail).
[郵便] I'll send you a letter by *express*〈special〉mail. 速達で手紙を送ります.

③《米》至急運送便の. ▶ *express* charges 至急運送料.

— 名 ① 急行便, 急行バス, 急行列車 (=express train). ⇔ accommodation train (普通列車). ☆列車, バス, エレベーターなどの「急行」のこと. ▶ take the 9:00 a.m. *express* to Boston 午前9時発のボストン行きの急行列車に乗る.

◇ **by express** 急行(列車)で. ▶ travel Europe from London to Paris *by express* ロンドンからパリまでのヨーロッパを急行で旅行する.

②《英》速達便 (=express delivery;《米》special delivery). ▶ send this letter *by express* この手紙を速達で送る.
③《米》至急運送便;(至急便を扱う)運送会社. ▶ send this parcel *by express* この小包を至急運送便で送る.
— 副 ① (列車・バスなど)急行で. ▶ travel *express* 急行で旅行する.
②《英》速達で;《米》至急運送便で. ▶ send this letter *express* この手紙を速達で送る / send this parcel *express* この小包を急配便〈速達〉で送る.

expressway 名《米》(有料の)高速道路(=《米》freeway;《英》motorway). ☆中央分離帯があり,流入路,流出路,交差がほとんどない. 掲示では**XPWY**と略すことが多い. 日本語では高速道路のことを「ハイウェー」(和製英語)と言うが英語の**highway**は「主要幹線道路」の意味である. ⇨ freeway. ▶ drive the car along the *expressway*. 高速道路を車でとばす.
タクシー車内 Would you like me to use the *expressway* or the regular roads? → What's the difference? → Using the *expressway* is faster but you will have to pay the toll. 高速道路を使いますか, それとも一般道路を利用するほうがいいですか. →どのような違いがあるのですか. →高速道路を利用するほうが速いが通行料金を払う必要があります.

Estoril, Portugal

Florence, Italy

F

facility 名 施設, 設備；便宜. ☆通常は複数形で用いる. ▶ amusement *facilities* 娯楽施設 (=recreational *facilities*) / tourist *facilities* 観光施設 / transportation *facilities* 交通の便 / travel *facilities* 交通機関.

　(ホテル) Most hotels are in convenient locations and have many different kinds of *facilities*. 便利な場所にあるホテルが多く, 施設も多種多様である.

figure 名 ① (0から9までの) 数字, (数字の) 桁. ▶ six-*figure* telephone number 6桁の電話番号.

　(レストラン) What's this *figure* in this bill? I'm afraid you missed a *figure*. 勘定書にあるこの数字は何ですか. 計算違いのようです.

② 合計；計算 (=calculation; account). ☆通常複数形 (figures) で用いる.

　(ホテル) I got this bill but the *figures* don't seem right. My *figures* show that the cost will be 30 dollars. この精算書をもらったのですが, 勘定の計算が合わないのです. 私の計算では費用は 30 ドルになります.

③ (人の) 容姿, スタイル. ☆日本語の「スタイルがよい」は英語では "She has a good *figure*." と言う. "She has a good style." とは言わない. ちなみに style は衣服や髪の毛などの「型」を指し「身体」については用いない. 英語では "She has the latest style in hairdo." 「最新流行の髪型をしている」と言う.

④ (彫刻・絵画の) 人物像. ▶ the *figure* of the queen in marble 女王の大理石像.

― 動 計算する, 合計する；計算に入れる.

　(タクシー) Taxi fares are *figured* by meter. タクシー運賃はメーターで計算される.

◇ **figure out** 計算して合計を出す.

　(観光) He *figured out* the whole cost of the trip. 彼は旅行の全費用を算出した.

fixed ticket フィックス・チケット. ☆航空券を購入する時に, 利用する出発便と帰国便の期日と航路が「決められている」(**fixed**) ので, 出発後は帰国便を変更することができない. 1 週間程度の短期旅行で使用される場合が多い. また "**30 days fixed**" と記載されていれば, その航空券は「決められた 30 日間は有効であり, その間に出発便と帰国便を設定する」という意味である.

fixed-open ticket フィックス・オープン・チケット. ☆航空券を購入する時, 全旅程を「決める」(**fix**) 必要がある. しかし出発後, 帰国の利用便 (flight) と期日 (date) は「変更することができる」(**open**). ただし航路 (route) は変更できない. ⇨ open ticket

flat 形 ① (タイヤが) パンクした. ▶ *flat* tire パンクしたタイヤ. ☆ puncture（パンク）はあまり使用しない.

　　交通 One of tires goes *flat*. タイヤの1つがパンクしている.

② (料金・価格が) 均一の.

　◇ **flat price** 均一価格. ⇨ rate

　　買物 All articles are sold at a *flat price*. 全品が均一価格で販売されている.

　◇ **flat rate** (交通機関の) 均一料金；(ホテルの) 団体客向けに均一化された (宿泊) 料金.

　　交通 On the most routes within the city, the bus fare is 5 dollars at the *flat rate* in principle. 市内でのバス運賃は原則均一で5ドルである．(=The bus fare in the city is uniform in 5 dollars.)

― 名 アパート. ☆ flat (単数形) は「1つの階に食堂・台所・寝室・浴室などがあり1世帯の家族が住む住居区画」のこと. 米国ではapartmentと言う. flats (複数形) は「(フラット式の) 共同住宅」のことで，日本の「マンション」(英語ではcondominium) を指す. 米国ではapartment house とも言う.

---

flight 〈略 FLT〉 名 飛行；飛行便；空の旅.

flight の種類

A air cargo flight 貨物専用便 / aircraft〈airplane〉flight 航空機飛行 / arriving flight 到着便.

C cancelled flight 欠航便 / casual flight 不定期便 / charter(ed) flight 貸切り便 / commuter flight 通勤旅客機 / connecting flight 接続便, 乗り継ぎ便.

D departing flight 出発便 / direct flight (from A to B) (AB間の) 直行便 / domestic flight 国内便 / dual flight 同乗飛行.

E extra flight 臨時便.

F final〈last〉flight 最終便 / first available flight (目的地に飛ぶ便の中で) 一番早く搭乗できる飛行便.

I inaugural flight 就航飛行. ☆ 新しい路線の1番機 (新設路線などの就航便) / inbound flight 帰国便, 到着便. ⇔ outbound flight / instrument flight 計器飛行 / intercontinental flight 大陸間飛行便 / internal flight 国内便 / international flight 国際便.

L last〈final〉flight 最終便 / level flight 水平飛行 / long-distance flight 長距離便.

M maiden flight 新機材〈新型機〉の初飛行 / midnight flight 〈略 MN〉深夜便 / morning flight (to Boston) (ボストン行きの) 朝便.

- **N** night flight 夜行便 / nonscheduled flight 不定期便 / nonstop flight 直行便.
- **O** outbound flight 出発便；出国便 (=outgoing flight). ⇔ inbound flight.
- **R** regular flight 定期便 / reserved flight 搭乗予定便. / round-trip flight 往復便.
- **S** scheduled flight 定期便 / shuttle flight シャトル便 (通勤・通学用定期往復便)/ special flight 臨時便.
- **T** through flight 直行便 (=nonstop flight).

flight の関連語

- **A** flight altitude 飛行高度 / flight arrivals and departures 発着便 / flight attendant 客室乗務員, 機内の接客乗務員 (=flight crew, cabin attendant). ☆男女の差別を明示する stewardess や steward を避けるために用いる表現である.
- **B** flight bag 航空バッグ. ☆機内に持ち込めるサイズの小型バッグ / flight booking 飛行機〈便〉の予約 (=flight reservation).
- **C** flight cancel〈cancellation〉飛行機の欠航 / flight charge 飛行機料金 / flight check-in 搭乗手続き☆航空会社のカウンターで行われる. / flight, class 便名, 座席のクラス. ☆F (FIRST) ファースト / C (BUSINESS) ビジネス / Y (ECONOMY) エコノミー. / flight clearance (航空機の) 飛行許可, ⇨ clearance / flight compartment 乗務員室, 操縦室 / flight confirmation フライトの確認 / flight control tower (空港の) 管制塔 / flight coupon 航空券の搭乗用片. ☆国際航空券の一部. 未使用のフライトクーポンは旅行終了後に払い戻しの対象になる. ⇨ air ticket. / flight crew 運航乗務員 (=cockpit crew). ☆航空機の操縦や機器の操作を行う乗員.
- **D** flight departure 飛行機の出発 / flight deck (飛行機の) 操縦室 (=cockpit). ☆ two-crew *flight deck* 2人パイロット制の操縦室.
- **E** flight engineer〈略 F/ E〉航空機関士；機上整備員. ☆航空機の機械部分を担当する係.
- **I** flight information 飛行情報, 航空機運航情報 / flight information board 出発便告知板 / Flight Information Center〈略 FIC〉飛行情報センター / flight information region〈略 FIR〉飛行情報区 (各国が責任をもって空の交通整理を行う区域)/ flight inspection 飛行検査. ☆ flight inspector 飛行検査官.
- **F** flight manifest 乗員乗客名簿；空輸目録, 積荷目録. ⇨ manifest.
- **M** flight map 飛行地図 / flight marshal 航空保安官. ☆機内でテロやハイジャックを阻止する私服警察官 / flight mechanic 航空整備士.
- **N** flight number (飛行便の) 便名番号. ☆民間航空会社の航空便の番号.
- **P** flight plan〈略 FP〉飛行計画. ☆航空情報や気象情報などを検討して安全な飛行のために作成される計画書のこと. 飛行機の離陸前に提出される.
- **R** flight reconfirmation フライトの再確認 / flight recorder フライトレコーダー, 飛

行データ記録装置. ☆正式名は flight data recorder と言う. 飛行機の上昇下降情況や速度情況などが記録されている. voice recorder とともに重要な装置である / flight reservation 飛行機の(座席)予約 / flight route 航空路.
- **S** flight schedule 飛行予定, 運航計画.
- **T** flight time (離陸から着陸までの)飛行時間, 飛行所要時間 (=flying time).

foldaway table 折り畳み式テーブル (=folding table). ☆機内の座席についているテーブル.

機内 Dinner is ready. Please pull out the *foldaway table*. お食事の準備ができました. 折り畳み式テーブル引き出してください.

folder 名 ① フォルダー, 書類ばさみ. ☆搭乗券を入れるために用いる.
② (折り畳みの)パンフレット. ☆時刻表や地図などの印刷物で, 小さく折り畳めるものを指すことが多い.

folding 形 折り畳み式の. ▶ *folding* bed 折り畳み式ベッド (=foldaway bed) / *folding* chair 折り畳み椅子.

foreign 形 外国の. ⇔ domestic (国内の). ▶ *foreign* country 外国 / *foreign* exchange 〈略 **FX**〉外国為替; 外貨交換. ☆通称「外為」/ *foreign* exchange bank 外国為替銀行 / *foreign* exchange calculation 外国為替換算表 / *foreign* exchange market 外国為替市場 / *foreign* exchange reserves 外貨準備高 / *foreign*-made car 外車 / *foreign* mail 外国郵便 / *foreign* mail rates 外国向け郵便料金 / *foreign* settlement 外国人居留地 / *foreign* travel 〈trip〉 海外旅行.

◇ **Foreign Conducted Tour** 〈略〉 FCT 添乗員付きの海外〈外国〉旅行.

◇ **foreign currency** 外貨. ▶ certificate for the exchange of *foreign currency* 外貨交換証明書 / exchange some *foreign currency* for euros 外貨をユーロに両替する / change *foreign currency* at the bank 銀行で外貨を換金する.

◇ **foreign currency exchange** 両替所 (=exchange bureau). ☆米国の国際空港にてよく表示されている用語.

◇ **foreign currency exchange rates** 外貨換算率. ☆空港などの両替所の掲示板に記載されている.

◇ **Foreign Escorted Tour** 〈略〉 FET〉添乗員付き海外旅行. ☆添乗員または現地ガイドを伴う団体海外旅行. ⇔ Foreign Independent Tour 〈略〉 FIT〉

◇ **Foreign Independent Tour** 〈略〉 FIT〉個人包括旅行 (=Inclusive Individual 〈Independent〉Tour). ☆添乗員または現地ガイドを伴わない海外旅行. 旅行者個

人〈少人数〉で移動する単独旅行であるが，観光などの時現地ガイドに依頼する場合もある. ⇔ Foreign Escorted Tour〈略 FET〉

foyer 名 （ホテル・劇場・宴会場・会議場などの）ロビー；（参加者の時間待ちや歓談のための）休憩所；（エレベーター乗り場の前の広くなった場所などの）玄関の広間．
　ホテル Let's go to the *foyer* and take a rest for a while. 休憩所に行ってしばらく休みましょう．

fragile [frǽdʒəl] 形 壊れやすい (=breakable).
　表示 *Fragile*. Handle with Care.「ワレ物，取扱注意」. ☆壊れやすい荷物またはそのような荷物の入った小包などの注意書に記載された表示．郵送物の表示．また空港などで運送する荷物に FRAGILE のラベルを貼る．
　◇ **fragile article** 壊れやすい物 (=fragile item; breakable object).
　　空港 *Fragile articles* cannot be accepted as checked-in baggage. ワレ物は受託手荷物として受理されない．
　◇ **fragile sticker** 壊れ物用のステッカー．
　　空港 I'll put a *fragile sticker* on these two pieces of baggage. この2個の荷物に割れ物用のステッカーを貼っておきます．

free pass 無料入場券, 無料乗車券, 優待パス. ☆日本語で「自由に通過できる」ことを「フリーパス」と言うことがあるが，英語では文脈で多様な表現がある．例えば He went through customs unchecked because he is a diplomat.（彼は外交官なので税関はフリーパスでした）．

freeway〈略 FWY〉名 ハイウェー,（自動車専用）高速道路 (=《英》motorway). ☆free は「無料」(free of charge) の意味ではなく, free of traffic signals（信号がない）の意味に由来する．通常は,「無料」で通行できる場合は non-toll, limited-access highway,「有料」の場合は turnpike または thruway と言う．
☆日本では「自動車専用の高速道路」のことを「ハイウェー」(highway) と言うが，英語では freeway, expressway, speedway, また州 (state) の間 (inter) を越えて走行するので interstate superhighway, 英国では motorway と言う．英語の highway は米国では「（都市や町を結ぶ主要）幹線道路」，英国では法律用語としての「公道」の意味である． ⇨ expressway

freight [fréit] 名 ① 貨物輸送；《英》船荷, 船便；《米》運送貨物；普通貨物便．
② 貨物運賃, 運送料 (=freightage).

― **動** 貨物を積む；運送する.

freighter **名** ① 貨物輸送機，（120トンも搭載するような）貨物専用機.
② 貨物船（=freight boat; cargo ship）.

frequent flyer 〈flier〉 program 〈略 FFP〉マイレージサービス（和製英語）；マイレージプログラム. ☆航空会社が行う顧客へのポイント（点数）サービスのこと. 会員旅客に対して搭乗距離に比例したポイントを付加して，それに応じて無料航空券，割引航空券，座席グレードアップなどを提供するサービスである. frequent flyer〈flier〉は「ひんぱんに航空機を利用する人」の意.

frisk **動** 身体検査をする. ⇨ body search. ☆服の上から触って隠し持つ凶器などの有無を調べる.
　空港 The security officer *frisked* him for hidden weapons. 公安係は武器を隠していないかどうかと彼をボディーチェックした.

Goa, India

G

glass-bottom(ed) boat グラスボート. ☆船底がガラス張り〈ガラスパネル〉になっている，水中及び海底をのぞき見る観光用の遊覧船.
　観光 A *glass-bottom(ed) boat* from the Great Barrier Reef Marine Park cruises the reef-bound coast. グレートバリアリーフ海中公園からグラスボートが出て，珊瑚礁に囲まれた沿岸を巡航する.

gondola [gάndələ]（アクセントに注意）名 ①ゴンドラ. ☆イタリアの水の都ベニスの水路に特有な平底の遊覧船〈ボート〉.
　② ゴンドラ. ☆軽気球・飛行船・ロープウェイなどのつりかご.
　③ 車両の低い無蓋〈屋根のない〉大型貨車 (=《米》gondola car).

go-show 名 (飛行機の)キャンセル待ち(=stand-by)，空席待ち. ⇨no-show. ☆飛行便を予約していない旅客または予約を再確認していない旅客が空港のチェックインの場所で出発時間前に当該便に空席が生じるのを待つこと. 和製の旅行業界用語である. 通常は**stand-by**と言う.
　◇ **go-show passenger**〈略 **G/S**〉空席待ち旅客 (=**stand-by passenger**). ☆搭乗手続きの場所で，満席の便の座席がキャンセルされたり，予約をしながら搭乗手続きをしない人がいたりして空席が出るのを待つ旅客. 通称「ゴー・ショー」.
　空港 A *go-show* 〈*stand-by*〉 *passenger* is a potential passenger who appears at the check-in counter of an airport and waits for a last-minute seat availability. ゴー・ショーの旅客とは，空港の搭乗カウンターにて制限時間ぎりぎりの座席空きを待って，搭乗しようとする旅客のことである.

grade up 格上げする，等級を上げる. ⇔ **grade down** (格下げする). ⇨ upgrade. ☆ホテルで客室料金を変更せずに，さらに優等な部屋に割り当てる(assign)こと. いわゆる「ワン・ランク・アップ」(one-rank up)のこと.

gratuity [grətjúːəti] 名 心付け (=tip). ☆「チップ」の丁寧な表現.
　掲示 No *gratuities* accepted. 「お心付けはご辞退いたします」☆ホテルで見かける.
　ホテル/レストラン Some workers depend on *gratuities* for a major part of their living. 生活費の大部分をチップに頼っている従業員もいる.

gross 形 総計の, 全体の (=total). ⇔ net（正味の）. ▶ *gross* amount 総額 / *gross* fare

手数料込みの運賃. 小売り値段の旅行費. ⇔ net fare（掛け値なしの運賃）
◇ **gross rate** 総額（=gross price）. ☆旅行業者に対する手数料を含めたホテル宿泊料金. 個人向けの料金はすべて gross rate で示す. ⇔ net rate〈price〉（手数料を含まない宿泊料金）

Group Inclusive Tour 〈略 GIT〉団体包括旅行. ⇔ Inclusive Individual Tour〈略 IIT〉（個人包括旅行）. ☆団体包括旅行は, 旅行業者が所定の人数以上の団体を対象に航空運賃と目的地での地上手配費用（交通・宿泊など）を含めて一括して販売する団体旅行. 一定数以上の客が集まるのを条件に「団体割引の特別航空運賃」（GIT fare）が適応される.
◇ **Group Inclusive Tour fare** 団体包括旅行運賃.

guarantee [gǽrəntíː] 名 ① 保証（=《英》insurance）；保証書.
〖買物〗 This Omega watch is a world-famous brand. It also comes with a thee-year *guarantee*. このオメガ時計は世界的に有名なブランドです. 3年間の保証付きです.
◇ **overseas guarantee** 海外保証.
〖買物〗 I think I'll take this bag. ... Does this have an *overseas guarantee*? このバッグをいただこうかな. …海外保証付きですか.（=Is it with an *overseas guarantee*?）
② 保証人. ☆英語で **guarantee** または **guarantor** とも言う. guarantee は一般的な意味での「保証人, 引受人」. guarantor は法律用語で「債務の保証人, 担保人」.
〖契約〗 I'll be your *guarantee*. あなたの保証人になりましょう.
— 動 保証する. ▶ *guarantee* the diamond genuine そのダイヤが本物だと保証する.
〖買物〗 We *guarantee* this gold watch for three years. この金時計を買えば3年間保証付きです. ☆This watch is *guaranteed* for three years. / This watch has a three-year *guarantee*. / This is a watch with a three-year *guarantee*. とも言う.
◇ **guaranteed tour** 保証ツアー. ☆申し込み人員が少数でも催行を保証するツアー.
◇ **guaranteed reservation** 保証予約（=assured reservation）. 《1》ホテル到着時刻に関係なく客室が確保されている宿泊予約のこと. 通常は予約時にクレジットカードの番号を告知し, 送金・内金する必要がある. 《2》no-show（チェックイン時刻に到着しないこと）になっても支払が保証されている宿泊予約のこと. 予約仲介者の支払保証が必要である. ちなみに米国の場合「6時までには」（by six）の慣例があり, 保証付きの予約でない場合, 予約は自動的に取り消される.

guard 名 ① 近衛兵, 守衛. ☆日本語で「ガードマン」（会社の警備員）と言うが英語では

guard だけで man は用いない．警備会社の警備員などの概念を出したいならば英語では security guard または man at the gate のように明示すればよい．ちなみに英語の guardsman は米国では「州兵」，英国では「近衛兵〈連隊〉」の意味である．

観光 I saw the Changing of the *Guard* at Buckingham Palace. バッキンガム宮殿で近衛兵が交代するのを見ました．

② (列車の) 車掌 (=《米》conductor)．

— **動** 警戒する (against), 用心する (from). ▶ *guard* oneself 身を守る．

交通 You must *guard* against pickpockets when you take the subway. 地下鉄に乗るときはすりに警戒してください．

---

guest 名 ①(招待された)客. ⇔ host (主人). ☆日本語では同じ「客」でも，「(乗物の)乗客」は **passenger**,「ホテルの宿泊客」は **hotel guest, overnight guest**,「商店の顧客」は **customer**,「(劇場の)観客」は **audience**,「一般訪問客」は **visitor** または **caller** などと言う．

ホテル The hotel can accommodate 500 *guests*. このホテルは500人の宿泊客を収容できる．

◇ **guest relation(s) desk** 案内デスク，案内サービス．☆アメリカでホテルのロビーに見かける館内の案内所．ヨーロッパなどでは **concierge** がこれに近い．**assistant manager desk**，またホテル・ロビーにあることから **lobby manager desk** とも言う．この場所では宿泊者また顧客から受ける館内外のあらゆる質問・要望(例各種予約手配など)に対応する．そのような従業員を **guest relation officer** (アシスタント・マネージャー) とも言う．

◇ **guest room** 客室 (=guest chamber). ⇨ hotel room. **関連語** **checkout room** 当日出発した客室．**stay room** 引き続き滞在中の客室．**vacant room** 空きの客室．

② ごちそうする相手．

レストラン I'll treat you to a drink〈dinner〉tonight. → No. Please be my *guest* tonight. 今晩1杯〈夕食を〉おごろう．(=You're my *guest* tonight. / Let me treat you to a drink〈dinner〉tonight. / This drink〈dinner〉is my treat tonight.) →いや，今晩は私がおごりますよ．(=No. This is on me tonight. / It's my treat tonight.)

---

guesthouse 名 (高級)下宿；簡易ホテル；ゲストハウス (有料で食事と宿泊を提供する)．

H

habitual traveler 旅(行に)慣れた人. ⇔ novice traveler(旅に不慣れな人)

half pension (plan) 2食付きホテル料金制(=half board). ☆朝食と昼食(または夕食)付きの宿泊料金のこと. ⇨ plan

half twin ハーフ・ツイン. ☆ツイン・ルーム室料を2等分すること. 団体料金やパッケージ・ツアーなどで2人部屋に2人で宿泊する場合, 1人当たりの客室料金〈価格〉を設定するために用いる.

hang glider ハンググライダー. ☆人がぶら下がって空を飛ぶ三角形のグライダー.

hangar 图 (飛行機の)格納庫(=airplane shed). ☆飛行機の整備をする格納庫.
　空港 The plane moved from No.5 *hangar* is now towing along the edge of runway 9. 5番の格納庫から出された飛行機は, 現在滑走路9番の端まで牽引されている.

happy hour ハッピー・アワー. ☆バーやレストランで利用客〈主として仕事帰りの人〉を対象にピークとなる時間帯の前〈午後5時から7時くらいの間〉などに, 割安〈割引〉で飲食できるサービス時間帯のことである. 例えばバーなどでは1杯の料金で2杯飲める. ホテルのバーでもこのような値下げのサービス時間帯がある.

headcount 〈head count〉 图 搭乗人数の確認. ☆本来の意味は「頭数;員数」.
　空港 For security reasons we will be conducting a *headcount*. 保安規定により, これより搭乗人数の確認をさせていただきます.

high season 〈略 HS〉(旅行者動向の)多客期, 繁忙期(=peak season; tourist season). ⇔ low season(閑散期). ⇨ season. ▶ *high-season* rate 繁忙期の料金. ⇨ on-season rate
　観光 You had better make reservations well in advance for *high season*. 多客期には前もってしっかりと予約しておかなくてはなりません.

hold 图 ホールド, 確保;船倉(=cargo hold);(航空機の)貨物室.
　◇ **hold baggage** 《1》旅客の移動時に持ち運ばずに, 帰るまで一時預けておく荷物.

☆通称「ホールド」.《2》船倉受託手荷物.☆航海中には客が使用しないので船倉においておく手荷物.
- **hold confirmed** 〈略〉HK〉予約確認済.☆ hold a confirmed reservation のつまったもの.
- **hold mail** 保管郵便物.☆ホテルに配達された宛名不明の郵便物を保管すること.
- **hold room** 確保されている客室.☆宿泊予定客のために確保されている客室.
- **hold room charge** 保管室料.☆客室の予約がむつかしい時,顧客のために一般客には客室を販売しないで押さえておく(hold)と,そのための室料(room charge)はチェックインしなくても請求される.または宿泊客が短期的に客室を不在にした場合に支払う客室料金.

Hold for Arrival 名 (到着用) 留め置き.

☆ホテル到着予定前に配達された手紙に印される表示.通常封筒の右下に記入されている.「当人がホテルに到着するから,それまで保管し到着次第渡してください」という意味.このような対応で宛先人の到着が予定より遅れても手紙とすれ違うことはない.

[ホテル] Letters addressed to your hotel before you are to arrive should be marked "*Hold for Arrival*". ホテル到着予定前に配達されたホテル宛の手紙には「留め置き」と印される.

holder's sign ホルダーズ・サイン.

☆トラベラーズチェックの所有者がトラベラーズチェックを購入した時に行うサイン〈署名〉.漢字またはローマ字でもよい. ⇨ countersign

holding 名 ホールディング,空中待機.

☆空港が混雑している時または空港付近の気象状況の回復を待っている時に,飛行機が着陸許可を待ち,特定の地点で回旋しながら空中で待機すること.

— 形 (一時的な)保有の,遅延させるための.
- **holding time** (客室予約の)最終保持時間.☆ホテルの客室予約が確保される最終限度時刻.通常は午後6時まで.それ以降は事前の連絡がない場合,予約が取り消される.

hospitality 名 厚遇,歓待;(客への)手厚いもてなし.

▶ *hospitality* desk (ホテルにある)案内所 / offer〈give〉 *hospitality* 手厚くもてなす / accept someone's generous *hospitality* 親切なもてなしを受ける.

[感謝] Thank you so much for your *hospitality* on my previous trip. 先日の旅行中にはいろいろとお世話になり感謝申しあげます.
- **hospitality gift** 《1》手土産.☆食事などに招待されたときに持参する贈物.《2》

歓迎ギフト；参加記念品. ☆パーティーなどを主催するときに参加〈参列〉者に贈るギフト.

◇ **hospitality industry** ホスピタリティー産業. ☆ホテル業, 観光業, 旅行業などのサービス業〈接客業〉.

◇ **hospitality mind** ホスピタリティー・マインド. ☆エアライン業界の客室乗務員やホテル業界のスタッフに「接客する時の暖かい心構え」また「もてなしの心」として重視される. 特に「身だしなみ」と「ことば使い」それに国際社会の中では communication skills が求められている.

◇ **hospitality room** ホスピタリテクィーの部屋. ☆ホテル側のサービスの一種で, チェックイン (check-in) 以前またはチェックアウト (check-out) 以後にも無料で提供する客室. 慣例として団体宿泊客の会合・打ち合わせの場などに利用される場合が多い.

◇ **hospitality suite** （ホテルなどの）接待用特別室. ☆プライベートなパーティーまたはカクテルパーティーなどに利用される「パーラー〈リビング〉付きの客室」.

hostage [hástidʒ] 名 人質.

　機内 Passengers are now held *hostages*. 乗客はいま人質に取られている.

hostess 名 ①(接待客をもてなす)女性；(宴会などを接待する)女主人役；宿屋の女将. ☆日本の「ホステス（水商売）」のイメージはない. ▶ work as *a hostess* at the events イベントでの接客係として働く.

　掲示 A *HOSTESS* WILL SEAT YOU. 「給仕が案内します」

② (飛行機・鉄道などの) 旅客サービス係, スチュワーデス. ▶ air *hostess* 航空機の乗務員. ⇨ flight attendant

hotel [houtél]（アクセントに注意）名 ホテル. ☆ city hotel（都市型ホテル）と resort hotel（リゾート型ホテル）に大別される.

◇ **hotel bill** ホテル代金, ホテル勘定；宿泊料 (=hotel account〈charge〉).

　ホテル How would you like to pay the *hotel bill* for $150? → （I'll pay it）By credit card. 150ドルのホテル勘定のお支払いはどのようになさいますか. →カードで支払います.

◇ **hotel card** ホテルカード. ☆宿泊するホテルの名前・住所・電話番号などが記されている.

　ホテル Please show this *hotel card* to the taxi driver when you return to the hotel. ホテルに帰る際このホテルカードをタクシーの運転手に見せてください.

◇ **hotel classification** ホテルの等級〈格付け〉(=hotel grade). ☆「ホテルの等級

段階」．国際的に統一された等級はない．通常はヨーロッパでは5段階（deluxe, superior, first, tourist, economy），アメリカでは4段階（deluxe, superior〈first〉, standard, economy）がある．

ホテル The prices are listed in the *hotel classification*. 価格はホテル格付け一覧に記載されている．

◇ **hotel coupon** ホテルのクーポン券．☆旅行業社などが宿泊料を前払いした宿泊予定者に対して発行する支払証明書．ホテルの予約確認証と支払い済証を兼ねた一種のホテル宿泊券〈宿泊クーポン券〉．記載される料金は室料・食事（朝食）のみが多く，通常はサービス料・税金は現地払いとなる．⇒ hotel voucher

ホテル This *hotel coupon* covers net room charges only. So you have to also pay the service charge and government charge. ホテルクーポンは正味の室料のみが含まれているので，サービス料と税金は支払わなくてはいけません．

◇ **hotel representative** ホテル代理人．☆ホテルの所在地以外の遠隔地などで，ホテルの予約業務，販売促進また広報や宣伝の業務を代行する責任者．ホテルとは別の企業が多い．通称『ホテル・レップ』（hotel rep）と言う．

◇ **hotel reservation** ホテル予約．☆日本語では「ホテルを予約する」というが英語では reserve a room at a hotel または make a hotel reservation, arrange for a hotel reservation などと言う．ホテルを予約するとき次のような方法がある．《1》**Hotel Representative** ホテル・レップ．☆遠隔地でホテルの予約業務を遂行する代行人を通じて予約する．《2》**Direct Reservation** 直接予約．☆自国または現地で直接にホテルを予約する．《3》**Carrier** 航空会社．☆航空会社を通じて予約する．《4》**Tour operator** ツアー・オペレーター．☆現地手配者を通じてホテルを予約する．

◇ **hotel reservation slip** ホテル予約証．☆ **hotel reservation request form**（ホテル予約申込用紙）とも言う．

> ☆次のような内容がある： accommodation(s)「部屋のタイプ」．address and phone number「住所および電話番号」．issued date「発行日」．duration「宿泊日数」．check-in/check-out date「到着日・出発日」．city「都市」．issued by (the hotel)「発行者」．hotel name「ホテル名」．guest name「宿泊客名」．room rate「部屋料金」（通常，税金とサービス料は別）．status「予約状況」．travel agent「取扱代理店」．REMARKS（=notice）「備考」．As requested, we have made the above hotel reservations on your behalf. This slip is good for reservations only and payment should be made directly to the hotel.（お客様のご依頼により上記のホテルの予約をいたしました．この予約証は予約のみを証明するもので宿泊代にかわるものではありません．）

◇ **hotel voucher** 《1》ホテル宿泊券．☆旅行代理店がホテル宛に発行する宿泊代金の

支払を保証する証書. 支払の保証書であって hotel coupon（宿泊料金の支払証明書）とは異なる. ⇨ hotel coupon

ホテル I have a reservation for one. → Do you have a reservation number? → No, but I have a *hotel voucher*. → May I have your name, please? 1人分の予約をしています. →予約番号をお持ちですか. →いいえ，でもホテルバウチャーを持っています. →お名前をいただけますか.

《2》ホテル利用券．☆航空機の事故などのためホテルに宿泊する場合，利用客の勘定を航空会社が支払うために発行するホテル利用券（宿泊料金と食事料金）．**passenger service voucher** とも言う．ただし24時間を超過する宿泊料は個人払いとなる．

空港 Here is your *hotel voucher*. Please give it to the front desk on arrival. はい，ホテル宿泊券です．到着次第フロントに渡してください．

hotel の種類

A airport hotel エアポート・ホテル．☆空港利用者のため空港内または周辺にあり，飛行機の乗り継ぎに便利 / airtel エアテル．☆空港ホテルのこと．airport hotel の短縮語 / all-suite hotel オール・スイート．☆全室を suite room にした中級ホテルの呼称．⇨ hotel room. / animal-friendly hotel 動物（pet）連れ宿泊可能なホテル．☆ dog-friendly hotel 犬連れの宿泊が可能なホテル．/ apartment hotel《米》アパート式ホテル（=《英》service flat）．☆一般のホテル並みのサービス（家具付きで食事サービス）がある．長期滞在の場合自炊もできるキッチンや冷蔵庫などがある．一般のホテルに比べ格安である．residential hotel とも言う．

B bayside hotel 大都会の海岸（waterfront）に建つホテル / botel ボーテル．☆ヨットなどを利用する客用に水際に設けられたホテル．海岸近辺にあり，モーターボートの停泊してあるホテル，または自家用船での旅行者のためのホテル．boat と hotel の合成語．motorboat hotel の短縮語．/ boutique hotel デザイナーズ〈デザイン〉ホテル（=design hotel）．☆客室をファッショナブルに内装した都市型のホテル / budget hotel ビジネスホテル（和製英語）．☆ no-frills hotel（余分なサービスがないホテル）とも言う．/ budget motel 格安ホテル．☆自動車利用客のための低価格宿泊施設．アメリカによく見られる．⇨ motel

C Capsule Hotel カプセルホテル（=sleeping module; a cheap hotel that provides guests with a capsule-like space to sleep）．☆長さ約2m，幅1m，高さ1m 程度のカプセル状の寝台を設置した簡易宿泊施設 / Casino hotel カジノ付きホテル．☆ネバダ州のラスベガスにみられるような賭博施設のあるホテル．/ castle (-like) hotel キャッスル・ホテル．☆ヨーロッパにおける城郭・城館を転用したホテル / ceremony hotel セレモ

ニー・ホテル．☆冠婚葬祭と宿泊を結合したホテル / chateau hotel シャトー・ホテル．(レストラン兼) 古城ホテル．☆古い城や館を改造したホテル．/ city hotel 都市(型)ホテル (=hotel in the center of the city).☆都市部にあるホテル．交通の便利な場所にあり，スポーツ施設や保養施設を完備するホテルも多い．短期滞在 (1日から数日) する場合が多い．/ commercial hotel コマーシャル・ホテル．☆商業都市ホテル．主として，ビジネスマンを対象とする宿泊を中心とした中級の商用ホテル．日本の「ビジネスホテル(和製英語)」(=budget hotel) などがある．/ congress hotel 大宴会場を有するホテル / community hotel コミュニティー・ホテル．☆多様なニーズに対応する機能や設備を持つ複合タイプのホテル．地域社会 (community) の人々の会合や交流の場を提供する．/ condominium 〈Condo〉hotel コンドテル，分譲式ホテル．☆ホテルの一室を分譲し，所有者が利用しない期間をホテルとして利用する施設．hotel-condominium とも言う．/ convention hotel コンベンションホテル．☆国際会議や国際的な行事，催し物まで開催できる大型ホテル．

E eco-friendly hotel 環境に配慮したホテル．☆1994年頃からの用語．環境に優しいホテル運営 (例 節水に心がけたり，また予備の毛布を用意して過度の暖房を防ぐなどする) に取り組む．/ Eurotel ユーロテル．☆ヨーロッパにおける，分譲方式で運営されるホテル / extended-stay hotel 長期滞在型ホテル．

F family hotel 家族向きホテル．☆家族的な雰囲気をもったホテル / family-run hotel 家族経営ホテル / five-star hotel 五つ星ホテル (=first-class〈prestigious〉hotel).☆最高級のホテルのこと．⇨ star / floating hotel 水上ホテル．☆沖合に建てられ，水面に浮かぶホテル．または客船を改造したホテル．

G government-run hotel 国営ホテル．

H high-rise hotel 高層ホテル (=multistory hotel). ⇔ low-rise hotel (低層ホテル)/ highway hotel ハイウェー・ホテル．☆都市の中間点などに見られるハイウェーに沿って建てられたホテル / hostel ユースホステル．☆青年，特に自転車・徒歩旅行者などのための非営利的な宿泊所．youth hostel とも言う．/ hot-pillow hotel ラブホテル(和製英語)．☆ sex hotel for couples for short stays と言える．/ hot-spring hotel〈inn〉温泉ホテル．☆温泉を中心に保養・娯楽などを提供するホテル．a hotel〈an inn〉with hot-spring bathing facilities / hotel garni レストランのないホテル．/ hotel built close by〈over〉the railroad station; hotel built in a terminal building ターミナル・ホテル(和製英語)．

I in-city motel インシティー・モーテル．☆市内にある自動車利用客の宿泊施設．/ intelligent hotel インテリジェント・ホテル．☆OA機器の設備があり，高度な情報処理システムを持った未来型ホテル．

L licensed hotel 酒類販売免許ホテル．⇨ temperance hotel

M mountain hotel 山岳ホテル．☆登山客のために宿泊を提供するホテル．/ megahotel メ

ガホテル．☆巨大なコンベンション・ホテル．/ metropolitan hotel メトロポリタン・ホテル．☆大都会にあるホテル．/ motel モーテル（=motor hotel）．☆自動車旅行者のためのホテル．⇨ budget motel

P pet-friendly hotel．⇨ animal-friendly hotel / pension (hotel) ペンション．

R residential hotel 長期滞在者用のホテル．☆通常 1 週間以上の滞在で，アパートのような設備がある．ホテル内にはレストランまた寝室・台所・冷蔵庫などの設備がある．利用料金は週単位や月単位などがある．housekeeping や bed making などのサービスがある．apartment hotel とも言う．⇔ transient hotel．/ resort hotel リゾートホテル．☆主として観光地にあり，観光客を対象にした宿泊施設．スポーツ施設（水泳プールやゴルフコースなど）またヘルス・クラブ（保養施設）が充実している．1～2 週間以上滞在する場合が多い．

S seaport hotel シーポート・ホテル．☆海港に立地するホテル．通常，定期客船の旅客を対象とする．/ seaside hotel 海浜ホテル．☆自然環境の良い海辺にあるホテル．特に海水浴やマリン・スポーツの施設が多い．/ SL hotel エスエル・ホテル．☆ SL（蒸気機関車）を転用した宿泊施設．通常，寝台車などを一部改造している．/ semi-residential hotel 準長期滞在用ホテル．☆ residential hotel と transient hotel の中間，中期滞在用ホテル．/ station hotel ステーション・ホテル．☆鉄道構内または駅周辺に立地するホテル．/ suburban hotel サバーバン・ホテル．☆郊外，都市周辺にあるホテル．⇔ urban hotel．/ suite hotel 全室スイートで構成された上級ホテル．

T temperance hotel 酒類販売が禁じられているホテル．⇨ licensed hotel．/ theater hotel シアター・ホテル．☆ショーなど余興が楽しめるホテル．/ tourist hotel 観光ホテル / transient hotel 短期滞在ホテル．☆ホテルに短期間（1～2 週間程度）滞在する宿泊者用のホテル．⇔ residential hotel / trophy hotel トロフィー・ホテル．☆規模・伝統・名声などの点でチェーンを代表できるホテル．

U urban hotel アーバン・ホテル．☆都市，市街地にあるホテル．⇔ suburban hotel / urban resort hotel アーバン・リゾート・ホテル．☆都市内や近郊にあるリゾート施設を完備した都市型ホテル．

W well-being hotel ウェルビーイング・ホテル．☆スポーツ施設（例 水泳プール），美容施設（例 スパ，エステティックサロン），サウナなど健康増進をはかる施設を備えたホテル / welfare hotel（生活保護受給者用の）一時宿泊所/ winter resort hotel ウィンターリゾートホテル．☆ウィンタースポーツが可能なリゾートホテル．

Y youth hostel ユースホステル．☆主に徒歩や自転車旅行の青年男女の健全な旅行活動促進のための宿泊施設．会員は低額で利用できる．アメリカでは YMCA や YWCA を利用する人が多い．

hotel の関連語

A hotel accommodation(s) ホテル宿泊施設；ホテル収容能力. / hotel account ホテルの勘定 / hotel activities ホテルの催し物 / hotel airport bus 空港周辺のホテルの送迎用バス / hotel and meal coupon ホテルと食事のクーポン / hotel arcade ホテルアーケード / hotel attendant ホテル従業員 / hotel annex ホテルの別館.

B hotel bar ホテルのバー / hotel bill ホテル代金〈勘定〉, 宿泊料. ⇨ hotel charge

C hotel card ホテルカード. ☆宿泊するホテルの名前・住所・電話番号などが記されている. / hotel chain ホテル網. ☆同じ経営会社のもつ複数のホテル. / hotel charge ホテル（宿泊）料金, 室料. ⇨ hotel bill / hotel class ホテル等級 / hotel classification ホテルの等級〈格付け〉(=hotel grade)/ hotel clerk ホテル係員 / hotel construction boom ホテルの新築ブーム (=hotel rush)/ hotel compound ホテル敷地内 / hotel coupon ホテルのクーポン券 / hotel courtesy telephone ホテルへの無料連絡電話.

D hotel directory ホテル案内（書）.

E hotel employee ホテル従業員. / hotel entry ホテルの玄関, 館内の案内.

F hotel facility〈facilities〉宿泊施設.

G hotel garni レストランのないホテル / hotel grade ホテルの格付け. (=hotel classification)/ hotel guest ホテル宿泊客.

I hotel industry ホテル産業, ホテル事業 / hotel information ホテルのサービス案内 / hotel information board ホテル案内掲示板. ☆空港には通常荷物受取所に写真や広告でホテルを紹介する大きな案内掲示板がある.

K hotel keeper ホテルの総支配人, ホテル経営者 (=hotelier).

L hotel limousine ホテルリムジン / hotel lobby ホテルのロビー (=hotel hallway).

M hotel management ホテル経理, ホテル経営 / hotel manager ホテル・マネージャー, 客室部門担当支配人 / hotel man ホテル業者；ホテルの所有者〈社長〉, ホテルの経営者, 支配人. ☆日本では「ホテルで働く人」の意味で「ホテルマン」と言うが, 英語では hotel employee, the employee of the hotel と言う.

O hotel occupation rate ホテル客室利用率〈稼働率〉/ hotel order （旅行会社が発行する）ホテル予約発注書.

P hotel page〈pageboy〉ホテルのボーイ.⇨ page; pageboy. / hotel parent ホテル管理人 / hotel personnel ホテル従業員 / hotel pick-up service ホテル旅客送迎サービス.

R hotel rate ホテルの料金, 宿泊料 (=hotel charge)/ hotel receptionist ホテルの受付係 (=front desk clerk) / hotel register 《1》宿泊者名簿；《2》ホテルの宿泊カード, 宿帳 / hotel registered by Government 政府登録ホテル / hotel representative ホテル代理人 / hotel reservation center ホテル予約センター / hotel reservation counter ホテル予約カウンター / hotel reservation slip ホテル予約証. ☆ hotel reservation request

form（ホテル予約申込用紙）とも言う．
- **S** hotel staff（全体を指して）ホテルの従業員（=hotel worker）/ hotel stationery ホテル備え付けの文具類 / hotel sticker ホテル・ステッカー．
- **T** hotel taxi ホテルタクシー．
- **V** hotel voucher《1》ホテル宿泊券．《2》ホテル利用券．

HOTEL ROOM ホテルの客室 (=《英》guest room)

☆主として下記 [1]～[5] のような客室がある．
- [1] single(-bedded) room シングル（ベッド）ルーム．1人用の客室に1つのシングルベッドがある部屋．☆ SWB(single with bath) 浴室付シングル・ルーム．
- [2] twin(-bedded) room ツイン（ベッド）ルーム．2人用の客室に2つのシングルベッドがある部屋．☆ TWB(twin with bath) 浴室付きツイン・ルーム．
- [3] double(-bedded) room ダブル（ベッド）ルーム．2人用の客室に1つの大型の2人用ベッドがある部屋．☆ DWB(double with bath) 浴室付きダブル・ルーム．
- [4] triple(-bedded) room トリプル（ベッド）ルーム．3人用の客室にツインベッドとエキストラベッド（3つのシングルベッド）がある部屋．
- [5] suite room スイート・ルーム．寝室，浴室，居間，応接室などが続きになっている豪華なダブルベッド（あるいはツインベッド）の客室．☆ junior suite room, semi suite, bachelor suite または presidential〈deluxe〉suite room（最高級スイート）などの呼称がある．

ホテル Would you like a *single* room or a *double*(-*bedded*) room? → I'd like to have a *twin* room. シングルの部屋にしますか．それともダブルの部屋になさいますか．→ツインの部屋をお願いします．

客室に関するその他の用語

- **A** adjoining room アジョイニング・ルーム．
- **B** blocking〈blocked〉room ブロッキング・ルーム．
- **C** condominium コンドミニアム．☆台所，浴室，居間と寝室が1～2室あり，2人から6人くらいまで宿泊が可能な客室 / connecting room コネクティング・ルーム / courtesy room サービスの部屋．
- **G** guest room 客室．☆ checkout room / stay room / vacant room などがある．
- **H** hold room ホールドルーム．確保されている客室．⇨ hold
- **O** occupied room 利用客が滞在中の部屋．
- **P** penthouse 最上階にある最高級の特別客室．

| S | studio room　スタジオ・ルーム. ⇨ studio room |

house 形 その店固有の, 当店自慢の. ▶ *house* dressing　当店固有のドレッシング / *house* specialty　当店の自慢料理 (=specialty of the house; chef's suggestion).

◇ **house wine**　ハウスワイン, 当店独自のワイン. ☆レストランが特別に注文して作り, そのレストランで食事をする客にのみ提供するワイン.
　レストラン　Is this the *house wine*? → Yes, sir. It's Chablis. これは当店自慢のワインですか. →はい, そうです. シャブリ（ワイン）です.

◇ **house agent**　企業系列内旅行業者 (=in-house agent). ☆大企業で主にグループ内の旅行需要に子会社の形態で応じるための旅行業者.

◇ **house doctor**　（ホテルの）住み込み専属医師.

◇ **house phone**　館内専用電話. ☆ホテル館内にある内線専用電話. 外線による発信・受信はできない.
　ホテル　You can usually find the *house phone* in the hotel lobby. 館内専用電話は通常ホテルのロビーにあります.

Honolulu, USA

I

identification 〈略 ID〉 名 身分証明, 身元確認. ☆海外でトラベラーズチェックを使用する場合, 信用される身分証明書の提示が求められる場合がある. 例えば旅券, 国際免許証, （大手の）クレジットカードなどがある.

旅行 A passport is an official document of *identification*. 旅券は一種の公的な身分証明書である.

◇ **identification card** 身分証明書 (=identity card). ☆ ID card とも言う. アメリカでは州にもよるが, 18歳または21歳未満の者に対して酒類は販売しないので身分証明書の提示が求められる. ▶ have a student *ID card* for identification 身分証明として学生証をもつ.

銀行 Do you have anything showing your identification? → I use my passport as an *ID card*. 何か身分を証明するものをお持ちですか. →身分証明書として旅券を利用します.

◇ **identification tag** 手荷物の荷札 (=baggage tag).

空港 Please be sure to put an *identification tag* on your baggage. 荷物には必ず荷札を付けてください.

---

identify [aidéntəfài] 動 （身分を）確認する. ▶ *identify* oneself 身分を証明する.

銀行 Will you please cash these traveler's checks? → Do you have something to *identify* you? トラベラーズチェックを現金にしてください. →身分を証明するものをお持ちですか.

---

identity 名 本人であること, 身元. ▶ prove〈certify〉one's *identity* 身元を証明する.

旅券 A passport is an official government document that certifies one's *identity* and citizenship and permits a citizen to travel abroad. 旅券は本人の身分と国籍〈市民権〉を証明し, 市民に海外旅行を許可する政府の公式な書類である.

◇ **identity card** 名札；身分証明書 (=identification card). ☆短縮して ID card とも言う.

---

illegal 形 不法な, 違法の (=unlawful). ⇔ legal（合法的な）. ☆ **illegality** 名「不法」(=unlawfulness). ▶ *illegal* entrant 不法入国者 / *illegal* entry 不法入国 / *illegal* exit 不法出国 / *illegal* taxi もぐりの白タク / *illegal* train ride キセル乗車.

◇ **illegal parking** 不法駐車. ▶ pay a $50 fine for *illegal parking* 不法駐車をして50ドルの罰金を払う.

◇ **illegal articles** 不法所持品(=*illegal* item(s)). ☆**illegal possession**「不法所持」.

---

immigrant 名 入国者；(他国からの)移民者, 移住者. ⇔ emigrant ((他国への)移住)
【移民】 Most Americans were descended from *immigrants* from the other countries. ほとんどのアメリカ人は元来他国からの移民者であった.

---

immigrate 動 (他国から)移住して来る. ⇔ emigrate ((他国へ)移住する)
【移住】 My grandfather *immigrated* to the United States from Spain. 祖父はスペインから米国へ移住して来た.

---

immigration 名 ① (他国からの)移住；移民. ⇔ emigration ((他国への)移住). ▶ *immigration* agent 移民局職員.
② 出入国管理, 出入国審査. ☆移民局や入国管理局などがその国に出入りする旅客の審査と記録をすること. 国よっては **passport control, border control**, ヨーロッパでは **holder control** とも言う.『入国(審査)』の場合は「旅券」(passport)と「入国カード」(disembarkation card),『出国(審査)』の場合は「旅券」(passport)と「出国カード」(embarkation card)そして「搭乗券」(boarding pass)を提示する.
【空港《入国》】 After landing, you'll first go⟨pass⟩ through *immigration* and clear customs at the airport. 着陸後は空港での入国審査と税関を通過しなくてはいけない.
【空港《出国》】 At the *immigration* of the International Airport, passengers are requested to present their passport, embarkation card and boarding pass. 国際空港の出国審査所にて乗客はパスポート, 出国カードそれに搭乗券を提示する必要がある.
【空港】 You only have to present the *immigration* officer with your passport, embarkation card and boarding pass. He or she will stamp the card. 出国管理官に旅券と出国カードそれに航空券を提示すればよいのです. 係員はスタンプを押してくれます.

Immigration の関連語

A immigration authorities 出入国管理当局；出入国検査官.
B Immigration Bureau 出入国管理局；移民局.
C immigration card 出入国(記録)カード. ⇨ embarkation card; disembarkation card. / immigration clearance 出入国審査. ☆ clear immigration「出入国審査を通過する」/ immigration (clearance)counter 出入国(審査⟨手続き⟩)カウンター / immigration

control 出入国審査, 出入国管理 (=passport control) / immigration control officer 入国警備〈審査〉官 / Immigration and Customs Enforcement 〈略〉ICE 移民税関捜査局 / immigration and customs formalities 入国・通関手続き.
- **E** immigration examination 出入国審査.
- **F** immigration form 出入国用紙〈カード〉；出入国証. ⇨ immigration card
- **I** immigration inspection 出入国審査 / immigration inspector 入国警備〈審査〉官 (=immigration officer) / immigration inquiry 出入国審査の質問.
- **L** immigration law 出入国管理法.
- **O** immigration office 出入国管理事務所, 出入国管理当局 / immigration officer 出入国管理官, 出入国係官 (=immigration inspector).
- **P** immigration port station 出入国事務所の空港出張所 / immigration procedure 出入国手続き〈審査〉.

immune (to ⟨from⟩) 形 免疫のある.
　空港 He is *immune* to cholera. 彼はコレラに対して免疫がある.

immunity 名 免疫. ▶ *immunity* to smallpox 天然痘に対する免疫.

immunization 名 免疫；予防接種. ▶ *immunization* card 予防接種証明書 / *immunization* of smallpox 天然痘に対する免疫 / *immunization* record 予防接種録〈証明〉/ *immunization* shot 予防注射.

immunize [ímjunàiz] 動 免疫を与える.
　空港 Vaccination *immunizes* you against cholera. 予防接種がコレラに対しての免疫を与えている.

incentive tour インセンティブ・ツアー, 招待旅行, 報奨(ほうしょう)旅行 (=incentive trip). ☆企業が自社の従業員また取引先や代理店などに対して, セールス活動を促進するために行う招待旅行. またノルマ以上の成績を収めた営業マンあるいは大きな業績を収めた社員などにボーナスとして与えられる報奨旅行.

incidental 形 付属して発生する. ▶ *incidental* account 個人雑費勘定.
　◇ **incidental charge** 個人勘定 (=incidentals; personal ⟨individual⟩ account), 別料金. ☆団体で一括で支払う勘定以外に請求される個人的な雑費の支払い (冷蔵庫の飲食物, 個人通話, 有料映画, ルームサービスなど).
　　ホテル Any *incidental charge* should be paid individually prior to check-

out. 個人勘定はチェックアウトの前に個人的に支払わなくてはならない.

incidentals 名 個人勘定 (= incidental charge), (宿泊料と金銭の精算における) 別勘定.
　ホテル Before checking out of a hotel, a tour conductor settles the master account and tour members pay for their *incidentals*. ホテルをチェックアウトする前に添乗員は本勘定を清算しツアー参加者は個人勘定を支払う.

inclusive 形 …を含めて. ⇔ exclusive (除いて). ▶ *inclusive* fee すべてを含めた料金 / *inclusive* price per head per day 1日1人あたりのすべて込みの値段.
　◇ **Inclusive Conducted Tour** 〈略〉ICT〉全旅程現地ガイド〈添乗員〉付き包括旅行. ☆全旅程に現地ガイドまたは添乗員を付け, 旅行に必要なすべての費用を込みで算定する一種の請負旅行. 団体旅行の場合が多い.
　◇ **Inclusive Escorted Tour** 〈略〉IET〉添乗員付き包括旅行.
　　観光 *Inclusive escorted tours* have special meals, admission to national park and transportation in charted bus. 添乗員付き包括旅行には特別な食事, 国立公園への入場料, 貸し切りバスの運賃などが含まれている.
　◇ **Inclusive Independent Tour** 〈略〉IIT〉単独包括旅行 (=Inclusive Individual Tour; Foreign Independent Tour). ☆特定の観光地のみ現地ガイドが付く単独の包括旅行. 一種の外国人請負旅行で, 飛行機や列車などの交通機関による移動中現地ガイドは随行しないが, 目的地に着くと出迎えやホテルまでの送迎を行い, 観光地の観光案内などのサービスを行う包括旅行.
　◇ **Inclusive Individual Tour** 〈略〉IIT〉個人包括旅行 (=Foreign Independent Tour 〈略〉FIT〉). ☆旅程に添乗員または現地ガイドを伴わない包括旅行. 目的地での観光・空港・ホテルなどへの送迎サービスはあるが, 交通機関 (飛行機・列車・バスなど) による移動はすべて個人で行う. ⇔ Group Inclusive Tour 〈略〉GIT〉
　◇ **Inclusive Tour** 〈略〉IT〉包括旅行 (=package tour). ☆個人的な特別支払いを除いた「航空輸送」と「地上手配」すべての費用を包括した旅行である. 航空輸送には特別割引運賃が適用され, 地上手配には宿泊費, 交通費, 観光代金, 食事代金などの一部または全部を含めた「パック旅行」のこと. 団体包括旅行 (GIT: Group Inclusive Tour) と個人包括旅行 (IIT: Inclusive Independent 〈Individual〉 Tour) とに区別される. ⇨ package tour
　　観光 *Inclusive tours* usually include all costs of an itinerary for passengers, except personal expenses during the tours. 包括旅行には, 普通, ツアー中の個人勘定を除いて参加者の旅行日程にかかる全額が算入されています.
　◇ **Inclusive Tour Fare** 「包括旅行」であるための特別割引航空運賃. ⇨ inclusive tour

individual 形 個人の, 個別的な；個々の. ▶ *individual* rooms 個室.
- ◇ **individual account** 個人勘定. ⇨ incidental charge
  - ホテル Please pay your *individual account* prior to departure from the hotel. ホテルから出発する前に個人勘定を支払って下さい.
- ◇ **individual tourist** 〈略 INDIVI〉個人旅客, 単独旅行者. ☆団体客に対しての個人旅客.
- ◇ **individual journey** 個別旅行（＝separate travel）. ☆団体運賃適用旅客が一定条件の下に認められる個別の旅行.

inoculate 動 予防接種する（＝vaccinate）.
- 空港 You are requested to be *inoculated* against yellow fever to enter some foreign countries. ある外国に入るためには黄熱病に対して予防接種する必要がある.

inoculation [inàkjuléiʃən] 名（伝染病などの）予防接種（＝vaccination）. ▶ *inoculation* record 予防接種の記録／preventive *inoculation* 予防接種.
- 空港 You are advised to get an *inoculation* against smallpox. 天然痘の予防接種をするようお勧めします.

inspect 動 検査する, 点検する（＝check; examine）.
- 空港 Will you check inside this bag, too? → Yes. I'll *inspect* it. この鞄の中身も調べますか. →はい. 調べます.

inspection 名 検査, 検閲（＝check; examination）, 点検；視察. ▶ baggage〈luggage〉 *inspection* 手荷物検査／customer *inspection*〈略 CI〉顧客検査／customs *inspection* 税関〈通関〉検査／room *inspection* 客室点検（掃除・設備・備品などの状況チェック）／security *inspection* 所持品検査.
- 空港 Please open your baggage for *inspection*. …What's this? → This is Japanese doll called *Kokeshi*. 検査のため荷物を開けてください. …これは何ですか. →「こけし」と呼ばれる日本人形です.
- ◇ **inspection counter** 検査カウンター（＝inspection desk〈stand〉）.
  - 空港 In case you have the duty-free articles, you should go to the blue *inspection counter*. In case you have the dutiable articles, you should go to the red *inspection counter*. 免税品を所有する場合, 青色の検査カウンターに進んでください. 課税品を所有する場合, 赤色の検査カウンターに進んでください.
- ◇ **inspection stand** 検査台（＝inspection desk〈counter〉）. ☆「免税範囲」の場合は green〈blue〉(light) inspection stand「緑〈青〉色（ランプの）検査台」,「課税範囲」

の場合は red (light) inspection stand「赤色（ランプの）検査台」へ行く．

空港《免税》 You must go through the examination at the green light *inspection stand* in case of duty-free articles. 免税範囲の場合，緑色のランプの検査台を通過しなくてはいけない．

空港《課税》 You are requested to go through the examination at the red light *inspection stand* in case of dutiable items. 課税の場合，赤色のランプの検査台を通過しなくてはいけない．

inspector 名 検査官． ▶ customs *inspector* 税関吏 / health *inspector* 検疫審査官 / immigration *inspector* 出入国管理官．

insurance [inʃúərəns] 名 保険 (=《英》assurance)；保険料，保険金． ▶ overseas travel accident *insurance* 海外旅行傷害保険 / arrange for baggage *insurance* あらかじめ手荷物保険をかける / contract *insurance* 保険に加入する / surrender an *insurance* 保険を解約する / cover damage with *insurance* 損害を保険で補償する．

旅行 You should get *insurance* when you travel abroad. 海外旅行に出かける時は保険をかけるべきです．

◇ **insurance coverage** 保険の補償額，保険の補償範囲，保険の適用〈通用〉範囲． ▶ full-*insurance coverage* 完全補償型保険．

空港 Do you have *insurance coverage*? → Yes. I'll file a claim after going back to Japan. 保険の補償額はありますか．→はい．日本に戻ってから賠償を請求します．

insure 動 保険をかける (=《英》assure)．

郵便局 I'd like to have this parcel *insured*. この小包に保険をかけたいのですが．

insured 形 保険をかけた． ▶ *insured* amount 保険金額 (=insurance amount) / *insured* parcel number 価格表記小包荷物引受け番号 / *insured* value 保険価格．
— 名 (the insured) 保険契約者，被保険者．

insurer 名 ① 保険契約者 (=policyholder)．
② 保険業者，保険会社．

International Date Line 〈略 IDL〉(the ～) 国際日付変更線． ☆東経・西経 180 度の子午線に沿って北極と南極とを結ぶ太平洋上の境界線．これを西から東に越えるとき（例 日本から米国へ通過するとき）は日付を 1 日遅らせ，東から西に越えると

き（例 米国から日本へ通過するとき）は1日進ませる．単に **date line** とも言う．

【空港】A traveler crossing the *international date line* westward loses a day; a traveler crossing it eastward gains a day. 日付変更線を超えて西へ旅行する者は1日損する．東へ旅行する者は1日得をする．

【機内】How long does it take from Tokyo to Hawaii by air? → It takes about 7 hours. The flight crosses the *International Date Line* and there is a 19-hour time difference between Japan and Hawaii. 東京からハワイまで飛行機で行けばどれくらいの時間がかかりますか．→約7時間です．飛行機は国際日付変更線を越え，日本とハワイの時差は約19時間です．☆所要時間は，日本での出発空港や飛行便により多少異なる．現地時間は，日本が19時間進んでいるので，計算式は「ハワイ時間＝日本時間−19」（あるいは5時間足して，1日を引く）となる．ハワイではサマータイムは導入されていない．

---

intersection 图 交点，（道路の）交差点(=junction, crossroads), 十字路.

【観光】I'm looking for the museum. → Straight down this way, third *intersection*. 博物館を探しています．→こちらをまっすぐに行き，三番目の交差点です．

---

involuntarily 副 不本意に．▶ *involuntarily* rerouted passenger 航空会社の都合により経路変更される乗客．⇨ voluntarily rerouted passenger

---

involuntary 形 不本意の．⇨ voluntary. ☆旅客の意志によらず，航空会社の都合によって上級席への変更，または下級席への変更を行うことがある．

◇ **involuntary downgrade** 航空会社の都合で行う下級席への等級変更．☆差額は払い戻されることになるがビジネスクラス以上の予約コントロールは厳しく行われているので現実にはほとんど起こり得ない．⇨ voluntary upgrade

◇ **involuntary upgrade** 航空会社の都合で行う上級席への等級変更．☆予約済みの席が満員で上級のクラスに空席がある場合，そこにオーバーした客を回すこと．旅客の意思ではないため差額運賃はとらない．⇨ voluntary downgrade（差額の払い戻しをする）

◇ **involuntary single（room）** 団体旅行において男女の数などルーミングの事情・都合で割り当てられる一人部屋．⇨ voluntary single（本人の希望で）

◇ **involuntary rerouting** 航空会社の都合による経路変更．⇨ voluntary rerouting.

---

issuance [íʃuːəns]（アクセントに注意）名 発行, 発券.

【旅行】My passport is valid for five years from the date of *issuance*. 私の旅券は発行日から5年間有効である．

issue 動 (切符・査証などを) 発行する, 発給する, 発券する. ▶ *issue* passports to travelers going abroad 海外旅行者に旅券を発給する / place *issued* 発行地.

旅行 My visa was *issued* yesterday. 私の査証は昨日発行されました.

空港 Air tickets *issued* at normal fares are valid for one year from the date of commencement of journey. 普通運賃で発券される航空券は旅行開始から一年間有効である.

— 名 発行；発券；(発行) 号. ▶ back *issues* バックナンバー (雑誌などの古い号). ☆ back number (和製英語) とは言わない / the date of *issue* 発行日 (=the issued date).

---

itinerary [aitínərèri] 名 旅程 (=tour schedule)；訪問地プラン (=tour plan)；旅行日程表 (=travel itinerary). ▶ *itinerary* for arrival〈departure〉到着〈出発〉日程 / *itinerary* for one's trip (on May 1) (5月1日の) 旅行日程 / final *itinerary* 最終旅程 / provisional *itinerary* 仮の旅程 / optional *itinerary* 手配日程 / suggested *itinerary* 旅程案 / tentative *itinerary* 暫定的な旅程 / make〈change〉an *itinerary* 旅程を作成〈変更〉する.

観光《旅程の予定》 What's next on our *itinerary*? → The Tower of London. It is a must on your *itinerary* if you are interested in historical monuments. 観光の予定は次はどこですか. →ロンドン塔です. 歴史記念物に関心があれば旅程では必見です.

観光《旅程の内容》 What does the *itinerary* say? → It says we leave tomorrow at seven-thirty. 旅程では何と書いてありますか. →明日7時30分に出発だと書いてあります.

◇ **revised itinerary** 改訂 (後の) 旅程. ☆ amended itinerary「修正 (後の) 旅程」.

観光 We'd like you to send us the *revised itinerary* by return fax. 折り返しファックスで改訂旅程を送ってください.

J

jump seat ジャンプ・シート，予備席，補助席．☆飛行機の中で客室乗務員が使用する折り畳み式の補助席．また自動車などの折り畳み式の飛び出し座席．
　[機内] The flight is full and only the *jump seat* remains available. その便は満席で予備席のみが空いている．

junction 〈略〉JCT 名 ① (鉄道の) 乗換駅，連絡〈接続〉駅． ▶ railway *junction* 鉄道の連絡駅．
　[駅舎] I missed my connection at the *junction*. 乗換駅で接続の列車に乗り損なった．
　[駅舎] I changed trains at the *junction*. 連絡駅で電車を乗り換えた．
② (道路の) 交差点． ▶ highway *junction* 高速道路の合流点．

junk 名　がらくた． ▶ tourist *junk* 観光客目当ての安物の土産品．

Jakarta, Indonesia

Istanbul, Turkey

K

kick-back 〈略 KB〉 名 ① キックバック, 斡旋手数料. ☆添乗員などが土産店や劇場と契約して旅客を案内し, 受け取る手数料のこと.
② リベート, 割戻し. ☆主として航空会社等が通常のコミッション (正規手数料) 以外に旅行会社に支払う割戻金.

kitchen 名 キッチン, 台所, 調理室〈場〉. ☆日本語で食堂を兼ねた台所を「ダイニング・キッチン」と言いDKと略している. 英語では **kitchen with a dining area; kitchen dine-in room; kitchen used for dining and cooking** などと言う.

kitchenette 名 (ホテルの客室に付設された) 簡易キッチン.

Kosher food 〈meal〉 コーシャ料理. ☆ユダヤ料理のこと. ユダヤの掟に従って処理されている (Kosher) とされる祈祷済みの清浄な食品を用いた料理. ⇨ special meal.

London, UK

Los Angeles, USA

L

land 動 ①(飛行機が)着陸する;着陸させる(=disembark, touch down). ⇔ take off(離陸する).

機内 When will the plane be *landing* at the airport? → (We'll be *landing* there) In about 40 minutes. 飛行機は空港にいつ着陸しますか. (=What time will the plane *land* at the airport?) →当機はあと40分ほどで着陸します. (=It'll land there within 40 minutes.)

② (船舶が)接岸する;下船する:下船させる.

港 The cruise ship *landed* at the pier. 巡航客船が桟橋に着いた.

③ (乗物から)下車する;下車させる.

下車 The taxi *landed* me at the hotel. タクシーは私をホテルで下ろしてくれた.

④ (人が)着陸する, 上陸する.

着陸 The astronaut *landed* on the moon. 宇宙飛行士が月面着陸した.

— 名 陸, 陸地, 地上. ⇔ sea (海). ☆ sea「海」に対して land「陸」, air「空」に対して ground「地面」がある.

◇ **land arrangement** 地上手配 (=land operation). ☆旅行業者による訪問地での宿泊・地上輸送・観光など地上旅行の手配のこと.

◇ **land operator** 地上手配業者 (=land agent). ☆手配旅行または主催旅行に必要な宿泊・輸送などの地上旅行の手配をする人のこと. 主として地上旅行手配を行う地元ツアー・オペレーター. アメリカでは **local tour operator** または **receptive tour operator** とも言う.

◇ **land portion** (ツアーの)地上手配部分 (=land arrangements). ☆訪問地での宿泊・地上輸送・観光など地上旅行の手配.

◇ **by land** 陸路で. ☆ by air 空路で; by sea 海路で.

旅行 He travels all over the country *by land*, but returns home by sea or by air. 彼はその国中を陸路で旅するが, 帰りは海路か空路にする.

landing 〈略 LDG〉 名 着陸, 上陸;(荷物の)陸揚げ. ▶ *landing* formalities 〈procedures〉入国手続き. ☆検疫・入国審査・税関検査など一連の諸手続き.

空港 The plane made a safe *landing* at the airport. 飛行機は空港に無事着陸した.

機内 You must not use the CD players during take-off and *landing*. 離着陸時には CD プレイヤーは使用禁止です.

◇ **A happy landing (to you)**! いってらっしゃい.

◇ **Good luck and happy landing!** お元気で行ってらっしゃい.

◇ **landing card** 入国許可書；(船客に対して)上陸証明書. ☆ **disembarkation card; entry card; arrival card** などとも言う. 飛行機の乗客が入国する証明書. 海外旅行の最初の外国の到着地で氏名, 生年月日, 旅券番号などを記入し, 入国審査官に提出する「入国(記録)カード」のこと. ▶ fill in⟨out⟩ the *landing card* 入国カードへ記入する.

【空港】 May I see your passport and *landing card*, please? 旅券と入国カードを拝見します.

landing の種類

- **B** belly landing 胴体着陸 (=body landing)/ blind landing 計器着陸.
- **C** crash landing 不時着.
- **E** emergency landing 不時着, 緊急着陸.
- **F** forced landing 強制着陸, 不時着, 緊急着陸.
- **N** normal landing 正常着陸.
- **P** pancake landing 胴体着陸, 失速着陸 (=flap drop). ☆飛行機がトラブルを起こし着陸するときに, 失速して水平に, または機尾から落下すること.
- **S** smooth landing 安全着陸 (=safe landing)/ soft landing 軟着陸.
- **T** technical landing (給油・整備等のための) 航空機の着陸. ☆乗客の乗降や貨物の積み降ろしはない. / temporary landing 一時上陸.
- **U** unscheduled landing 不時着.

laundromat 图 《米》(商標) コインランドリー (=《英》launderette). ☆セルフサービスのコインランドリー (self-service laundry) で使われる電気洗濯機・乾燥機. 長期滞在型のリゾートホテルやコンドミニアム・ホテルなどに設置されている. coin laundry はあまり用いない. **coin-operated laundry**, または口語で **coin washer**, 《英》**coin-op** の言い方もある.

---

laundry 图 ① 洗濯 (=《英》washing), 洗濯物 (=items for the laundry).

【ホテル】 I'd like to have this *laundry* done. この洗濯物をお願いします. (=I want to send this to the *laundry*.)

【ホテル】 The *laundry* before 12 noon will be returned the same day. Express service is available within 3 hours. 正午までにお申し付けいただいた洗濯物はその日に仕上がります. お急ぎの場合3時間で仕上がります.

◇ **laundry bag** 洗濯袋. ☆ホテルの部屋に整備されているビニール製か布製の袋.

【ホテル】 Please put your clothes into a *laundry bag* and fill out the (laundry)card. 衣服を洗濯袋に入れて，(洗濯物記録)カードに記入してください．

◇ **laundry card** 洗濯物記録カード．☆下記のような内容がある．
　[1] **finished**（仕上がり）: regular ⟨ordinary⟩ service（通常のサービス）/ same-day service（即日サービス）/ half-day service（半日サービス）/ Express ⟨special⟩（特別サービス（早く仕上がる））.
　[2] **shirts folded** シャツはたたんでください / **shirts hanged** シャツはハンガーにかけてください．
　[3] **items for laundry**（洗濯物）: briefs（パンツ），shorts（短ズボン），undershirts（下着類（上物）），undershorts（下着類（下物）），tie（ネクタイ），trousers（《英》ズボン），pants（《米》ズボン）.
　＊ Please **dial** ⑥ after filling out the laundry list. 洗濯物リストに記入後ダイヤル⑥をお回しください．

◇ **laundry service** ランドリーサービス．☆ホテルにおける宿泊客の洗濯物を処理する，またはその取り次ぎをするサービス．**valet service** とも言う．
　[ホテル] Please dial 6 on your phone if you want to call *laundry service* directly. ランドリーサービスと直接お話になりたい場合はお客様の部屋の電話で6番をダイヤルしてください．

◇ **laundry slip** 洗濯伝票．
　[ホテル] Could you fill out the *laundry slip*? It's in the drawer of the writing desk. 洗濯伝票にご記入ください．書き物机の引き出しにあります．

② 洗濯屋，クリーニング店．☆ **laundry** は「水で洗うクリーニング屋」，**cleaner** は「化学薬品を用いて洗うドライクリーニング屋」のこと．セルフサービスの洗濯機の「コインランドリー」(=coin-op) は，英語では《米》**laundromat**（商品名）または《英》**launderette** と言う．⇨ laundromat
　[ホテル] Please take this shirt to the *laundry*. シャツを洗濯屋に持っていってください．
　[ホテル] Please pick up my dress from the *laundry*. ドレスを洗濯屋から持ってきてください．

---

layover 图 ①一時着陸，《米》途中下車 (=stopover). ▶ overnight *layover*（飛行機の）一夜越の乗り換え．
　② (飛行機の) 乗り継ぎの待ち合わせ時間〈時間待ち〉．
　[空港] We have a one-hour *layover* in Chicago. シカゴでは一時間の（乗り継ぎの）待ち時間があります．

leg 名 ① レッグ，(全旅程中の)一区切り，(旅程の)一区間，一行程．☆長距離飛行の離陸から着陸までの一行程 (leg of a journey)．通常3文字である略語を用いて離着地を TYO/ SFO のように表す場合，左が「離陸地」，右が「着陸地」を指す．▶ the last *leg* of a long journey 長旅の最終区間 / the Japan *leg* of the torch relay for the Olympics 五輪の聖火リレーの日本区間．

〖鉄道〗 A distance between two stopovers is called a *leg*, which is a segment of a journey as well. 2つの途中降機〈下車〉地間の距離をレッグというが，それはまた旅程の一部でもある．

◇ **leave the final leg open** 最終区間は予約なしにしておく．

〖空港〗 We'd like to *leave the final leg* of our flight to London *open*. ロンドンまでの最終区間は予約なしにしておきたい．☆途中降機した後の一飛びのこと．

② (人・動物の)脚, 足．

◇ **legroom** (座席の)足元の広さ〈余裕〉．

〖列車内〗 You'll have plenty of *legroom* in each first-class compartment. ファーストクラスのコンパートメントでは十分に脚を伸ばせます．

---

load 動 ① 荷物を積む．⇔ offload〈unload〉(荷を降ろす)．☆ **loader**「荷物を積む人」．

〖空港〗 The ground crew are *loading* the luggage onto the plane. 地上勤務員は飛行機に荷物を積んでいる．

② (乗客が)乗り込む．

〖空港〗 AA flight 001 bound for Boston is now *loading*. Passengers on this flight should go on board. ボストン行きの AA001 便は現在搭乗中です．この便をご利用のお客様はご搭乗願います．

― 名 (運ばれる)積み荷．▶ heavy〈light〉load 重い〈軽い〉荷．

〖運搬〗 The limousine is carrying a full *load* of baggage. リムジンバスは荷物を一杯運んでいる．

---

load factor 〈略 L/F〉(旅客機の)座席稼働〈利用〉率, 搭乗率；(航空の)荷重倍数；(電車の)負荷率．☆ (旅客機の)総座席数に対する乗客数の割合を指す．搭乗者数を総座席数で割った100分率のこと．例 300人乗りの飛行機に180人の乗客が搭乗した場合搭乗率は6割となる (180/300 × 100 = 60%)．ちなみにホテルの場合 occupancy (客室・ベッドの利用率)と言う．⇨ occupancy

〖空港〗 Airlines measure the profit and loss on their flights by the *load factor*. 航空会社は座席稼働率で飛行機の損益を計る．

---

loading 名 (荷物の)搭載, (貨物の)積載．☆荷物や貨物, 機内食などを積み込む

作業. ⇔ offloading. ▶ baggage *loading* 荷物の搭載 / in-flight meal *loading* 機内食の積み込み.

【掲示】Bus *Loading* Zone. No Parking Within 50ft.「バス乗降専用ゾーン. 50フィート以内での駐車禁止」

loading bridge 旅客搭乗橋. ☆空港ビル〈ターミナル〉と航空機の乗降扉をつなぐ橋, または接続する箱型の通路.

long-haul 長距離用の (=line-haul). ⇔ short-haul (短距離用の). ▶ *long-haul* jetliner 長距離用ジェット機 / *long-haul* route 長距離路線 / *long-haul* traveler 長距離旅行者.

◇ **long-haul (passenger) airplane〈aircraft〉** 長距離用の旅客機.
【空港】The Boeing 747-400 is one of the world's most advanced *long-haul airplanes*. ボーイング 747-400 は世界で最も進んだ長距離用の大型旅客機の一種である.

◇ **long-haul flight** 長距離運行便 (=long-distance flight).
【空港】All domestic flights are non-smoking. Some European and *long-haul flights* are non-smoking. You should contact your local office for the latest information. 国内線はすべて禁煙です. 欧州便と長距離便の一部も禁煙です. 最新情報は最寄りの支店に問い合わせてください.

Low-Cost Carrier〈略 LCC〉格安航空会社. ☆ **Low-Cost Airline; Budget Carrier; No-Frills Airline** などとも言う. 1980 年代に入ると欧米では国際線航空運賃の下限撤廃があり, 格安航空会社が多数出現した. 米国の「サウスウエスト航空」(Southwest Airlines), アイルランドの「ライアンエアー」(Ryanair), マレーシアの「エア・アジア」(AirAsia) などが有名. 日本でも 2012 年は LCC 元年となり, 新規 LCC 3 社 (Peach Aviation, Jetstar-Japan, AirAsia Japan) が就航した. ⇨ budget airline

low season (旅行者動向の) 閑散期 (=off season). ⇔ high season (多客期). ⇨ season

M

manifest [mǽnəfèst]（アクセントに注意）名 搭乗者名簿（=passenger manifest）；（旅客機の）乗客名簿；（客船の）乗客名簿；（航空機・船舶の）積み荷目録. ▶ *manifest list* 搭乗者名簿（=passenger name record〈略〉PNR〉）/ arrival *manifest* 到着乗客名簿 / alien *manifest* 外国人の乗客名簿 / crew *manifest* 乗員名簿 / flight *manifest* 乗員乗客名簿.

空港 Did you check her name on〈in〉the passenger *manifest*? → Yes, We did. But we didn't find her name on〈in〉the arrival list. 彼女の名前を搭乗者名簿で調べましたか. →はい. 調べましたが名前は到着名簿には載っていなかったのです.

master 形 主たる；親の；原盤の. ▶ *master key* 親鍵, 合い鍵. ☆全客室の施錠・開錠ができる親鍵.

◇ **master bill** 親勘定, 本勘定, 団体勘定（=master account）. ☆団体客全体分を一括して支払う勘定. ⇨ personal account（個人勘定）

ホテル *Master bill* does not include costs of a personal nature, such as valet service, laundry charges, telephone calls and alcoholic beverage. 本勘定には世話サービス, 洗濯代, 電話代そしてお酒代のような個人的な費用は含まれていません. ⇨ incidentals（別勘定）

matinee〈matinée〉 [mætnéi / mǽtinèi] 名《仏》マチネー, 昼興業. ☆演劇・音楽会などの昼間の興業. ⇨ soiree〈soirée〉（夜会）

観劇 Do you have some tickets for the *matinees* on Tuesday? 火曜日のマチネーのチケットはありますか.

meet and assist services 出迎え支援サービス. ☆地上手配業者（land operator）から派遣されたスタッフから受けるサービスで, 空港やホテルなどでの団体（または個人）の出迎えや支援のこと.

meeting 名 会合；出迎え. ▶ attend a *meeting* 会合に出席する.

◇ **meeting assistant** 出迎えをする係員〈社員〉. ☆空港また駅まで旅客を出迎える社員. 通常はツアー・オペレーターの社員. 国によっては（オーストラリアなど）ワーキングホリデイの日本人の場合もあり得る. ⇨ sending assistant

◇ **meeting service** 出迎えサービス. ☆空港または駅などで到着する旅客を出迎えること. ⇨ sending service / meet and assist services

◇ **meeting staff** 送迎スタッフ. ☆地上手配業者から派遣され, ホテルや航空での出迎えサービス (=pickup service) をする係員. ちなみに staff meeting は「スタッフ会議」の意味.

metered taxi 料金メーター付きタクシー. ⇔ unmetered taxi（料金メーターのないタクシー）
　乗車 You will find *metered taxis* in many foreign counties. However you had better establish the fare before setting out in an unmetered taxis. 多くの外国では料金メーター付きのタクシーがあるが, メーターの付いていないタクシーに乗る時は料金を決めてから発車するほうがよい. ☆海外旅行時には要注意.

mezzanine [mézəni:n] 名 ① メザニン, 中2階. ☆ホテルなどの建物で1階と2階の間にある. エレベーターなどの表示は M（メザニン）である.
　カフェ The coffee shop is located on the *mezzanine* floor. コーヒーショップは中2階にあります.
② （米国の劇場での）二階正面席（の前列）. ☆英国では「舞台下（の空間）」を指す.

midnight charge 深夜料金. ☆ホテル宿泊予定者が深夜または早朝のチェックインをする時の室料. 午前0時を超過して宿泊予定客が到着する場合でも到着前日から部屋を準備してある（hold room）ので, 通常は「前日分の室料」（1泊分の宿泊料）が請求される.

misconnection 名 乗りそこない. ☆飛行機の遅延などの理由で乗り継ぎ予定の次の飛行機に乗りそこなうこと.

Modified American Plan (the ～)〈略 MAP〉モディファイド・アメリカ方式宿泊料金制度, 1泊2食宿泊料金制度. ☆客室料および（朝食, 昼食または夕食の）2食込みの料金（=half pension, demi-pension）. ⇨ plan

mono destination モノ・デスティネイション. ☆周遊型と違い, 移動を行わず1カ所だけの旅先目的地のこと. 日本でも「モノデス型の旅行」と言えば, 移動せずに1カ所だけに滞在する旅行のこと.

N

nationality 名 国籍, 国民性. ▶ Japanese *nationality* 日本国籍.
  旅行 A passport officially establishes the bearer's identity and *nationality* and authorizes the person to travel outside his or her own country. 旅券はその保持者の身分と国籍を正式に定め外国旅行を正式に認可する.

native 形 ①自国の, 故郷の. ▶ *native* country〈land〉故郷, 故国 / one's *native* language〈tongue〉母語.
  ② 土着の. ▶ *native* American アメリカ先住民 / *native* speaker of French フランス語を母語とする人.
  ③ 生来の, 生まれつきの. ▶ *native* talent 生まれつきの才能.
— 名 その土地で育った人；本国人；原住民. ▶ a *native* of California カリフォルニア生まれの人(=a native Californian)/ the *natives* of New Zealand ニュージーランドの原住民. ☆ Maoris(マオリ族の人々)と言う.
  観光 The tour guide speaks Italian like a *native*. ツアーガイドはネイティブのようにイタリア語を話す.

nausea [nɔ́ːziə] 名 吐き気；船酔い(=seasickness). ☆機内・船内などでよく遭遇する症状である. ▶ feel *nausea* 酔う / have *nausea* 吐き気がする(=be sick at〈to〉the stomach)/ medicine for *nausea* 乗物酔いに効く薬.
  機内 I don't feel well. It's probably airsickness. May I have some medicine for *nausea*? 気分がよくないのです.(=I really feel sick.) 飛行機に酔ったのかもしれません. 乗物酔いに効く薬をいただけますか.

neck 名 首. ▶ wear a black scarf around one's *neck* 首に黒いスカーフを巻く. ☆「窓から首を出す」は英語では stick one's head out of the window と言う.

negotiate 動 交渉する, 折衝する. ☆ **negotiation** 名「交渉, 折衝」.
  乗車 You must *negotiate* with taxi drivers in some countries. 国によってはタクシー運転手と交渉する必要がある.

net 形 正味の, 掛け値のない. ⇔ gross (総計の). ▶ *net* fare 手数料を含まない旅行費.
  ◇ **net rate**〈略 NET〉原価, 正価(=net price). ☆ホテル用語で, 掛け値のない正味価格. 旅行業者に対する手数料を含まない宿泊料金のこと. 団体料金には net rate

127

〈price〉で示す. ⇔ gross rate〈price〉(手数料込みの宿泊料金)

non-endorsable 形 他社への変更不可. ⇨ endorse

non-immigrant 名 非移民(旅行者・留学生など).

non-refundable 形 〈略〉NONREF 形 払い戻しがきかない.

non-reserved seat 自由席. ☆ unreserved seat; free seat; seat without reservation とも言う. ⇔ reverved seat(予約〈指定〉席)

non-resident 名 非居住者. ⇔ resident(居住者)
  表示 NON-RESIDENT「非居住者」. ☆空港での出入国管理所に掲げられる表示.
  空港 Is this the line for *non-residents*? → No. This is the line for residents. ここは非居住者の列ですか. →いいえ, 居住者用の列です.

nonscheduled 形 (飛行機が)不定期運航の. ☆貸切り飛行・遊覧飛行などに用いる.
  ◇ **nonscheduled airline** 不定期航空会社；不定期航空路.
  ◇ **nonscheduled carrier** 不定期航空会社. ☆米国では **supplemental carrier**, 英国では **independent carrier** とも言う.
  ◇ **nonscheduled flight** 不定期便.

normal 形 通常の, 正常の. ⇔ abnormal(異常の). ▶ *normal* capacity 定員, 定員適度. ⇔ over-capacity / *normal* ticket 普通乗車券；正規航空券. ⇔ discount ticket
  ホテル What is the *normal* checkout time at the hotel? ホテルでの通常のチェックアウトは何時ですか.
  ◇ **normal fare** 正規運賃, 割引なしの普通運賃. ☆季節または人数に区別されずに, 年間を通して有効な運賃(all-year fare). 通称「ノーマル」.
    空港 This ticket is valid for one year from the date of commencement of the trip, because this ticket is issued at *normal fare*. この切符は正規運賃で発行されているので, 旅行の開始日から１年間有効です.

no-show 〈略〉N/S 名 ノーショー, 不参客. ⇨ go-show
  ① 【エアライン関連】飛行機の「搭乗」を予約してあるのに航空券を持っている旅客が事前の通告なしに搭乗便に搭乗しないこと. また「搭乗予約」しておきながら解約もしないでチェックイン締め切り時刻まで現れないこと.

② 【ホテル関連】ホテルの「宿泊」を予約してあるのに予定した日時に連絡せずにホテルに到着しないこと，またチェックインしないこと．慣例として「未着予約客」を指すこともある．

③ 【列車関連】列車の「座席」を予約してあるのに解約しないで出発の時刻に現れない旅客．無届不参客．

◇ **no-show charge**《1》(飛行機の) 無届不参の違約金〈罰金〉．☆予約しながら無通告のまま現れないための違約金．《2》(ホテルの) 室料違約金〈罰金〉．☆宿泊予約当日に無断でチェックインしなかった場合の違約金．

ホテル Failure to cancel your appointment at least 24 hours in advance will result in a $ 30 *no-show charge*. 24時間以上前に予約を取り消さない場合には30ドルの違約金となります．

◇ **no-show passenger**（飛行機の）予約放棄客．☆搭乗予約をしながら解約しないで無断で出発の時刻に空港に現れない旅客．通称「ノー・ショー」．

空港 Ten *no-show passengers* did not appear at the check-in time of departure. 10名の予約放棄客が出発の搭乗手続き時刻に来なかった．

◇ **no-show penalty**《1》(飛行機) 予約取消しの違約金．《2》(ホテル) 予約取消の違約金．

空港 No-show passengers should pay *no-show penalty*. 予約しながら出発時刻に現れない乗客は予約取り消しの違約金を支払うことになる．

novelty 名 ノベルティ；(商品の) 新案, 目新しいもの．☆旅行代理店が **giveaway**（景品）として贈る物．▶ *novelty* items〈goods〉珍奇な商品 / *novelty* store アイデア商品店．

novice traveler 旅(行)に不慣れな人．⇔ habitual traveler（旅慣れた人）

Nice, France

129

O

observation 名 観察，展望，観測． ▶ *observation* deck 送迎デッキ，展望台．☆日本では天井にドームがある客車また2階建ての展望電車や展望バスのことを「ビスタ・カー」と言うが，英語では **vista-dome car** または **dome car**．2階式の列車の場合は **observation car**（with a dome），2階建てのバスの場合は **double-decker** 〈**double-deck**〉 **bus** と言う．⇨ dome car． / revolving *observation* deck 回転展望台 / *observation* platform 展望台（=viewing-platform）/ *observation* tower 展望塔，展望台（=observatory）/ *observation* trip 視察旅行．

observatory 名 展望台（=observation deck），展望塔（=observation tower）． ▶ underwater *observatory* 海底展望塔．

occupancy [ákjupənsi] 名 ① 占有；許容人数；客室販売率．☆ホテルの客室やベッドあるいは乗物などの利用率のこと．100室のうち80室が埋まっている場合 occupancy は80%になる（a hotel with 80% occupancy）． ▶ *occupancy* state〈status〉稼働状況 / seat *occupancy* 座席利用率 / airplane with 80% *occupancy* 80%の乗客で埋まった旅客機．

　　◇ **occupancy rate**「ホテル」の客室〈ベッド〉稼働率．☆一定期間のホテルの客室やベッドの利用率（occupancy ratio）のこと．利用された客室を使用可能な延べ「客室数」で除したものを **room occupancy**（客室稼働率）と言う．また利用されたベッド数を使用可能な延べ「ベッド数」で除したものを **bed occupancy**（ベッド稼働率）と言う．ちなみに「航空会社」の場合，飛行機の座席の利用率は **load factor**（輸送機関の利用率）と言う．⇨ load factor． ▶ bed *occupancy* rate〈略 BOR〉ベッド稼働率 / hotel *occupancy* rate ホテル稼働率 / room *occupancy* rate 客室稼働率．

② 客室の収容人数． ▶ single *occupancy* 1部屋に1人で利用すること（=single use）．⇨ single (single-occupancy rate) / double *occupancy* 2人相部屋（1部屋に2人で利用すること）．⇨ double (double-occupancy rate) / triple *occupancy* 3人相部屋（1部屋に3人で利用すること）．⇨ triple

occupant 名 （ホテルの）宿泊者． ▶ the *occupant* in room 1234 1234号室の宿泊者．

occupation 名 職業，仕事（=profession, business）．

　　空港　What's your *occupation*? → I'm a guide-interpreter. お仕事は何ですか．→

通訳ガイドです. ☆ My occupation is a guide-interpreter. とは言わない.

occupied 形 (座席・場所などが)ふさがっている (=filled). ▶ *occupied* room 利用客が滞在中の部屋 / *occupied* seat ふさがっている座席.
　[表示] Occupied.「使用中」☆浴室・洗面所などの表示. ⇔ Vacant (空き)
　◇ **occupied card** 占有カード. ☆機内で座席がすでに占有されていることを示すカード.

occupy 動 (場所・地位などを)占める, 占有する.
　[ホテル] All the rooms of this hotel are *occupied*. このホテルの全室はふさがっている.
　[車内・場内] Excuse me, ma'am. Is this seat *occupied*? → No, it's vacant. すみません, この席はふさがっていますか. (=Is this seat taken?)→いいえ. 空いています. (=No one is using it.) ☆ All the seats are *occupied*.「空席はありません」(全席ふさがっています).

off-season 〈略〉OS〉名 季節外れ, シーズンオフ. ⇨ peak season. ⇔ on-season. ☆日本語で「季節はずれ」や「閑散期」のことを「シーズンオフ」と言うが英語では off-season と表現する.
　[ホテル] Hotels are cheap in the *off-season*. シーズンオフにはホテルは安い.
— 形 季節外れ〈シーズンオフ〉の. ▶ *off-season* charge シーズンオフ料金 / *off-season* flight シーズンオフの便 / *off-season* hotel rate シーズンオフのホテル料金 (閑散期の設定の割引料金).
　[交通] As it is now *off-season*, there are many non-reserved seats available. 今シーズンオフなのでたくさんの自由席が利用できる. ☆ There are many non-reserved seats because it's now *off-season*.

off-the-beaten track 穴場, 遠隔地. ☆一般的な観光コースからは離れている所. 通常観光客はあまり利用しない観光ルート.

online 〈on-line〉形 副 オンライン(式)の〈で〉; インターネット(上)の〈で〉. ▶ *online* booking service オンライン予約サービス / *online* reservation オンライン予約 / *online* shopping オンライン上の買物.
　[ホテル] Do you have a reservation?→ Yes, I booked *online*. 予約をしていますか. →はい, インターネットで予約しました.
　◇ **online check-in** オンラインによる搭乗手続き.
　　[空港] *Online check-in* is the process in which passengers confirm their

presence on a flight via the Internet and typically print their own boarding passes. Passengers may enter details such as meal option and baggage quantities and select their preferred seating. オンラインによる搭乗手続きは，乗客がインターネットによって搭乗予定であることを確定し，通常は自分自身で搭乗券を印刷する方法である．食事の選択，手荷物の量などを詳細に入力したり，座席を選んだりできる．

on-season rate　繁忙期の料金．⇨ high-season rate

open　形　特定の便を予約しないで，搭乗区間のみの．▶ *open* flight coupon　予約していない（航空券）搭乗用片．

◇ **open (air) ticket**　オープン・チケット．⇨ OPEN〈略 OP〉．☆帰国便の出発期日・便名・航路の「予約の記載がなく，搭乗区間のみが記載」(open) されている航空券．有効期間は発行日から1年間である．しかし搭乗する便が決まり，予約が取れると航空券にその便名を記入したステッカー(sticker)が貼られ，その場合は，旅行開始日からさらに1年間有効になる．

観光　An *open ticket* is a ticket without specific reservations for return or onward journey. The holder of this ticket must make arrangements of flight numbers, dates or times at a later date. オープン・チケットとは，帰国用の旅行日または次の国へ行く旅行日を予約していない切符のことである．この切符を持っている者は，後日便名や予定日または予定時間を調整する必要がある．

OPEN　〈略 OP〉オープン．☆特定の便を予約せず，搭乗区間だけ指定されていて搭乗航空会社・搭乗便・日時についての予約が行われていない状態．OPは未予約の記号．⇨ open ticket

open-dated　形　日付未定の；日付欄空白の．▶ *open-dated* return ticket　予約されていない復路の航空券．

open room charge　空室料金．☆ホテルの長期滞在者が一時的に短い旅行をする場合，荷物を客室に保管する．その期間に対する料金で，サービス料は含まれない．

operate　動　①運行する，運航する，運転する．

空港　Shuttle flights are *operated* on busy routes between Washington and New York. シャトル便がワシントン・ニューヨーク間の路線で頻繁に運行している．

② (機械などを)動かす，作動させる．
> **ホテル** How do you *operate* this vending machine? → All you have to do is to insert a coin. この自動販売機はどのように使うのですか．→コインを入れるだけです．☆ You have only to 《《米》only have to》 insert a coin.（コインを入れさえすればよい）とも言う．

operating cost 運行費．☆航空会社が航空機を運行するために必要とする経費．

operation 名 ① 運転． ▶ shuttle *operation* 折り返し運転 / single-track *operation* 単線運転．
> **観光** The line between Milan and Rome is now in *operation*. ミラノ・ローマ間の線は現在運行している．

② 運営． ▶ hotel *operation* ホテル運営．
> **ホテル** Food and beverage service is an important factor in hotel *operation*. 飲食サービスはホテル運営上大事な部門である．

③ 運航． ▶ *operation* manual 〈略〉OM〉運航規定 / normal *operation* 通常運航 / no *operation* 運休中．

④ 旅行の手配． ▶ *operation* costs 旅行手配費 / *operation* section （旅行会社の）手配課．

operational 形 運営上の． ▶ *operational* itinerary 手配日程．☆ランド・オペレーターが作成するものでサービスはその内容によって提供される / *operational* costs 手配費，通信費．

operator [ɔ́pərèitə]（アクセントに注意）名 ①オペレーター，（電話の）交換手．
> **電話** You should dial 8 to get the overseas *operator*. 海外電話交換手を呼び出すにはダイヤル8を回してください．

◇ **operator assistance** 交換手に取り次ぎを依頼すること．
> **電話** You must ask for *operator assistance,* when you make a collect call. 先方払いの通話の場合は交換手の取り次ぎが必要です．

② 手配業者；運営担当者；管理〈経営〉者．☆日本の旅行業界では「旅行地の地上手配を委託された業者」のことを指し，宿泊・観光・交通手段などの地上手配をする． ▶ bus *operator* バス手配業者 / land *operator* 地上手配業者 / tour *operator* （包括旅行を主宰する）旅行業者．
> **観光** You had better reserve the sightseeing bus with a tour-bus *operator* when you make a trip in Boston. ボストンを旅行する時はバス手配業者に観光

バスを予約するほうがよい.
③(航空会社の)運航の当事者. ▶ the third largest *operator* of the Jumbo Jet B747. B747 ジャンボ機の運行数を3番目に多く保有する航空会社.

optional 形 任意の, 自由に選べる. ⇔ compulsory (強制の); mandatory (義務の).
☆ **option** 名 「選択(肢)」.
◇ **optional shore excursions** 自由に選べる一時上陸観光. ⇨ shore excursion
◇ **optional tour** 〈略〉OT〉オプショナル・ツアー, 任意参加の小旅行. ☆ **package tour** の自由行動時間に旅行業者が現地で参加募集をする小旅行. セット料金以外の別料金で行われる参加自由の観光旅行である. 例えばパリの「ベルサイユ宮殿見学ツアー」, ローマの「ナポリ・ポンペイ日帰りツアー」など. ⇨ package tour
【観光】I want to make a reservation for a full-day *optional tour*. 終日のオプショナル・ツアーを予約したいのです.

oral 形 口頭の(=spoken), 口述の. ⇔ written (筆記の). ▶ *oral* promise 口約束.
◇ **oral declaration** (税関での)口頭申告.
【機内】If you don't have anything to declare at Customs, you have only to make an *oral declaration*. 税関で申告するものがなければ口頭申告だけで済みます.

origin [ɔ́:rədʒin](アクセントに注意) 名 ①起源. ▶ the *origins* of civilization 文明の起源.
② 生まれ, 出身, 血筋. ▶ be of German *origin* ドイツ系である.
③ 始発点〈地〉, 出発点〈地〉. ☆「旅行の出発地」また「通し運賃の始発地」を指す場合がある. ⇔ destination (目的地). ▶ the *origin* of a train 列車の始発点 / the *origin* of a plane 飛行機の始発点 / local time at *origin* 出発地時間.
◇ **origin / destination** 始発地 / 終着地. ☆航空券に記載されている.

original 形 ① 最初の, 本来の. ▶ *original* issue 最初の(航空)券を発券すること / *original* ticket 初めに購入した切符 / *original* itinerary 当初の旅程.
② 独創的な. ▶ *original* plan 〈idea〉独創的な企画〈考え〉.
— 名 原物, 原画, 原文. ⇔ replica; copy (複製)
【館内】This is the *original* and those are copies. これはオリジナルで, あれらは複製です.

originate 動 始まる; 始める; 始発する.
【駅舎】The express train *originates* at London. その急行列車はロンドン始発です.
◇ **originating airport** 始発空港(=departure airport).

outgoing 形 出ていく；出発する. ⇔ incoming（入ってくる，到着する）. ▶ *outgoing* aircraft 出発機 / *outgoing* call 外線電話，外にかける電話 / *outgoing* flight 出発便（=outbound flight）/ *outgoing* mail（ホテルなどの宿泊者が内部から）外部に投函する郵便（物）/ *outgoing* passenger 出国客（=departing passenger）/ *outgoing* ship 出航船 / *outgoing* tourist 海外観光客 / *outgoing* voyage 往航.

---

overbook 動 超過〈過剰〉予約する. ☆飛行機・ホテルなどが（キャンセルを見越して）定員以上に予約を引き受けること，または座席数の予約を限度以上に取りすぎること. double-book は「座席を二重予約する / 客室を二重販売する」こと.

[空港] We couldn't get on the plane because the flight was *overbooked*. 定員以上に予約されていたので飛行機に乗れませんでした.

---

overbooking 名 超過予約受付，過剰予約受付. ☆キャンセルを見込んで「ホテル」の収容能力（客室やベッドの総数）または「航空会社」の座席数以上に予約を受け付けること.「ホテル」や「航空会社」では **no-show**（予約をしているのに事前通告なしに現れない客）または **cancellation**（取消）による目減りを予測して，同業他社の予約状況あるいは曜日やイベントなど日々の状況を予想しながら何割か定員以上の予約をとることがある. double-booking は「二重予約」のこと. ⇨ booking

[ホテル] Hotel guests complained of the *overbooking*. The problem was dealt with by hotel clerks. ホテル宿泊者は過剰予約受付について苦情を言い，その問題にホテル係員が対処した.

---

overcapacity 名 定員超過. ⇔ normal capacity（正規定員）. ⇨ capacity

---

overcharge 動 不当な値段を請求する，不当な代金を払わせる，過剰請求する.

[買物] I'm afraid I was *overcharged* by 20 dollars. 20ドル余計に請求されていると思います.（=You must have *overcharged* me by 20 dollars. 20ドル高すぎるよ. 不当な値段を請求したにちがいない）

---

overhead 形 頭上の（アクセントは前置 over-）(=over one's head). ▶ *overhead* baggage compartment（飛行機の機内にある）頭上の荷棚 / *overhead* railway《英》高架鉄道 (=《米》elevated railroad) / *overhead* shelf 頭上棚 / *overhead* walkway 歩道橋 (=pedestrian overpass).

[掲示] Danger *Overhead*.「頭上注意」

◇ **overhead compartment** 〈bin〉頭上の収納庫. ☆ジェット機などにある手荷物を収納する箱棚.

【機内】 You may put your bag under the seat in front of you or in the *overhead compartment*. バッグはお客様の前の座席下，または頭上の荷棚に置くことができます．

◇ **overhead light** 〈**lamp**〉 真上からの照明．(乗物の)頭上の照明．
【機内】 How do I turn on this *overhead light*? 頭上のライトはどのようにしてつけますか．

◇ **overhead locker** 頭上のロッカー〈荷物棚〉．
【機内】 Please use the *overhead lockers* to store your baggage. 手荷物は上のロッカーに収納してください．

◇ **overhead** (**baggage**) **rack** (乗物の)頭上の棚．
【機内】 Please put your carry-on baggage under the seat, not on the *overhead rack*. 手荷物は頭上棚ではなく，座席の下に置いてください．

— 副 頭上に (アクセントは後置 -head)(=over one's head)．
【飛行】 A helicopter was flying *overhead*. ヘリコプターが1機頭上を飛んでいた．

overland (アクセントは over-) 形 陸上〈陸路〉の．

◇ **overland pass** 通過上陸許可書 (=permission to land in transit for sightseeing)：観光のための一時上陸許可(書)．☆船である地点に入港し，同国の他の地点から出港するまで一定期間観光のため陸路を旅行する時に発給されるもの．

◇ **overland tour** 〈略〉O/T 通過観光．陸上〈陸路〉観光旅行．☆ある国に船で入港し，同じ国の他の地点から同じ船で出港するまでの一定期間を利用して，観光のため通過上陸の許可を得た旅客が行う陸上の観光旅行．例えば，神戸に入港し，陸路を経て横浜まで観光旅行する．その後また同じ船で横浜から出港するような観光旅行．⇨ shore excursion. ☆ **overland tourist**「通過〈陸路〉観光客」．

overriding commission 追加手数料．☆設定された目標数を上回ったことにより，通常支払われる一定の手数料に上乗せして支払われる特別手数料．

overtime rate 超過時間料金．

【電話】 You must pay 2 dollars of *overtime rate* per each additional minute. 1分増すごとに2ドルの超過時間料金を支払わなくてはいけない．

overweight [óuvərwèit] 動 (荷物の)重量が超過する，無料許容量を越えている．

— 形 (荷物が)重量超過の．⇔ underweight (重量不足の)．▶ *overweight* charges 重量超過料金．

◇ **overweight allowance** 重量制限許容．

[空港] Is my baggage within *overweight allowance*? 私の荷物は重量制限許容内ですか.
◇ **overweight baggage**〈**luggage**〉 重量超過の手荷物(=excess baggage). ▶ *overweight baggage* charge 手荷物の重量超過料(=excess baggage charge).
[空港] How much extra do I have to pay for *overweight baggage*? 重量超過をした荷物には超過料金をいくら支払わなくてはいけませんか.
— 图 制限重量外, 超過重量.
[空港] How much extra weight is my baggage? → Your baggage is *overweight* by ten kilos. 私の荷物はどのくらい重さが超過していますか. →お客さまの荷物は10キロ超過しています. (=Your baggage is ten kilos *overweight*.)

owe [óu] 動 ① (人に)借りがある.
[レストラン] I *owe* you for my dinner. 君に食事代の借りがある.
② (代金を)借りている, 借金している.
◇ **How much do I owe you?**「いくらですか」(=How much is it?). 直訳すれば「あなたにいくら借りていますか」という意味である.「ホテル」で宿泊者が会計を支払う時, または「買物」などをした顧客が代金を払う時に用いる慣用表現である.
[ホテル] How much do I *owe* you in all? → That comes to 90 dollars altogether, including tax. 全部でいくらですか(=How much does it cost altogether?). →税込みで合計90ドルです.
[買物] How much do I *owe* you for the doll? → That comes to $ 95, with tax. 人形の代金はいくらですか. →税込みで95ドルです.
③ おかげである；恩を受けている.
[感謝] I *owe* what I am to you. 今日あるのも貴方のおかげです. ☆I owe you what I am. とは言わない.

oxygen mask 酸素マスク. ☆機内の気圧が0.7気圧以下になると自動的に上の収納部が開き乗客の前にたれ下がる仕組みになっている.
[機内] The *oxygen mask* will drop down automatically in case of emergency. 緊急時には酸素マスクが自動的に下りてきます.

P

PA system (public-address system) 呼び出し, 案内放送装置. ☆公共施設や交通機関などで使用する拡声放送装置. "**Attention, please.**"「お知らせいたします」または"**May I have your attention, please?**"「皆様に申し上げます」などで始まる伝言内容を知らせる「呼び出し放送」(**paging announcement**) がなされる.

---

package tour 〈略 PKG tour〉主催旅行, 包括団体旅行 (=inclusive tour), 募集型企画旅行. ☆旅行会社や航空会社が事前に特定の旅程を企画し, 手配を含めた旅行に必要な費用（交通手段・宿泊・食事・観光など）を含んだ価格で不特定多数を対象にして商品として販売する既製旅行. ツアー・コンダクターが添乗する場合が多い. 通称「パック旅行」. ⇨ inclusive tour. ▶ overseas *package tour* to Boston ボストン行きの海外パック旅行 / luxury〈high-priced〉*package tour* abroad 豪華な海外パック旅行 / (Japanese-made) cheap〈low-priced〉*package tour* for foreign travelers visiting Japan 来日した外国人旅行客に向けた格安(国内)パックツアー.

〔観光〕 All-inclusive *package tour* includes hotel accommodations, sightseeing and all meals. すべての経費を含んだパック旅行は, ホテル宿泊, 観光そして全食事付きです.

---

page 動 （名前を繰り返して）呼び出す, 探す. ☆ホテル・空港などで「放送」を用いて名前を呼んで人を探すこと. または「ボーイ」(page boy) などに依頼して人を呼び出すこと. あるいは「携帯電話」で人を呼び出すことを指す場合もある. ⇨ PA system
― 名 （ホテルなどの）ボーイ, 給仕 (=《米》bellboy; bellhop).

---

pageboy 〈**page boy**〉 名 （ホテルなどで）客を呼び出す係. ☆ホテルの館内で人を呼び出す, また客の荷物を運ぶ. 日本のホテルでは bellboy が兼務する.

---

paging 名 呼び出し. ☆空港・ホテルなどで名前を呼んで人を探すこと. また車両などを呼び出すこと. マイクや口頭で, あるいは鈴をつけた表示板 (**paging board**) などを持ち歩いて客を呼び出す. ⇨ pageboy.
◇ **paging announcement** 呼び出し放送. ⇨ PA system

---

pass 動 ① 通過する, 通る. ▶ *pass* the gate 門を通り抜ける.
〔車内〕 Let me *pass*, please. 通してください. ☆満員電車などから外へ出るときに用いる.

【機内】 Meal is ready. Would you like it now? → I'll *pass* now. May I have my meal later? お食事の準備ができましたが, 今召し上がりますか. →いまは結構です. あとでいただけますか.

◇ **pass through** 済ませる (=go through).
【空港】 We *passed through* Immigration and Customs in safe. 入国審査と税関を無事終えました.

② (人)に(物)を手渡す；回す. ▶ *pass* the note メモを回す.
【食事】 Why don't you put some salt into the weak〈thin〉soup? → O.K. *Pass* me the salt, please. スープが薄かったら少し塩を足してはいかがでしょうか. →そうですね. 塩をとってください. (=*Pass* the salt to me, please. / Will you please *pass* me the salt?)

— 名 ① 通行, 通過；通行〈入場〉許可証；無料乗車〈入場〉券, 定期券(=commutation ticket). ▶ boarding *pass* 搭乗券(=gate pass)/ free *pass* on a railway 鉄道の無賃乗車券 / shore *pass* (寄港地)一時上陸許可証.
【空港】 The *boarding pass* contains such data as the flight number, destination and seat number. 搭乗券には飛行便名, 目的地そして座席番号のようなデータが記載されている.

② 峠, 山道(=mountain pass). ▶ Alpine *Pass* アルプス越えの山道.

passage 名 ① 通行, 通過；乗船. ▶ *passage* money 通行料；乗船料金 / *passage* ticket 乗船券.
◇ **passage fare** 通行料, 乗船料金(=passage money).
【船舶】 On the vessel meals are included in the *passage fare*. 船内での食事は乗船料に含まれている.

② 水路. ▶ *passage* into a bay 湾へ通ずる水路.

passageway 名 通路；(空港での)搭乗橋. ⇨ boarding walkway

passenger 〈略〉PAX〉乗客, 旅客. ☆通称「パックス」.

passenger の種類

A aircraft〈airplane〉passenger 旅客機の乗客 / arriving passenger 到着客, 入国客(=incoming passenger). ⇔ departing passenger / arriving and departing passenger 乗降客.

B back-end passenger［エアライン用語］キャビンの後方にある単価の低い席にいる旅客

（エコノミークラスの乗客）．⇔ front-end passenger

C cabin passenger 一・二等船客 / commutation passenger（定期券を使う）電車通勤者 / connecting passenger 乗り継ぎ客．

D departing passenger 出発客, 出国客（=outgoing passenger）．⇔ arriving passenger / domestic passenger 国内線旅客．⇔ international passenger

F front-end passenger［エアライン用語］キャビンの前方にある単価の高い席にいる旅客（ファーストまたビジネスクラスの乗客）．⇔ back-end passenger

I international passenger 国際線旅客．⇔ domestic passenger

N no-show passenger 搭乗時刻に来ない予約済み旅客．

R railroad passenger 鉄道乗客〈旅客〉（=《英》railway passenger）．

S saloon passenger 一等船客（=first-class passenger）/ second-class passenger 二等客 / standby passenger 空席待ち旅客 / steerage passenger 三等船客．

T ticketed passenger 搭乗券をもった乗客 / tourist passenger 観光旅行中の乗客 / tourist-class passenger（飛行機の）エコノミークラスの乗客；（電車の）格安座席の乗客 / train passenger 列車旅客 / transfer passenger 乗り換え客 / transit passenger 乗り継ぎ客, 通過客．

passenger の関連語

A passenger agent《米》乗客係．☆空港ターミナルで乗客の搭乗受付や到着時の世話をする航空会社の係員．/ passenger aircraft〈plane〉旅客機．

B passenger boat 客船（=passenger steamer）/ passenger bus 旅客バス / passenger cabin 客室．

C passenger capacity 旅客定員；飛行機の収容人員；船の収容人員 / passenger car 乗用車（=car for passenger）/ passenger-cargo boat 貨客船（=passenger steamer）/ passenger carrier 旅客機；旅客運送車〈船〉/ passenger carriage 客車（=passenger coach）/ passenger coupon（航空券の）旅客用片の控え．☆ air ticket（航空券）は passenger ticket と baggage ticket を兼ねている．航空券は４つの用片が複写になっている．旅客に手渡されるのは flight coupon と passenger coupon である．そのうち flight coupon は搭乗の際に切り取られる．⇨ air ticket

F passenger fare〈fee〉旅客運賃 / passenger ferry 客船, 旅客用連絡船 / passenger freight 旅客船 / passenger-freighter（乗客を一部乗せる）貨物船．

J passenger jet ジェット旅客機．

L passenger liner（大型）定期客船, 旅客定期船（=ocean liner）/ passenger list〈略 P/L〉旅客名簿, 船客名簿（=ship passenger list）, 航空便乗客名簿（=passenger manifest）/ passenger locomotive 旅客機関車 / passenger's lounge 乗客ラウンジ, 乗客待合室．

空港 This flight will be delayed about three hours. Coffee, cake and light refreshments will be served in the *passenger's lounge*. この飛行機は約3時間遅れる見込みです. 乗客ラウンジにてコーヒー, ケーキそれに軽いお召し上がり物が用意されています.

M passenger manifest 乗客名簿 (=passenger list). ☆該当する便の「旅客氏名, 搭乗地および目的地の表」であり, 到着ロビーで搭乗者を確認できる.

N passenger name 旅客の氏名 / passenger name record 〈略〉PNR〉旅客の予約記録.

P passenger plane〈aircraft〉旅客機 / passenger platform 乗客ホーム (=《米》passenger track).

S passenger seat 乗客席；助手席 / passenger service 旅客輸送, 空の旅客輸送 (=air passenger service)/ Passenger Service Facility Charges 〈略〉PSFC〉旅客サービス施設使用料. ☆旅客ターミナルビルにて旅客が利用する館内施設 (例 ロビー, シャトルシステム, 昇降機施設など) の維持管理, また手荷物カートや案内サービスなどの提供に充てる料金 / Passenger Security Service Charges 〈略〉PSSC〉旅客保安サービス料. ☆旅客の安全を確保するために行う高性能検査装置による手荷物検査, ハイジャック検査や旅客ターミナルビルの保安維持などのサービスの提供に充てるための料金. / passenger service voucher 航空会社によるホテル利用券. ⇨ hotel voucher. / passenger ship〈略〉PS〉客船 (=passenger vessel)

T passenger terminal (空港の) 旅客ターミナル / passenger ticket 旅客〈乗客〉切符；搭乗券；航空券；乗船券. / passenger train 旅客列車, 客車 / passenger transport 旅客輸送.

W passengers' waiting lobby 乗客待合室 / passenger without ticket 無賃乗車をする者 (=nonpaying passenger;《英》deadhead).

passport 图 旅券. ☆外国へ渡航する際に政府が発給する渡航の許可書で, 自分の国籍を保証し, また身分を証明する. 日本の旅券は「赤色」(10年間有効) と「青色」(5年間有効. 20歳以下の者を対象) の2種がある. 主な旅券には **diplomatic** *passport* (外交旅券), **official** *passport* (公用旅券), **multiple** (-exit) *passport* (数次旅券：5年と10年の2種がある), **ordinary** *passport* (一般旅券) などがある.

▶ biometric(al) *passport* 生体認証旅券 / counterfeit *passport* 偽造旅券 (=fake〈forged; bogus〉*passport*)/ expired *passport* 満期旅券 / invalid *passport* 無効旅券 / provisional *passport* (for departure) (帰国用) 臨時旅券 / valid *passport* 有効旅券.

☆日本の旅券には, 次のような内容がある. キーワードに注意しよう.

The Minister for Foreign Affairs of Japan requests all those whom it may concern to allow the bearer, a Japanese national, to pass freely and without hindrance and, in case of need, to afford him or her every possible aid and

protection.（日本国民である本旅券の所持人を通路故障なく旅行させ，かつ，同人に必要な保護扶助を与えられるよう，関係の諸官に要請する．）
◇ **passport control** 出入国管理（＝immigration）．☆旅券・査証を検査する出入国審査と税関検査を併せて行う管理．成田空港における「出入国手続き」の英語の掲示．本来は「旅券審査」の意味である．▶ *passport control* officer 旅券審査〈取締〉官 / proceed to the *passport control* 出入国管理に進む / go through *passport control* 出入国管理を通過する．
◇ **passport number** パスポート番号．▶ write one's *passport number* here in the disembarkation card 入国カードのここにパスポート番号を書く．
◇ **IC passport** IC 旅券．☆国籍や氏名・生年月日などの旅券面の身分事項のほか，所持人の顔写真などを電磁的に記録した IC を搭載した旅券のこと．これにより旅券の偽造また他人による不正使用が防止される．旅券発行手数料は IC チップの実費が上乗せになる．IC (integrated circuit) とは「集積回路」（整流・増幅・演算などの機能が一体として組み込まれている超小型の回路）の意味である．

　空港 *IC passports* are hard to forge and can help prevent illegal use of the formality documents. IC 旅券は偽造し難く，手続き書類等の不正使用防止の一助となる．
◇ **Other Passports** その他の国のパスポート．☆ロンドンのヒースロー空港における入国審査（Immigration）では 3 種の標識区分《①「英国と英連邦諸国のパスポート」，②「EU 諸国のパスポート」，③「その他の国のパスポート」》がある．日本人はこの"**Other Passports**"標識の列に並ぶ．

patrol car パトカー（和製英語）．☆ **police car**．米国では **squad car, cruiser**．英国では **police prowl car, panda car** とも言う．ちなみに「白バイ」は white police motorcycle．「覆面パトカー」は unmarked police car.

　交通 He was stopped by a *police car* for speeding on the freeway. 彼は高速道路で速度違反でパトカーに止められた．

pay-as-you-go 形 現金払い主義の．☆クレジット・カードを利用せず行き先々で現金を支払うこと．
◇ **pay-as-you-go basis** 現金払いを基準にすること．
◇ **pay-as-you-go payment** 客が旅行する場所ごとに現地で現金で支払うこと．
◇ **pay-as-you-go plan** 航空運賃などを行く先々で現金で支払うこと．

pay later plan 〈略 PLP〉分割後払い方式．☆発券用語で航空運賃などの「後払い制度」のこと．一般には航空運賃の分割払いを含む．最初わずかな頭金を支払い，旅行か

ら帰ってから返済する.

pay when served (バーなどで) 酒を注文するたびに支払う方式. ☆その都度チップも支払う.

peak 名 山頂 (=top), 峰 (=summit); 最高度. ▶ at the *peak* of rush hour ラッシュアワーの真最中に.
― 形 ピーク〈最高; 最大〉の. ▶ *peak* rush hours (交通量の) ピーク時 (=peak hours of traffic).

◇ **peak season** 多客期. ☆シーズン中でいちばん多忙な時期. 特別割引航空運賃が適用される中で最も多客の時期. したがって運賃が最も高い時期である. ⇔ off season (閑散期)
【ホテル】 Your reservation is confirmed. However, you are still on waiting list as it is the *peak season* now. お客様の予約は確認されていますが今は多客期なのでまだキャンセル待ちのリストに入っています.

◇ **peak time** 《1》混んでいる時間 (=peak rush hours). 《2》(テレビの) ゴールデンタイム (和製英語) (=peak hour).
【ホテル】 I'm sorry this is our *peak time* for dinner orders. 申し訳ございません, ただ今夕食の注文で混んでいる時間帯です.

pedestrian [pədéstriən] 名 歩行者 (=walker); 歩行旅行者. ▶ *pedestrians*' mall 歩行者天国 (=car-free holiday promenade; vehicle-free promenade). 通称「ホコ天」.
【交通】 *Pedestrians* are given priority on a vehicle-free promenade. 車両侵入禁止遊歩道では歩行者優先です.
― 形 徒歩者専用の; 徒歩の. ▶ *pedestrian* (crossing) bridge 〈overpass〉(横断) 歩道橋 / *pedestrian* conveyor belt 動く歩道 / *pedestrian* crossing (歩行者用) 横断歩道 (=《米》pedestrian crosswalk) / *pedestrian* deck 歩行者用の高架通路 / *pedestrian* island 歩行者用安全地帯 / *pedestrian* journey 徒歩旅行 / *pedestrian* precinct (自動車通行禁止の) 歩行者専用道路地域 / *pedestrian* road 歩行者専用道路 / *pedestrian* scramble スクランブル交差点 (=scramble crossing 〈crossway〉) / *pedestrian* walkway 歩道橋 / *pedestrian* way 《米》歩行者用通路.
【掲示】 *PEDESTRIAN* CROSSING『横断歩道あり』☆ **PED Xing** または **ped-Xing** と略される.

penalty [pénəlti] (アクセントに注意) 名 ペナルティ, 違約金; 罰金 (=fine).
【交通】 He paid the *penalty* of 50 dollars for parking violation. 駐車違反に対して

罰金 50 ドルを払った.

penny 名 ①《米》1 セント (cent); 1 セント銅貨. ☆複数形は **pennies**.
② 《英》ペニー; ペニー銅貨. ☆複数形は「価格」をいう時には **pence**. 「ペニー銅貨の数」をいう時には **pennies**. ▶ (This pencil costs) 60 *pence*. (この鉛筆の値段は) 60 セントです. / six *pennies*. ペニー銅貨 6 枚.
◇ **penny arcade** (遊園地などにある) ゲームセンター. ☆いろいろな遊戯道具を 1 セントで使用することが由来.

pension 名 ペンション, (ヨーロッパ大陸の) 下宿式ホテル. ☆ 3 食 (または 2 食〈朝食と夕食〉) 付きで低料金の中小規模の宿泊施設. 英米の **Bed & Breakfast**〈B & B〉と類似した施設. 日本で用いられている「しゃれた家庭的な洋式ホテル」の意味はない. そのような英語は **Western-style resort inn, Western-style guesthouse hotel**〈lodge〉などと言えよう. pension は元来フランス語で「年金, 恩給」の意味であり, 引退した年金生活者が生計の一助に下宿屋を経営したことに由来する.
◇ **pension plans** 一部または全部の食費を含むホテルの宿泊料金. ☆ **full pension** (1 泊 3 食込みの宿泊料金 (=full board; American plan)), **half pension** (1 泊 2 食 (朝食と夕食または昼食) 付きの宿泊料金 (=modified American plan)), また **Bed and Breakfast** (朝食付きの宿泊料金) などがある. **pension rate** は「(食事・サービス料を含んだ) 割安の宿泊料金」のこと. ただし **European plan** は食事を含まない宿泊料金のこと. ⇨ plan

penthouse [pénthaus] (アクセントに注意) 名
① (ホテルの) 最上階に設けられた最高級の特別客室. ☆高層マンションの最上階にある「特別室」にも用いる.
ホテル He stayed for three days in a deluxe four-room *penthouse* suite. 彼はホテルの最上階にあるデラックスな 4 間続きの部屋に 3 日間滞在した.
② (豪華客船の) 最上階に設けられた特別客室. ☆豪華客船『クイーン・エリザベス 2 号』以来流行した呼称.

perishable 形 腐りやすい. ☆ **perish** 動「腐る」. ▶ *perishable* food 生鮮食料品 / *perishable* goods〈items〉腐りやすい品 (=perishables).
小包表示 PERISHABLE – Keep Away From Heat. 「傷み物―高温を避けること」

permanent 形 永久の, 永続的な. ⇔ temporary (一時的な). ▶ *permanent* residence 永住 / *permanent* resident 《米》永住権取得者; (ホテルの) 長期滞在者.

◇ **permanent legal address** 本籍地. ☆英米には日本のような戸籍制度はない. registered domicile; legal domicile; permanent domicile; permanent official address; legally recognized permanent address などとも言う.
　空港 What's your *permanent legal address*?（→ It's Tokyo.）本籍はどこですか. ☆ Where is ...? とは言わない.

pier 名 ① (港の) 埠頭, 船着き場, 桟橋.
　船舶 The big passenger ship arrived 〈came alongside〉 at *Pier* Six. 大型客船が6番埠頭に着いた〈横付けされた〉.
② ターミナルビルから突出している駐機用の建物 (=《米》concourse).

pitch 名 (飛行機・船の) 縦揺れ. ⇔ roll（横揺れ）. ☆ **pitching**「ピッチング, 縦揺れ」. ⇔ rolling（横揺れ）. ▶ *pitch* and roll（飛行機の）縦揺れと横揺れ.

plan 名 ① 予定, 計画. ▶ master *plan* 基本計画.
② 方式, 勘定法. ▶ pay-later *plan* 後払い制度 / meal *plan* 食事方式.
　ホテル用語 ホテルの宿泊費と食事代に関しては下記の『方式』がある.
　① **American plan**（the ～）〈**略** AP〉アメリカ方式宿泊料金制；1泊3食付きの客室料金制度. ☆宿泊費に3食の食事代（朝・昼・夜）を含める方式. 大型ホテルでは afternoon tea が出される場合もある. アルコール飲料は込み料金の範囲外である. 長期滞在者を対象にしたリゾート地区のホテルによく見られる. ヨーロッパでは **full board, full pension** と呼ばれている. ちなみに pension は「年金；下宿」, board は「食事」の意味. ⇨ pension
　② **Continental plan**（the ～）〈**略** CP〉コンチネンタル方式宿泊料金制；1泊1食付きの客室料金制度. ☆宿泊費に部屋代のほかに1食分の朝食〈continental breakfast（バターかジャムを添えたパンにコーヒーまたは紅茶が付く簡単な朝食）〉が含まれる方式. ヨーロッパ（フランス・イタリア・スペイン・ドイツなど）のホテルに多い. アメリカでは **room with complimentary** 〈**continental**〉 **breakfast** とも言う.
　③ **European plan**（the ～）〈**略** EP〉ヨーロッパ方式宿泊料金制；1泊室料のみで食事は別料金制度. ☆ホテルの客室料と税・サービス料は定価建て, 食事は別勘定とする制度. ヨーロッパを除く世界各国（例 日本や米国など）のホテルは, この制度の場合が多い. **Room only** とも言う. 日本語の「素泊まり（料金制）」である.
　④ **Modified American plan**（the ～）〈**略** MAP〉モデファイド・アメリカ方式宿泊料金制, 1泊2食宿泊料金制度. ☆宿泊費に客室料と2食の食事代（朝食, それに昼食または夕食のいずれか1食. 通常は「朝食」と「夕食」の組み合わせ）が含まれる方式. American Plan が修正された (modified) もので ヨーロッパでは **half**

board, half pension, semipension などとも言う. アルコール飲料は込み料金の範囲外. 海外ではリゾートホテルに多い. 日本旅館によく見られる.
⑤ **Bermuda Plan** (the ～) 朝食込み宿泊料金制度. ☆料金の中に American Breakfast が含まれている. ⇨ American Plan
— 動 予定する, 立案する. ▶ *plan* a picnic ピクニックを計画する / *plan* to travel abroad 海外旅行を計画する.

plastic 名 プラスチック；ビニール. ☆日本語の「ビニール」は英語で vinyl (ビニール化合物の総称)だが, この単語は専門用語である. 英語では **plastic** と言う.
— 形 ビニール製の. ☆以下英語と日本語の違いに注意. ▶ *plastic* bag ビニール袋 / *plastic* bucket ポリバケツ / *plastic* green house ビニールハウス / *plastic* raincoat ビニールレインコート / *plastic* wrap 食品用ラップフィルム (=food wrap).
◇ **plastic card** (口語) クレジットカード. **plastic money** とも言う. ⇨ credit card

port 名 港 (=harbor)；港湾 (=port and harbor)；港町. ☆ **port** は人工の港湾設備をもつ大きな貿易港で, 付近の都市・町などを含む. **harbor** は船が停泊することができる天然または人工の港. ▶ *port* call 〈略〉PC〉寄港, 入港 / *port* charge 入港料 / *port* city 港市 (特に税関のある町) / *port* clearance 出航手続き / *port* duties 入港税 / *port* of arrival 入港〈到着〉港 / *port* of departure 出港地；発航港 / *port* of destination 到着地；到着港 / *port* of landing 着陸空港；陸揚げ港.
〖観光〗 I want to do some sightseeing while the ship is in *port*. 船が港に停泊する間少し観光したい.
◇ **port of call** 《1》寄航港, 寄港地 (乗客・船客の乗り降り, 燃料の補給・修理などのために寄港する地). 《2》(旅先の)滞在地, (旅行中の)立ち寄り先.
◇ **port of embarkation** 〈略〉POE〉搭乗空港, 搭乗地；乗船港. ⇔ port of disembarkation 〈略〉POD〉(到着地；陸揚げ港)
〖空港〗 Please write down your *port of embarkation* as well. 搭乗地も書いてください. ☆「飛行機に乗った都市 (the city where you boarded the plane)」〖例〗東京.
◇ **port of entry** 〈略〉POE〉《1》寄航地, 上陸地, 入国港, 通関港. ☆通関手続地で, 入国管理事務所がある. 《2》通関地, 税関手続地. ☆アメリカの各州にあり, 複数の州にまたがるハイウェー (interstate highway) を通行する商業車は立ち寄って手続きをさせられる. ▶ *port of entry* at the border 国境の通関手続き.

preregistration 名 事前登録. ☆ホテルにチェックインする時, ホテル側が宿泊記録

カード (registration card) の記入項目を事前に (pre-) 記入しておく. 宿泊予定者はサインするだけですむ. 事前に予約した VIP (要人 Very Important Person) や会員また団体客に対して使用される場合が多い.

prime time （テレビ・ラジオなどの）ゴールデンタイム（和製英語）. ☆通常夜の7時から11時までの時間. ⇨ peak time

priority [praiɔ́:rəti] 名 （順序・重要性の）優先；（車の）優先権.
  ◇ **priority seat** 優先席 (=priority seating). ☆高齢者や体の不自由な人のために設けられた席. 電車・バスなどの車内によく見られる.「シルバーシート」(seat reserved for senior citizens; seats reserved for the aged and disabled on trains or buses) は和製英語である.

procedure 名 （法律上の）手続き, 審査；（物事を行う）手順. ▶ boarding *procedure* 搭乗手続き / check-in *procedure* （飛行機の）搭乗手続き；（ホテルの）宿泊手続き / customs *procedure* 税関手続き / entry *procedure* 入国手続き / exit *procedure* 出国手続き / immigration *procedures* 出入国審査.

proceed (to) 動 進む；手続きをする (=move forward).
  空港 You should fill out the entry form before *proceeding* to the Immigration Counter. 出入国管理へ進む前に入国カードに記入してください.

prohibit 動 禁じる, 禁止する (=forbid; ban). ☆受身で用いることが多い. 日常会話では **tell ... not to do** （しないよう…に命じる）を用いることができる. ☆ **prohibition** 名「禁止；禁制」.
  観光 They *prohibited* tourists from walking alone in the city after dark. 観光客に対して夜の町の一人歩きを禁じた. ☆ They told tourists not to walk alone in the city after dark. とも言う.
  ◇ **prohibited item** 禁制品, 機内持ち込み禁止品 (=prohibited article〈goods〉).
    空港 Can I bring this into this cabin? → No. This is a *prohibited item*. これを機内に持ち込めますか. →いいえ. これは持ち込み禁（止）製品です.

property 名 所有物；財産, 資産.
  ◇ **Property Irregularity Report** 〈略〉PIR〉手荷物事故報告書；手荷物紛失証明書. ☆航空会社に輸送された手荷物が到着地に届かない場合などに記入する事故報告書〈紛失証明書〉.

🛫 My baggage was damaged during the flight. → Please fill in the *Property Irregularity Report* and give us a detailed description of your damaged baggage. 飛行中に荷物が破損しました．→手荷物事故報告書に記入し，破損した荷物の詳しい特徴を教えてください．

Pullman (car) 《米》プルマン式車両, 特別客車, 1等列車. ☆個室寝台の設備がある特別な高級客車. または豪華な座席のついた1等の特別客車. プルマン車には upper berth(上段ベット), lower berth(下段ベット), roomette(トイレ付きの1人用個室), compartment (2人用個室) がある. 米国の考案者 George M. Pullman の名前に由来する. ⇨ coach (2等列車)

push-button pedestrian crossing 押しボタン式横断歩道 (=《英》pelican crossing). ⇨ crossing

Philadelphia, USA

Q

quarantine [kwɔ́:rəntì:n] 名 検疫；検疫所 (=quarantine depot)；隔離. ☆この単語の語源は，中世のイタリアでペストの感染を防ぐために外国から帰国する船舶を港外に40日間隔離したこと．これをイタリア語で"Quarantina"(40日間)と言った． ▶ *quarantine* certificate 検疫証明書 / *quarantine* fee 検疫料 / *quarantine* inspector〈officer〉検疫官 / *quarantine* station〈office〉検疫所.
　【空港】 You should go through *quarantine* for fruit. 果物があれば検疫所を通過する必要がある．
　◇ **quarantine inspection** 検疫の検査 (=quarantine checking).
　　【空港】 Any imported animal and plant are subject to *quarantine inspection*. 輸入された動植物すべてが検疫の対象になる．

queue [kjú:] 名《英》(順番を待つ人などの) 列 (=《米》line). ☆空港で搭乗手続きをする時，駅構内や劇場でチケットを購入する時などに順番を待つ長い列． ▶ join a *queue* 列に加わる / jump a *queue* 列に割り込む．
　【劇場】 There is a long *queue* outside the theater. 劇場の外には長い列ができている．
　◇ **in a queue** 列をなして．
　　【劇場】 You must wait *in a queue* for the ticket. チケットを購入する人は列をつくって待たなければなりません．
　― 動 列に並ぶ，列をつくる (=form〈make〉a queue).
　　【バス停】 You must *queue* up for a bus. 列をつくってバスを待つ必要がある．

quotation 名 見積書；引用．
　【観光】 Can I reserve a sleeper? How much will it cost? → I can prepare a written *quotation* for you. 寝台車を予約できますか．費用はいくらですか．→書面での見積書を準備します．

quote 動 見積もる；引用する．
　【旅行代理店】 I'd like you to *quote* a price for special arrangements described in the attached itinerary. 添付の旅程表に明記した特別手配の見積りをお願いします．

R

ramp 名 ①(空港での航空機の)駐機場(=apron). ▶ airport *ramp* 空港駐機場.
　【機内放送】 For security reasons we are returning to the *ramp*. 保安上の理由で当機は駐機場に戻ります。
　　◇ **ramp bus** 駐機場の連絡バス. ☆航空機が駐機している場所とターミナル(空港施設)との間を走る連絡バス.
② (飛行機の)タラップ(=plane ramp), 乗降階段(=ramp way). ☆飛行機の乗り降りに用いる移動式階段のこと. **boarding ramp** または **landing steps** などとも言う. 飛行機のドアに付けられた階段は **airstair** または **air stairway** と言う. タラップ(和製語)の語源はオランダ語(trap). ▶ escape *ramp* 脱出シュート(事故の時乗客が機外に降りる滑り台).
　　◇ **go ⟨step⟩ down the ramp** タラップを降りる. ⇔ go ⟨step⟩ up the *ramp* (タラップを上る)
　　【機内】 When do we *go down the ramp*? → It won't be long. いつになれば飛行機のタラップから降りられますか. →もうすぐです.
③ (船の)タラップ；乗降階段. ☆ gangplank (移動式), gangway, accommodation ladder とも言う.
　　【船内】 It seems to take an hour before the passengers started to move down the *ramp*. 乗船客がタラップから降りはじめるには、まだ1時間はかかるようだ.
④ (高速道路の)ランプ. ☆高速道路出入口などの道路. ▶ expressway *ramp* 高速道路ランプ / entrance *ramp* to the freeway 高速道路へのランプ〈出口〉.

---

rapid 形 速い, 高速の. ⇔ slow (遅い). ▶ *rapid* train 快速列車.

---

rate 名 ①(一定の率に基づいた)料金, 値段；各種の運賃料金, 値段(=charge, fee, fare).
　▶ flat *rate* 均一料金 / group *rate* 団体均一料金 / hotel *rate* ホテル料金 / maximum *rate* 最大限の料金；(ホテルなどの)最も高価な室料 / minimum *rate* 最小限の料金；(ホテルなどの)最も安価な室料 / moderate *rate* 標準料金(=standard rate)/ room *rate* (ホテルの)室料(= rate for a room; room charge)/ special discount *rate* 特別割引料金 / standard *rate* 標準料金(= moderate rate).
　【ホテル】 What's the *rate* for the twin room per night? ツインルームの1泊はいくらですか. (=How much is the twin room a night?)
　　◇ **rate on request** 料金は交渉次第. ☆食事条件等を話し合いで決めること.

◇ **rate list** 料金表 (=the list of rates).
　観光 How much 〈What〉 is the fare for the rent-a-car per day? → I'll show you a *rate list*. The rate excludes the cost of gasoline. 1日の車のレンタル料金はいくらですか (=How much does it cost to rent a car per day?) →料金表をお見せします．料金にはガソリン代は含まれていません．
◇ **rates quoted** 記載料金.
　ホテル All *rates quoted* are in Canadian dollars and are subject to change. 記載料金はすべてカナダドルによるもので変更もありえます．
② レート, 率, 割合. ▶ discount *rate* 割引率.
◇ **rate of exchange** (通貨の) 交換率；為替レート, 為替相場 (=exchange rate).
　▶ the *rate of exchange* 〈exchange rate〉 against the dollar ドルに対する交換率．
　銀行 What is the *rate of exchange* for Japanese yen today? → Today's (exchange) rate is 100 yen to the US dollar. 今日の日本円に対する交換率はいくらですか．→今日の交換率は米ドルに対して100円です．
③ 等級 (=rank). ▶ first-*rate* hotel 第1級ホテル (=five-star 〈blue-ribbon〉 hotel).
― **動** (建物などを) 査定する；格付けする．
　ホテル Hotels are *rated* according to their quality from one star to five stars. ホテルはその品質優秀性により1つ星から5つ星に格付けされる．

rechargeable (railroad) pass 再チャージ可能なパス. ☆日本の「スイカ」(Suica) や「パスモ」(Pasmo) のような **prepaid (railroad) pass** (前払い (鉄道) パス) を指す. このカードはrechargeable prepaid (IC)card (再チャージ可能な前払いICカード), rechargeable contactless smart card (再チャージ可能な非接触型メモリ内蔵カード) の意味である. rechargeable とは「再充電可能な, 有料化できる」, smart card は「メモリーを内臓したカード」の意.

reconvert **動** (外貨を) 再交換する, 再両替する. ☆ **reconversion** **名**「(外貨の) 再交換, 再両替」.
　銀行 You can *reconvert* your surplus 〈unspent〉 local currency into the original currency on departure at the airport. 出発空港では余った現地通貨を元の通貨に再交換できます．(=Your unspent local money can be *reconverted* into the original currency at the departure airport.)

reduce **動** ① 減らす, 縮小する．▶ *reduce* speed 速度を落とす．
② 割り引く．▶ *reduce* the price 値段を引く．

reduced 形 割引した. ▶ *reduced* fare 割引運賃 (=discount fare)／ *reduced* price 割引値段／ *reduced* rate 割引料金／ *reduced* rate period 割引料金の期間／ *reduced* student fare 学生割引運賃.

reduction 名 減らすこと, 割引. ▶ price *reductions* 値引 (=*reductions* in⟨of⟩ price)／ get a 20% *reduction* 2割引にしてもらう／ give a 10% *reduction* 1割引にする.

reenter 動 再入国する.
　空港 I'd like to *reenter* France tomorrow. 明日私はフランスへ再入国したいのです.

reentry 名 再入国. ▶ *reentry* permit 再入国許可. ☆在留外国人が出国して再入国する場合に必要である.
　空港 You must go through Immigration before *reentry*. 再入国前に入国検査を通らなくてはなりません.

refuel 動 燃料を補給する. ☆経由地で給油すること. ☆ **refueling layout** 「燃料補給のための一時着陸」.
　空港 Is this flight nonstop to Boston? → We stop for *refueling* in Chicago, sir. この飛行機はボストンまで直行ですか. →シカゴで一度給油のため止まります.

refund ☆アクセントは名前動後 (名詞は前置, 動詞は後置).
— [ríːfʌnd] 名 払い戻し(金), 返金. ▶ *refund* application 払い戻し依頼書.
　空港 I'd like to cancel my reservation for today's flight. Can I get a *refund* for the unused air ticket? 今日の便を取り消したいのですが未使用の航空券の払い戻しはできますか.
　◇ **full refund** 全額払い戻し (=total refund).
　　空港 You will get a *full refund* if the flights are canceled by the travel agency. 旅行会社によって飛行機がキャンセルされた場合は全額払い戻される.
　◇ **partial refund** 一部払い戻し.
　　買物 We claimed a *partial refund* of the amount we had paid. 私たちは支払った金額の一部返却を要求した.
— [rifʌ́nd] 動 払い戻す (=pay back), 返金する (=get money back).
　空港 They *refunded* the difference to us. 彼らは我々に差額を払い戻した (=They *refunded* us the difference.).

refundable 形 払い戻しができる.

【駅舎】 Ticket is *refundable* depending on the time of cancellation. 切符はキャンセルのタイミング次第で払い戻しができます。

---

register [rédʒistə] 動 ①(ホテルで)宿泊登録する(=check in), (宿帳に)記帳する.
  【ホテル】 After you *register* at the front desk, I'll give you some tour information. フロントで記帳が済んでから、ツアーの情報をお知らせします.
② (郵便物を)書留にする. ▶ *register* a letter 手紙を書留にする.
③ (手荷物を)託送する. ▶ *register* the baggage on a railroad 鉄道で荷物を託送する / *register* the baggage through to London ロンドンまで荷物を通しで託送する / *register* the baggage at the check-in counter チェックインカウンターで手荷物を託送する.
— 名 ①(ホテルの)宿泊者名簿, 登録, 宿帳. ▶ *register* card 登録カード.
  【ホテル】 Please sign the (hotel) *register*. 宿帳にサインしてください.
② レジ(スター), 金銭登録機 (=cash register). ☆日本語の「(スーパー等の)レジで」は英語では at the cash desk; at the checkout counter.「レジ係」は a cashier と言う.

registered 形 書留にした；登録した. ▶ *registered* baggage ⟨luggage⟩ 受託手荷物(鉄道・航空会社などに運送を委託された手荷物)(=checked baggage)/ *registered* parcel post 書留小包.
  ◇ **registered mail** 書留郵便(=⟨英⟩registered post). ▶ send this letter by *registered* mail この手紙を書留郵便で送る / send a *registered* letter to Paris パリまでの書留郵便を送る.

registration 名 登録；宿泊者記録；⟨米⟩フロント(=front desk; reception). ▶ *registration* clerk 登録係 / *registration* fee 登録料；書留料 / *registration* list 宿泊者の名簿, 宿泊台帳.
  【掲示】 **REGISTRATION**「フロント」. ☆ **FRONT DESK** または **RECEPTION** などとも掲示されている.
  ◇ **registration card ⟨form⟩** (ホテルの)宿泊登録カード, 宿泊者登録用紙.
    【ホテル】 Could you tell ⟨show⟩ me how to fill out the *registration card*? 宿泊者登録用紙の記入法を教えてくださいますか.
  ◇ **registration desk** 登録係, 登録(受付)所, (ホテルの)フロント.
    【ホテル】 In some hotels the *registration desk* is located on the second floor. ホテルによってフロントは2階にあります.

registry 名 登録, 記録；書留 (=registration). ▶ *registry* fee 書留料.

reimburse [rìːimbə́ːs] 動 払い戻す, 返済する, (損害を) 補償する, 弁償する.
　ホテル The hotel manager *reimbursed* the hotel guest for the collapsed baggage. ホテルの支配人は宿泊客の壊れた荷物を弁償した.

reimbursement 名 払い戻し, 返済, (損害) 補償.
　ホテル The hotel will reimburse your damaged baggage. → How can I arrange for *reimbursement*? 当ホテルで破損したお客様の荷物を補償いたします. (=We will reimburse you for the damage to your baggage.) →補償の手続きはどのようにすればよいですか.

reissue 名 再発行, 再発券.
　銀行 I lost my traveler's checks. I would like to cancel all the rest. Can I apply for *reissue*? トラベラーズチェックをなくしました. 残りは無効届けを出します. 再発行できますか.
— 動 再発行する, 再発券する. ☆ルート変更をしたり, 航空券を紛失したりした場合に再発券する.
　空港 I lost my passport. Where can I have it *reissued*? → You had better go to the Japanese Consulate. 旅券をなくしました. どこで再発行してもらえますか. →日本領事館に行ってください.

renew 動 更新する；書き換える. ☆ **renewal** 名 「更新」. ▶ *renew* driver's license 車の運転免許を書き換える.
　空港 Do you know your passport expires next month? → Yes, I have to get it *renewed* as soon as possible. お客様の旅券は来月満期〈期限切れ〉だとご存じですか. →はい. できるだけ早く更新する必要があります.

representative [rèprizéntətiv] 名 代表者, 代理人. ☆観光用語で「レップ (=**Rep**)」とも言う. 本社から離れた地で予約や情報伝達を行う事務所あるいは個人. 外国のホテルや鉄道, バス会社などの予約を受けたり, また宣伝広報活動を行ったりするために設ける場合が多い.
　観光 The *representative* of our land operator will meet you outside Customs. ランドオペレーターのレップは税関の外でお待ちしています.

request 名 依頼, 要請. ▶ at the *request* of A Aの依頼で (at A's request).

◇ **request**〈略 RQ〉リクエスト．☆航空便の空席待ちの状態；座席予約申請中で結果が分からない状態．座席申込み中で回答待ちの状態．通常は満席ならば **waiting list** に名前を記入して空席を待つ．

◇ **request base** 新規設定；追加認定．☆航空会社やホテルに予約した時に満席・満室の場合キャンセル客が出るまで予約を継続すること．航空会社に座席の予約を，あるいはホテルに宿泊の予約を申し込んでいて，先方から OK（了解）の回答を得ていない状態を言う．「宿泊料金が未決定」(=rate on request) の意味もある．

◇ **request stop** リクエスト・ストップ，随時停留所．☆ロンドンやオーストラリアなどに見られる赤バスが随時停車する所．乗降客の要求のあった時のみ停車するバス停留所．

◇ **by request** 要請されて，求めに応じて．
〔空港〕The airport bus will stop anywhere *by request*. その空港バスは頼めばどこでも停まります．

◇ **on request** 要請〈請求〉があり次第 (=upon request).
〔観光〕A pamphlet will be sent *on request*. パンフレットは要請があり次第送ります．

— 動 要求する，依頼する (=ask for). ▶ *request* a table by the window 窓側のテーブルを頼む．
〔ホテル〕I *requested* a twin room, but I've got a double room. 頼んだのはツインルームであったのに，部屋はダブルルームでした．

◇ **be requested to (do)**（〜する）ように要請する；（〜して）ください．☆否定形は be requested **not to (do)** となる．
〔会場〕You *are requested to* wear formal dress at the party. パーティーには正装でいらしてください．

---

require 動 要求する．☆need よりは形式的である．
◇ **be required to (do)**（〜する）必要がある；（〜し）なければならない (=must).
〔機内〕Passengers *are required to* wear safety belts. 乗客はシートベルトを着用しなくてはいけない．

---

residence 名 ①居住. ▶ country of *residence* 居住国 / permanent *residence* 永住．
② 住宅；邸宅. ▶ official *residence* 官邸，公邸．

---

resident 名 ①居住者；住民. ▶ foreign *resident* 在留外国人 / non-*resident* 非居住者．
〔掲示〕RESIDENT「居住者」．☆海外の空港などで，国によっては immigration（出入国管理）で RESIDENT「居住者」と NON-RESIDENT「非居住者」を区別

した掲示がある.

【空港】 Is this the line for non-residents? → No. This is the line for *residents*. ここは非居住者の列ですか. →いいえ. 居住者の列です.

② (ホテルの) 長期滞在客；長期滞在者. ⇔ transient (短期滞在者). ▶ summer *resident* 避暑客 / *resident* guest 宿泊客.

residential 形 在住の. ▶ *residential* area 住宅地域 (=residential district).

◇ **residential hotel** レジデンシャル・ホテル, 長期滞在者用のホテル. ⇔ transient hotel (短期滞在者用ホテル). ☆通常レジデンシャル・ホテル内にはレストランはないが, 部屋は寝室・台所・冷蔵庫などを完備している. 利用料金は週単位や月単位などがある.

restrict 動 制限する, 限定する (=limit).

【空港】 Fresh fruit is not *restricted* in my country. 生の果物は私の国では制限されていません.

restricted 形 制限された, 限定された. ▶ *restricted* area《英》駐車・スピード制限区域〈地域〉；《米》立入禁止区域〈地域〉/ *restricted* items 制限品 (=restricted articles).

restriction 名 制限. ▶ currency *restrictions* 通貨持ち出し制限, 通貨持ち込み制限.

revise [riváiz] 動 改正〈修正〉する. ▶ *revise* an itinerary 旅程を改定する.

revised 形 改正〈修正〉された, 改訂〈変更〉された. ☆ revision 名「改正, 修正」.

【観光】 What does the *revised* itinerary say? → It says we leave tomorrow at seven-thirty. 変更された旅程には何と書いてありますか. →明日の出発は7時30分だと書いてあります.

room 名 部屋；客室. ☆ホテルの部屋の種類に関しては **hotel** (hotel room) を参照.

---

room の種類

A adjacent room 隣接部屋 / adjoining room 隣り合った部屋, (独立した2室以上の) 続き部屋.

B baggage room 手荷物保管室〈一時預かり所〉(=luggage room)/ banquet room (ホテル・レストランなどの中にある) 宴会場 / bed room 寝室. ☆ bed-sitting room《英》寝

室・居間兼用の部屋. / blocking room ブロッキングルーム. ⇨ blocking

C cloak room〈cloakroom〉クローク，携帯品一時預かり所 / conference room 会議室 (=meeting room)/ connecting room（間仕切りや一つのドアでつながっている）続き部屋 / corner room（ホテルの）角の部屋.

D dining room 食堂.☆ dining room (with a) kitchen 食堂兼台所 / drawing room 応接間, 客間 / dressing room（劇場の）楽屋；更衣室；《米》試着室 (=fitting room).

F family room（ホテルの）家族部屋 / fitting room 試着室, 着付け室, 仮縫室.

G green room（劇場・コンサートホールなどの）楽屋, 出演者控え室 / guest room 客室.

H hatcheck room（レストランやバーなどで衣類や帽子などを）一時的に預かる部屋 / hospitality room〈suite〉（ホテルなどの）接待用特別室 / hotel room 客室. ⇨ hotel

I inside room《1》（ホテルの）内側に面した部屋. ⇔ outside room.《2》内側のキャビン（海が見えない船の内側に面した客室）. ⇔ outside room

J Japanese-style room 和室.

L ladies room 女性用化粧室 (=powder room)/ living room 居間 (=sitting room)/ locker room 更衣室.

M multipurpose room 多目的室.

N nap〈napping〉room 仮眠室.

O outside room《1》（ホテルの）外側に面した客室. ⇔ inside room.《2》外側のキャビン（船の外側に面した海が見える客室）. ⇔ inside room

Q quin room（ホテルの）5人部屋 (=quintuplet room).

R rest room お手洗い (=toilet).

S standing room《米》（劇場・競技場などの）立ち見席 / state room〈stateroom〉《米》（客船・寝台列車の）個室, 特別室（洗面所・トイレ付き）；《英》国賓席 / stay room 引続き宿泊者が滞在する客室 / sunny〈sunlit〉room 日当りのよい客室. ⇔ sunless room

T twin double-bedded room 2台のダブルベッドがある客室.

U unmade room（ホテルの）準備中の部屋.

V vacant room 空き部屋 (=unoccupied room).

W waiting room 待合室 / well-furnished room 設備の良い部屋 / well-ventilated room 換気のよい客室.

room の関連語

A room away from the noise of traffic 通りからの騒音を避けた静かな部屋.

C room commanding a nice view of the sea〈valley〉海〈渓谷〉の景色がよく見える部屋.

F room facing the garden〈street; lake; river〉庭〈道路；湖；川〉に面した部屋 / room for a night and two meals 1泊2食付きの部屋.

- **O** room on a higher floor できるだけ高い階の部屋.
- **W** room with a balcony バルコニーのある部屋 / room with a bathtub and a shower バスタブとシャワー付きの部屋 / room with a better view out of the window 窓からもっと景色の見える部屋 / room with a view of the ocean〈mountain〉 海〈山〉の見晴らしのよい部屋 (=room with an ocean view)/ room with an open-air bath 露天風呂付きの部屋 / room with full board 3食付きの部屋 / room with *tatami*-mat flooring 畳敷きの部屋.

roomette 名 ルーメット, (寝台車の) 1人用個室. ☆米国の一等寝台車にある小さな洗面所やトイレの設備のある個室のこと. ▶reserve a *roomette* for New York ニューヨーク行きの寝台車の個室を予約する.

roster 名 部屋割の名簿 (=rooming list).
- **ホテル** The name on the second lines from the bottom should be omitted from the *roster*. 下から二番目にある名前は部屋割りの名簿から省いてください.

route [rúːt/ráut] 名 ① ルート；道筋；(国道の)…号線. ▶designated *route* 指定観光ルート / popular tour *route* 観光客がよく利用するルート / scenic *route* 観光名所に富んだルート.
- **交通** We took the shortest *route* from Chicago to Boston. シカゴからボストンまで最短ルートで行った.
② 経路；路線, 航路. ▶*route* in transit 通過経路 / *route* map 路線〈航路〉図 / *route* proving flight 試運転 (航空会社が新しい飛行機を導入し, 定期運行を始める前に試行的に運転すること)/ air *route* 空路 / land *route* 陸路 / overland *route* 陸路 / sea *route* 海路.
- **空港** The limousine may take you to your hotel if the hotel is on the bus *route*. 宿泊先ホテルがバス経路にある場合, このリムジンに乗ればホテルに行けます.
③ 運航経路. ☆東京—シカゴ—ボストンなどのように飛行機が運航する経路のこと.
- **空港** With B747, the *route* from Tokyo to Chicago has been chosen. ボーイング747の飛行経路として東京とシカゴ間が選ばれた.
④《米》(新聞, 郵便などの) 配達区域.

routine [ruːtíːn] 形 通常〈定期〉の. ▶*routine* spot check (ホテルなどの)定期箇所検査.
— 名 日常の決まり切った仕事. ▶daily *routine* 日課.

routing 名 経路指定, 行程〈旅程〉を決めること. ▶ flight *routing* 運航経路 / flight *routing* table 運航経路表. ☆ rerouting 名「旅程〈経路〉の変更」

◇ **routing schedule** 旅行計画, 旅行コース.

【空港】 When you change the *routing schedule*, you may have to have your air ticket reissued. 旅行計画を変える場合航空券を再発行してもらわなくてはならないでしょう.

---

runway 〈略 R/W〉(アクセントは run-) 名 (飛行場の) 滑走路. ☆航空機の離発着を行う道路状の舗装した地面. 表記や記号, 計器着陸装置などがある. ▶ approach the *runway* 滑走路に近づく / land on a *runway* 滑走路に着陸する / taxi along〈glide over〉the *runway* 滑走路を滑走する.

【機内】 We're just about to start taxing to the *runway*. 当機は滑走路に移動をしはじめています.

Rome, Italy

S

safe deposit 名 小型貸し金庫；貴重品保管所. ☆**safety deposit** とも言う. ホテル側が宿泊客の旅券・現金・貴重品などを預かること，あるいはそのような貴重品を預ける宿泊者用の小型貸金庫. ▶ *safe-deposit* room 貴重品管理室 / *safe-deposit* slip 貴重品預りのスリップ.

◇ **safe-deposit box** 貴重品保管箱，貴重品用貸金庫 (=safety-deposit box). ☆単に safety box とも言う.

ホテル *Safe-deposit boxes* are available for overnight guests. The hotel cannot be responsible for valuables left in rooms. 宿泊客の皆様のために貴重品の貸金庫が用意されています．客室内に残された貴重品に関しましてはホテル側では責任を負いかねます.

saloon [səlúːn] 名 ①《英》(列車の) 特別客室，展望車. ☆レストランやラウンジとして使用する. ▶ *saloon* car《英》(列車の) 特等車, 特別客車 (=saloon carriage;《米》parlor car)/ dining *saloon* 食堂車 / sleeping *saloon* 寝台車.

② (客船の) 客室，一等船室. ▶ *saloon* cabin 一等船室 (=first-class cabin)/ *saloon* deck 一等船室用甲板 / *saloon* passenger 一等船客 (=first-class passenger).

③ (ホテルにある公共目的使用の) 大広間, 社交室, 談話室. ▶ dancing *saloon* ダンスホール.

④《米》酒場；《英》酒場の特別室 (=pub). ▶ *saloon* bar《英》パブの上室 (=lounge bar). ☆ public bar → private bar → saloon bar の順で高料金となる / cheap *saloon* 大衆酒場.

⑤《英》セダン型自動車 (=saloon car;《米》sedan (car)).

satellite [sǽtəlàit] 名 ① 衛星. ☆惑星 (planet) の周りを回る天体. ▶ *satellite* of the earth 地球の衛星.

② 人工衛星 (=artificial satellite)；衛星国. ▶ *satellite* city 衛星都市.

③ (空港で乗客が乗降する時に通る) サテライト, 空港待合室. ☆大きな空港で, 主なターミナルビルから離れて設置されている搭乗用の建物. 空港ターミナルからエプロン (apron: 空港の駐機場) へ数本の通路を伸ばし, その先に衛星 (satellite) のように待合室または数箇所の搭乗ゲートを持つ補助〈副〉ターミナルが設けられている.

search 動 ①検査する. ▶ *search* a person (身体・所持品の確認のために) 身体検査する.

② 求めて探す (=look for). ▶ *search* for the lost ticket 紛失した切符を探す.

― 图 捜査, 調査. ▶ (conduct a) body *search*（捜査のための）保安検査（をする）. ⇨ security check / body search

season 图 ① 季節. ▶ the four *seasons*（四季）: spring（春）, summer（夏）, fall（秋）(=《英》autumn), winter（冬）/ all-*season* resort 四季を通じて楽しめる観光地.
② 最盛期, 時期. ⇨ seasonality. ▶ *season* sale 季節変動による特別料金での販売. ☆季節向き商品をその需要に合わせて行う大売り出し. / *season* rate 季節変動による特別料金 (=seasonal rate)/ busy *season* 繁忙期 / closed *season* 禁猟期 (=《英》close *season*)/ dry *season* 乾期 / harvest *season* 収穫期 / high *season*（旅行者動向の）多客期, 繁忙期 (=peak *season*). ⇔ low *season*. / holiday *season* 行楽シーズン / lean *season*（航空機などの）利用客が減る時期；不景気の時期 / low *season*（旅行者動向の）閑散期 (=off *season*). ⇔ high *season*. / off *season*. ⇨ low season. / open *season* 解禁期 / rainy *season* 雨期, 梅雨 / slack *season* 少客期. ⇨ seasonality. ☆ slack は「緩い (loose), 遅い (slow)」の意味. / tourist *season* 観光シーズン / traveling *season* 旅行シーズン.
[航空運賃] Air fares may vary depending on the *season*. 航空運賃はシーズンによって異なる.
　◇ **season supplement** 季節の追加料金.
　　[ホテル] The room rate is higher than what I was quoted on the website. → There is a 15% high *season supplement* that is in effect all summer. ホームページで見積もった値段よりも宿泊料金が高いのです. →夏季期間中は15%の季節の追加料金が上乗せされます.
③ 出盛り, 食べごろ, 旬. ▶ delicacies of the *season* 旬の味.
　◇ **in season** 旬の, 食べごろの. ⇔ out of season.▶ fresh fruit *in season* 季節の果物.
　　[レストラン] Oysters are *in season* now. カキは今が旬です.
　◇ **out of season** 季節はずれの, シーズンオフの. ⇔ in season
　　[レストラン] Persimmons are *out of season* now. 柿は今は季節はずれです.
― 動 味をつける, 味を添える. ☆ **seasoning** 图「調味（料）, 薬味」. ▶ fish *seasoned* with herb spices スパイスで味をつけた魚 / steak *seasoned* with salt and pepper 塩とコショーで味をつけたステーキ.

season ticket ①《英》(電車, バスの) 定期乗車券, 回数券. ☆米国では commutation ticket と言う.
② (演奏会・劇場・競技などの) 定期入場券. ☆シーズン中ならいつでも入場できる. ▶ *season tickets* to the opera オペラの通し券.

seasonal 形 季節の. ▶ *seasonal* changes in ⟨of⟩ the weather 天候の季節的変化 / *seasonal* greeting card 四季に合わせた挨拶カード / *seasonal* rates 季節料金（季節変動による特別料金）.

seasonality 名 （航空運賃などの）季節区分；季節性. ☆季節によって異なる航空旅行の需要を一年を通じて平準化するために, 季節に対応して運賃水準の格差が設けられている. 料金のその格差を表す用語. ⇨ season

　種類 「国際線航空運賃」は季節間に3種の格差がある.
- [1] peak season 多客期, オン・シーズン, 繁忙期 (=on season). ⇔ bottom season. ☆ peak season は割高になっている. high season（旅行者動向の多客期）とも言う.
- [2] bottom season 閑散期, オフ・シーズン (=basic season). ⇔ peak season. ☆ off season また low season とも言う.「シーズン・オフ」は和製英語である.
- [3] shoulder season 通常期. ☆ peak season と bottom season の中間にあたる期間. shoulder（肩）は頭より下, 腰から上の真ん中にある.

seat 名 席, 座席.

---

seat の種類

- **A** aircraft seat 航空機座席 / aisle seat 通路（側の）座席.
- **B** back-row seat 後方の座席 / back seat 後部席. ⇔ front seat. / back-to-back seats 背中合わせの座席 / box seat ボックス席 / bucket seat バケットシート.
- **C** cancelled seat 解約席 / center seat 中央座席 (=middle seat)/ courtesy seat 優待席；（電車・バスなどの）優先席.
- **E** ejection seat 射出座席.
- **F** folding seat 折り込み座席 / front seat 前方座席. ⇔ back seat
- **J** jump seat ジャンプシート,（機内の）客室乗務員が使用する折り畳み式補助席；（車内の）折り畳み式の飛び出し補助席. ☆ jumper seat は「歩行できない子供用の椅子」の意味.
- **L** love seat ロマンスシート. ☆二人掛けのソファー.
- **M** middle seat 中央座席 (=center seat)
- **N** non-reserved seat 自由席 / non-smoking seat 禁煙席.
- **P** priority seat 優先席 / prisoner seat （両側を人に挟まれた）窮屈な座席.
- **R** rear seat 後部座席. ☆ rear-facing seat は「後ろ向きの席」/ reclining seat リクライニング席 / reserved seat 予約席, 指定席 (=assigned seat). ☆ reserved-seat ticket は「指定席券」/ rotatable seat 回転座席.
- **S** side-by-side seat 横並びの座席 / smoking seat 喫煙席 / spare seat 補助席 / special

seat 特別席.
- **T** tandem seats 縦並びの座席 (=seats in tandem)/ tip-up seat 跳ね上げ式の椅子.
- **U** unreserved seat 自由席 (=non-reserved seat).
- **V** vacant seat 空席 (=empty seat; unoccupied seat).
- **W** window seat 窓側座席.

seat の関連語

- **A** seat allocation 座席配分 / seat arrangement 座席配置 / seat assignment 座席指定 (=seating assignment)/ seat available 空席
- **C** seat capacity 座席数 (=seating capacity)/ seat chart 座席配置図 (=seating chart)/ seat configuration 座席配置 (=seating configuration).
- **I** seat instructions 座席使用法.
- **O** seat occupancy 座席利用率.
- **P** seat pitch 座席前後の間隔 (標準的な間隔は 40 センチ)/ seat position 座席位置.
- **R** seat reservation 座席指定 / seat reservation fee 座席指定料金 / seat reservation ticket 座席指定券.

seatback 座席の背. ▶ seatback pocket 座席の背のポケット.
〖機内〗 Would you please return to your seat, place your *seatback* upright, secure your table and check that your seatbelt is safely fastened. お席にお戻りになり，お座席の背をまっすぐにし，お使いになったテーブルを元の位置に戻してください．シートベルトはしっかりとお締めになってください．
　◇ **seatback drop down tray table** (機内にある)座席の背に取りつけられた，さげ下ろしをするトレイ・テーブル．

-seater (乗物の)…人乗りの，…人掛けの(複合語). ▶ a 40-*seater* bus 40 人乗りのバス．
〖バス〗 What is the coach size? → It's a 50-*seater*. このバスの大きさはどれくらいですか．→ 50 人乗りです．

seating 图 着席；座席数；座席位置，座席指定．
— 形 座席の．▶ *seating* arrangement 座席配置 / *seating* assignment 座席の割り当て / *seating*〈seat〉configuration （機内)座席配置．
　◇ **seating capacity** 収容能力，座席数，定員（数）(=seating accommodation).
　　⇨ capacity. ▶ *seating capacity* of a theater〈car〉劇場〈車〉の座席数．
　　〖空港〗 What's the capacity of this plane? → This plane has a *seating capacity*

of 500 passengers. この飛行機の定員は何人ですか. →この飛行機の収容人員は 500 名です. (=The *seating capacity* of the plane is 500 passengers.)
◇ **seating chart** 座席表 (=*seating* list), 座席配置図.
　(観劇) Can I see the *seating chart* of the theater? 劇場の座席表を見せてください.

security 图 安全；保安；防衛 (=safety)；警備. ▶ *security* clearance 保安検査 (=*security* check) / *security* code 暗証番号 / *security* guard 警備員, ガードマン (和製英語) ⇨ guard. / *security* officer (空港内の) 検問係, 公安係；(ホテル内の) 警備担当, 警備員.
　(掲示) *Security* Camera in Use「防犯カメラ作動中」
◇ **security check** 検問, 保安検査 (=security control, security inspection). ☆空港などで出国前にハイジャック防止のため手荷物, 携帯品または身体の検査をすること. ⇨ body search. ▶ *security* checking 保安点検 / *security* (screening) checkpoint 検問所, 保安検査所.
◇ **security screening requirements** 手荷物検査の要件.
◇ **security staff** 警備員, 保安係 (=security man; security personnel).
　(空港) Sometimes unattended bags are picked up by *security staff*. ときどき警備員が放置されたバッグを処理することがあります. ⇨ unattended (baggage)
◇ **security tax** 保安税. ☆航空運送に関する保安目的のために課せられた税金. ヨーロッパ (特にドイツやフランスなど) で導入されている.

self check-in machine 〈略 SCM〉自動チェックイン機. ☆ self check-in kiosk, または単に check-in kiosk とも言う. 空港で旅客機に搭乗するときに使用する. また航空券を紛失したとき, 搭乗する飛行便の番号を選び旅券を挿入すると搭乗券が自動的に発行される. その後受託手荷物がある場合チェックインカウンターまで持参する. 海外の空港で下記のような **Self Check-in** の表示を見かける.
　(空港) *Self Check-in Machines* are available at most airports in the UK. They close 30 minutes prior to departure for UK Domestic and Western European short haul flights, and 45 minutes prior to departure for all other routes. 自動チェックイン機は英国内にあるほとんどの空港で利用できる. 英国の国内線や西ヨーロッパ行きの短距離飛行では出発 30 分前, その他の全路線では出発 45 分前に受付が締め切られる.

sending assistant 見送りをする係員. ☆空港や駅まで旅客を見送る社員. 通常は専門派遣会社のガイド社員である. ⇨ meeting assistant

sending service 見送りサービス. ☆空港または駅まで同行して, 出発する旅客を見送るサービス. ⇨ meeting service / meet and assist services

---

separate ☆品詞(動詞・形容詞)による発音の違いに注意.

― [sépərèit] 動 ① 分ける；分かれる. ☆**separation** 名「分離；別離」.
　[観光] The tourists *separated* into three groups. 観光客は3つのグループに分かれた.
② (親しい人と)別れる (=part from).
　[空港] We have to *separate* at the airport. →I'll miss you. 空港でお別れですね. →さびしいですね.

― [sépərət] 形 ①分かれた, 離れた (from).
　[機内] He sits *separate* from his family in the plane. 彼は機内で家族と離れて座っている.
② 別々の, 個別の (=individual). ☆名詞の前に用いる.
　[ホテル] We slept in *separate* rooms at the hotel. ホテルでは私達は別々の部屋で寝た.

◇ **separate account** 別勘定. ☆ホテルなどで団体客の同室者が個別に支払う場合の勘定のこと. personal account とも言う.
　[ホテル] How are you setting 〈clearing〉 your accounts? → I'll pay by *separate accounts*. お客様の勘定はどのように精算されますか. →別勘定で支払います.

◇ **separate bill**《英》別勘定, 別々の会計 (=《米》separate check). ⇔ single bill (一つの勘定)
　[レストラン] Today, we had better pay the *separate check*. 今日は 勘定は別々にしましょう. ⇨ Dutch treat

◇ **separate check-in** (団体客と区別する) 個人別のチェックイン. ⇔ group check-in

◇ **separate cover** 別便.
　[郵便局] I'll send you a parcel under *separate cover*. 小包を別便で送ります.

◇ **separate dishes** 別々の料理.
　[レストラン] We had better order *separate dishes* and share them each other. いろいろな料理を取ってお互いに分けましょう.

◇ **separate travel** 別々の旅行, 個別旅行 (=individual journey).

---

separately 副 ①別れて, 分けて. ⇔ together (一緒に)
　[劇場] There are three tickets left, but you'll have to sit *separately*. Do you

mind if you sit *separately*? 切符は3枚残っていますが、離れて座らなくてはいけません。個々にお座り願えますか。
② 別々に，単独に。
　レストラン I want to pay for the bills *separately*. この会計は別々に支払いたい。

---

ship 船（=boat, vessel）；宇宙船。☆ **ship** は「船」を表す一般用語であるが主として「大洋を航海する大型船」，**boat** はオール・帆・小型エンジンなどで動く「小型船」，**vessel** は「大型船」を指す。

ship の種類・関連語

B barge はしけ（ぶね），屋形船，平底の荷船（=lighter）/ bark バーク型帆船 / boat ボート / boat for hire 貸しボート。

C canoe カヌー / cargo passenger boat 〈ship〉貨客船 / cargo ship 貨物船（=freighter）/ catamaran カタマラン（船），双胴船（2個の船体を横に並べて連結した船）；（丸太を数本並べてつないだ）いかだ船 / clipper 快走帆船，（大型）快走船 / coast guard ship 沿岸警備艇（=coaster）/ container ship コンテナ船 / cruise ship 周遊観光船 / cruiser クルーザー（=cabin cruiser），（行楽用の）巡航船。

D dinghy ディンギー（レジャー用ボート）。

F ferry フェリー，連絡船，渡し船（=ferryboat）/ flying boat 飛行艇 / fireboat 消防艇 / fishing boat 釣船（=fishing vessel）/ freighter (boat) 貨物船（=cargo ship）。

G glass-bottomd boat グラスボート / gondola ゴンドラ。

H high-speed freighter 高速貨物船 / houseboat ハウスボート（水上生活をするための住居用の屋形船）/ Hovercraft ホバークラフト / hover ferry ホーバーフェリー / hydrofoil 水中翼船。

I ice breaker 砕氷船。

J jetfoil ジェット翼船。

L launch （遊覧用の）汽艇 / lifeboat 救命艇 / longboat （帆船）大型ボート / luxury liner 豪華客船。

M merchant ship 商船 / motorboat モーターボート（=power boat）。

O ocean-going ship 遠洋航行船 / ocean liner 客船，遠洋定期船。

P passenger boat 客船 / passenger liner 大型客船 / passenger-freighter 貨客船（乗客を一部乗せる）/ passenger ship 客船 / pleasure boat レジャー用ボート，遊覧船 / police boat 警察船。

R racing boat 競技船 / raft いかだ（=catamaran）/ riverboat 川船 / rowboat 手こぎボート，オールでこぐ舟（=《英》rowing boat）/ rubber boat ゴムボート（=rubber raft）。

S sailboat 小型ヨット (=yacht);《米》(小型) 帆船 (=《英》sailing boat)/ salvage boat サルベージ船, 海難救助船 / schooner スクーナ帆船 / showboat ショーボート, (劇場のある) 演芸船 / side-wheeler 外輪船 / sightseeing boat 遊覧船 / skiff 短艇 (一人でこぐ小船)/ sloop (1本マストの) スループ帆船 / speedboat 高速艇, 高速モーターボート / steamboat (主に河川用の) 汽船, 蒸気船 / steamship (大洋航海用の大型の) 汽船, 蒸気エンジンを備えた船.

T tanker タンカー / tender テンダー (港や島で船が接岸できない場合, 乗客を上陸地点まで運ぶ小型船); (親船の) はしけ, 補給船 / tramp liner 不定期船 / tramp ship 〈steamer〉不定期貨物船 / tugboat 引き舟 (=towboat), (大きな船に引かれる) 従船.

U ultra large crude carrier 〈略〉ULCC〉超大型タンカー.

W whaling vessel 捕鯨船 / whaleboat (救難用の) 手こぎボート. ☆かつて捕鯨船として使われた. / whale-watching vessel クジラ観察船. ☆ whale watching クジラ見物 / water taxi 水上タクシー.

Y yacht 大型ヨット (=《米》sailboat;《英》sailing boat).

shore excursion 〈略 S/E〉一時上陸観光, 寄港地上陸観光 (旅行). ☆船舶の寄港時に行う小旅行のこと. 船舶が特定の港 (例 横浜港) に寄港し, 同港より出港するまでの間の時間を限度として一時上陸の許可を得た客が, その港の近郊に行き, また入港地点に戻る観光旅行. ☆ shore excursionist「一時上陸客」. ⇨ overland tour
〔旅行代理店〕We have a fantastic seven-day cruise. There are so many activities and optional *shore excursions*. 小社には素晴らしい7日間のクルーズ企画があります. 催物や一時上陸観光のオプションも多数あります.

shore pass 一時上陸許可証, 上陸券, 上陸パス. ☆日本の場合ビザが免除される.
〔観光〕Please take your *shore pass* with you after you go through the necessary documents. 必要書類の手続きを終えたら, 上陸券を忘れずにお持ちください.

shoulder season ⇨ seasonality

shuttle 〔名〕(近距離用) 定期往復便, 折り返し運転. ☆飛行機・バス・列車などで特定区間を定期的に往復するものを言う. ▶ *shuttle* crew シャトルの乗組員 / *shuttle* operation 折り返し運転 / *shuttle* train 近距離往復列車 / airport *shuttle* 空港への定期往復便. ⇨ airport (shuttle)/ hotel *shuttle* ホテルの定期往復便.
◇ **shuttle bus** 近距離往復バス.《1》「(空港内) 循環バス」(=shuttle bus to and from the airport). 大きな空港内の各ターミナル間を定期的に往復する〈ぐるぐる回る〉バス. 空港で予約なしで受け付け, 先着順に乗車できるバス.

【空港】 What time does the *shuttle bus* leave? シャトルバスは何時に出発しますか.《2》「ホテル送迎用の往復バス」(shuttle bus to and from the hotel) 空港とホテル(またはショッピング・センターなど)の間を結ぶ無料(または有料)のバス.
【空港】 How much is it to go to the hotel by *shuttle bus*? → Free of charge. ホテルまでシャトルバスで行くにはいくらしますか. → 無料です.

◇ **shuttle bus service** シャトル・バス・サービス, 近距離往復バス, 循環バスサービス.
【ホテル】 A daily *shuttle bus service* is available to and from downtown. Please refer to the schedule in the main lobby. 毎日ダウンタウンまでのシャトルバス送迎を行っております. メインロビーの時刻表をご覧ください.

◇ **shuttle flight** シャトル便(通勤・通学用定期往復便),(近距離)定期往復航空便. ⇨ air shuttle. ☆米国の「ワシントン↔ニューヨーク間」また「シカゴ↔ニューヨーク間」などで通勤電車のように頻繁に運行している. 出発予定時刻にならなくとも満員になればドアを閉めて離陸する. 予約を受けずに空港で先着順に搭乗し機内で集金する.
【空港】 I'm taking a *shuttle flight* to Chicago today. Do I need a reservation? 今日シカゴまでシャトル便を利用します. 予約は必要ですか.

◇ **shuttle service** (近距離)定期往復便, 折り返し便. ☆近距離地点間を頻繁に往復する, 航空機, バス, 列車による輸送方式.《1》「飛行便」予約を受け付けずに空港で先着順に搭乗し, 乗客が一定数になれば出発する.「エア・シャトル」(**air shuttle**)とも言う.《2》「シャトルバス便」空港で予約なしで受け付け, 先着順に乗車し, 空港とホテルの間を走行する.
【ホテル】 There is a *shuttle service* between the hotel and the airport. ホテル・空港間には折り返し運転サービスがあります.

— 動《米》定期往復する;往復させる.
【空港】 They *shuttle* travelers between the airport and the hotel. 空港とホテルの間で旅行者を運んでいます.

sidewalk 名《米》(道路の)歩道 (=《英》footpath, pedestrian pavement).

sideway 名《米》横道, 裏道 (=《英》byway).

single 形 ①ただ1個の, 1人の, 単一の.
◇ **single bill** 〈《米》check〉 いっしょの勘定 (=one bill〈check〉; combined *check*).
⇔ separate bill〈check〉(別勘定)
②(ホテルの部屋・ベッドなど)1人用の.
◇ **single (-bedded) room** シングル(ベッド)ルーム. ☆1人用の寝台が1つある

部屋. ⇨ hotel room

◇ **single supplement** （旅行代金の）1人専用部屋追加料金（=single extra）. ☆ホテルに団体で宿泊する時2人部屋が基準であるが，その部屋を1人で専用するときに支払う追加料金.

ホテル A member in a group inclusive tour is usually required to pay a *single supplement*, if he ⟨she⟩ wants to occupy a hotel room by himself ⟨herself⟩. 団体包括旅行のメンバーが1人でホテルの部屋を占有したい場合，1人部屋追加料金を支払う必要がある.

◇ **single occupancy** 1人使用部屋. ☆1部屋を1人で利用すること. ⇨ occupancy

ホテル I would like to book a room for *single occupancy* for three nights from tomorrow. 明日から3日間1人使用で部屋を予約したいのです.

◇ **single-occupancy rate** 1人使用特別料金. ☆定員が2名以上の部屋を1人で使用する（single occupancy）場合の特別料金. 欧米で **single rate** とも言う. ⇨ occupancy

ホテル All our singles are booked tonight. But you can stay in a twin with a reduced *single-occupancy rate*. → How much is it? What's the price of the room? 今夜はシングル全室予約されています. しかし割引いた1人使用特別料金でツインルームにお泊まりいただけます. （=Our single rooms are all booked tonight. But I can let you have a twin with a reduced *single-occupancy rate*.） →いくらですか. 室料はいかほどですか.

---

slot machine 《英》（切符などの）自動販売機（=slot vending machine），《米》自動賭博機, スロットマシーン.

レストラン There is a *slot machine* outside the restaurant entrance on the left. 食堂入口の外の左側に自動販売機がある.

---

slumbercoach 名 《米》1人用または2人用の個室にトイレが付いた低料金の簡易寝台車. （sleeping car）⇨ couchette

---

smallpox 名 天然痘, 種痘.

空港 It is best for you to have yourself vaccinated against *smallpox*. 天然痘の予防接種をしておくことが一番大事です. ☆ You are advised to get an inoculation against *smallpox*.

---

smoke detector 煙感知器.

ホテル Your *smoke detector* is flashing, sir. Is there anything burning in your room? 煙感知器が作動しています. 何か部屋に燃えているものがありますか.

smoke-free 形 煙のない, 禁煙の. ▶ *smoke-free* aircraft 〈restaurant〉禁煙の飛行機〈レストラン〉.

レストラン I'm sorry. But you'll have to put out that cigarette. The whole restaurant is *smoke-free*. すみませんが, お煙草を消してください. レストラン全体が禁煙です.

smorgasbord 名 スモーガスボード, スカンジナビア風セルフサービス料理. ☆語源は, スウェーデン語のsmorgas(バター付きパン)とbord(食卓)で, 各種料理を食卓に並べ, バターを塗ったパンを皿代わりにして自由に取り分けて食事したことに由来する.
☆セルフサービス式の品数の多い料理のことを日本語で「バイキング(料理)」(和製英語)と呼んでいるが, 英語でVikingとは言わない. 通常は **buffet** または **smorgasbord** と言う. 元来Vikingとは8世紀から10世紀にかけてヨーロッパ北部および西部の沿岸を侵略したスカンジナビア半島に住んでいた人々のこと.

special 形 ①特別な〈の〉.
◇ **special meal** (機内の)特別食(=special menu). ☆機内の食事サービスには「子供用」(child meal), 「菜食主義者用」(vegetarian meal), 「宗教的な理由による特別食」(例 牛肉〈beef〉抜きのヒンズー教徒(a Hindu)用, 豚肉〈pork〉抜きのイスラム教徒(a Muslim)用, ユダヤ教徒(a Jew〈Judaist〉)のためのコーシャ・ミール(Kosher meal) など), また「特殊な疾患者用」(例 糖尿病患者(a diabetic)用)の特別食などがある. 航空チケットを予約する時, または搭乗24時間前までに注文できる.

機内 A variety of *special meals* are provided, depending on the specific flight. *Special meals* can be ordered at the time of ticket booking or by contacting your local American Airways office at least 24 hours before the scheduled time of departure. 特定の便にもよりますが, 各種特別食を用意しております. 航空券の予約時にご注文いただくか, 遅くとも出発の24時間前までに最寄りのアメリカン航空の事務所にお申し出ください.

◇ **special discount rate** 特別割引料金.
ホテル *Special discount rates* are available for guests who stay for a long period. 長期滞在のお客様には特別割引の料金が利用できます.

◇ **special order** 特別注文.
レストラン Here is the sandwich, your *special order*. こちらはお客様が特別

注文されたサンドイッチです.

◇ **special rate** 特別料金.
〖観光〗 Can you give me a *special rate* for this sightseeing tour? この観光旅行を特別料金にしてもらえますか.

◇ **special supplement** 特別追加料金.
〖乗車〗 If the passengers want to have first-class travel tickets for this super-express train, they should pay a *special supplement*. 乗客が超特急の1等乗車を希望する場合，特別追加料金を支払わなくてはならない.

② 速達の. ▶ *special* delivery letter 速達の手紙.
◇ **special delivery** 速達 (=《英》express delivery).
〖郵便局〗 I want to send this package by *special delivery*. この荷物を速達で送りたいのです.

③ 臨時の (=extra). ▶ *special* bus 臨時バス / *special* train 臨時列車 / *special* train schedule 臨時ダイヤ.

— 图《米》(割安の)特別料理；(店の)自慢料理 (=specialty of the day). ☆コック長のすすめる「本日のおすすめ料理」を, **today's special** または **special today** と言う. ⇨ daily specials; the specialty of the house
〖レストラン〗 What is today's *special*? → We have bouillabaisse as today's *special*. 本日のおすすめ料理は何ですか (=Do you have any specials on the menu today?)→本日の特別料理としてブイヤベースがございます.

Special Interest Tour 〈略〉SIT 特別目的旅行，特殊観光. ☆観光旅行者の興味や関心を満たすよう特別な目的，また特別な個性あるテーマをもって企画・実施される特殊な地域に向けての観光旅行. 例えば「博物館〈美術館〉めぐり」「音楽鑑賞旅行」「グルメ食べ歩き旅行」「スポーツ観戦」「オペラ鑑賞」などがある.

specialty 图 ①(店の)特製品, (レストランの)自慢料理 (=《英》speciality). ▶ *specialty* of the day 本日のおすすめ料理 (=today's special). ⇨ special
〖レストラン〗 What would you recommend? → Well, many people like our Chateaubriand. It's an excellent beefsteak and the chef's *specialty*. おすすめは何ですか. →シャトーブリアンを召しあがる方が多いですよ. おいしいビーフステーキで, シェフの特別料理です.

◇ **specialty of the house** 当店のおすすめ料理 (=the house specialty; chef's suggestion).
〖レストラン〗 Can you recommend us a main dish? → Sure. (I suggest you try) Sirloin steak. It is the *specialty of the house*. メインディッシュをおす

すめ願えますか．（=What's the *specialty* of the house?）→はい．サーロインステーキ（はいかがですか）．これは当店の自慢料理です．
② 専門；専門品，専門店．
　◇ **specialty restaurant** 専門レストラン，専門料理店．☆特定の料理を限定して専門に取り扱うレストラン．ファーストフードなどは除かれる．☆ *specialty of a restaurant*「レストランの特別〈名物〉料理」．
　　ホテル There is a *specialty restaurant* on the first floor, if you would like to have French dishes. フランス料理を召し上がりたいのでしたら，1階に専門レストランがございます．
　◇ **specialty shop** 専門店（=《米》specialty store）．▶ *specialty* food *shop* 高級食品専門店．
　　観光 This district is another shopping center with many department stores and *specialty shops*. この地区はもうひとつのショッピングセンターで，デパートや専門店が数多くそろっています．
③ 特産品，特産物（=special products）．

standby 名 ① （飛行機などの）空席〈キャンセル〉待ちの客，待機者．☆通称「スタンバイ」．⇨ go-show
② 予備乗員，交代要員．☆本来の乗務のほかに，何か支障があった場合すぐに交替乗務ができるようにスタッフが待機していること．
— 形 待機の，空席待ちの．▶ *standby* passenger 空席待ち旅客，待機乗客（=go-show passenger）．
　空港 *Standby passengers* formed a long line〈queue〉in front of the check-in counter. キャンセル待ち旅客がチェックイン・カウンター前に長い列をつくっている．

standard 形 標準的な．▶ *standard* hotel 標準的なホテル（deluxe hotel の次のクラスのホテル）/ *standard* portion 標準的な盛り付けの量．☆個々の料理に対してある程度の標準が設けられている / *standard* recipe 標準調理法．☆標準化された調理の手順 / *standard* ticket 標準切符．☆ IATA（International Air Transport Association: イアタ．国際航空運送協会）加盟の航空会社で共通して使える標準航空券．
— 名 標準，水準，基準．▶ a high〈low〉*standard* of living 高い〈低い〉生活水準．

standard time（the ～） 標準時．☆各国，各地方で公式に採用されている時間（=time zone）．通常 UTC（universal time coodinated: 協定世界時）との差でその地域の標準時を示す．

- **American Standard Time** アメリカにおける標準時.
    1. Eastern Standard Time 〈略〉EST〉東部標準時 = UTC−5（ニューヨーク，ワシントン，マイアミ）
    2. Central Standard Time 〈略〉CST〉中部標準時 = UTC−6（シカゴ，ニューオリンズ）
    3. Mountain Standard Time 〈略〉MST〉山岳標準時 = UTC−7（デンバー，フィーニックス）
    4. Pacific Standard Time 〈略〉PST〉太平洋標準時 = UTC−8（サンフランシスコ，ロサンゼルス）
    5. Alaskan Standard Time 〈略〉AST〉アラスカ標準時 = UTC−9（アンカレッジ）
    6. Hawaiian Standard Time 〈略〉HST〉ハワイ標準時 = UTC−10（ホノルル）
- **Canadian Standard Time** カナダにおける標準時
    1. Newfoundland Standard Time ニューファンドランド標準時 = UTC−3：30（ニューファンドランド島）
    2. Atlantic Standard Time 大西洋標準時 = UTC−4（シャーロットタウン）
    3. Eastern Standard Time 東部標準時 = UTC−5（モントリオール，ケベック，オタワ）
    4. Central Standard Time 中部標準時 = UTC−6（ウィニペグ）
    5. Mountain Standard Time 山地標準時 = UTC−7（エドモントン，カルガリー，ジャスパー）
    6. Pacific Standard Time 太平洋標準時 = UTC−8（バンクーバー，ユーコン地区）
- **Australian Standard Time** オーストラリアにおける標準時
    1. Western Australia = UTC+8（パース）
    2. Northern Territory / South Australia = UTC+9：30（ダーウィン，アリススプリングス，アデレード）
    3. Queensland/ New South Wales = UTC+10（ブリスベーン，シドニー，キャンベラ，メルボルン）
    4. Victoria/ Lord Howe Island = UTC+10：30（ロードハウ島）

---

staple [stéipl] 動 ホチキスで留める. ☆ **stapler** 名「ホチキス」(和製英語). ホチキス (Hotchkiss)は考案者の名前を使った商標名である.
　表示 *STAPLE* HERE「ここをホチキスで留める」☆米国「入国カード」に記されている表示.
― 名 ホチキスのとじ針. ▶ *staple* remover ホチキスはずし.

star 名 ① 星；星印；星形.

② (通常複数形で)(格付けを示す)星印. ☆「ホテルの格付け」five-star hotel (5つ星) は最高級ホテル.

　ホテル Hotels in Spain are categorized from one *star* to five *stars*. スペインのホテルは1つ星印から5つ星印に分類される.

　◇ **Star Hotel** スター・ホテル. ☆星 (star) の数で格付けをするホテル. 5段階に区分し,「5つ星」が最高級とされ **five-star hotel** または **blue-ribbon hotel** と言う. ⇔ no-star hotel (星のないホテル)

status 名 ①(社会的)地位, 身分；状態. ▶ elite *status* エリートクラス (上級会員). ☆各航空会社のマイレージ会員で, 搭乗回数が多い上級会員. 搭乗便が空いている場合にビジネスクラスへの座席移動などの特典がある.

② 予約状況. ☆旅行手配または航空業務上ではしばしば「予約状況」の意味で用いる.

sticker 名 ステッカー,(裏面)のり付きラベル. ☆エアライン用語で「航空券の記載事項を変更するために貼るシール」(reservation alteration sticker) の意味.

　空港 What is your missing bag like? → It's a black shoulder bag with a *sticker* on the front. 行方不明のバッグはどのようなものですか. →前面にステッカーを貼った黒いショルダーバッグです.

stub 名 (切符・荷札・入場券の)半券 (=《英》counterfoil). ▶ ticket *stub* 切符の半券.

　入館 The admission fee to the Prado includes a *stub* for the Cason Del Buen Retiro. プラド美術館への入場料は,(別館の)カソン・デル・ブエン・レティーロへの半券料を含む.

studio room スタジオ・ルーム. ☆スタジオ・ベッド(ソファー兼用の補助ベッド)を備えた客室. 通常はシングル・ベッドともう1つソファー・ベッドがある部屋.

　◇ **studio single** スタジオ・シングル. ☆シングル・ベッドとスタジオベッド(ソファー兼用の補助ベッド)を備えた部屋. 必要に応じてスタジオ・ベッドを使用して2人用客室とする.

　◇ **studio twin** スタジオ・ツイン. ☆ツイン・ベッドとスタジオ・ベッド(ソファー兼用の補助ベッド)を備えた部屋. 必要に応じて, スタジオ・ベッドを使用して3人用客室とする.

suggest 動 勧める；(それとなく)提案する. ☆ I suggest (that) S (should) do.「私のお勧めは…」(=My suggestion is ...). 相手に控え目に提案する時の慣用表現である.

積極的に提案する時には **I propose** ... を用いる.
【観光】 He *suggested* that we (should) go on an overseas trip. 海外旅行に出かけようと彼は提案した. ☆ He said, "Let's go on an overseas trip."

suggestion 名 ①推薦；提案；示唆. ▶ make a *suggestion* 提案する / have a *suggestion* 提案がある.
【レストラン】 What's your *suggestion*? → I'd suggest you try our Chablis. → OK. I'll take the Chablis. お勧めは何ですか. →当店のシャブリ（ワイン）を試されることをお勧めします. →わかりました. シャブリをください.
② 推薦〈お勧め〉料理 (=the specialty of the house). ▶ chef's *suggestion* シェフの自慢料理.
【レストラン】 What's your *suggestion*? → I suggest you try the tenderloin steak. お勧めの料理は何ですか. →テンダーロインステーキがお勧めです.

supplemental 形 追加の, 補足的な (=supplementary). ▶ *supplemental* request 追加要請.
◇ **supplemental charge** 基本料金を超過する費用 (=surcharge). ☆パッケージツアーなどで standard hotel から deluxe hotel へとグレードを上げる際に要する特別料金.
【ホテル】 You have to pay a *supplemental charge* to stay at this hotel. このホテルに滞在するには追加料金の支払いが必要です.

surcharge 名 追加料金 (=extra〈additional〉charge), 特別サービス料金 (=supplement).
【旅行】 A *surcharge* is added to the fares for travel on weekends. 週末の旅行運賃には追加料金が加算される.

surface [sə́:fəs]（発音に注意）名 ①表面, 外面；水面. ▶ on the *surface* of the moon 月面にて.
② 地上輸送手段. ☆航空機以外の輸送機関で, 鉄道・バス・船舶・フェリーなどを使うこと. ▶ *surface* car 路面電車. ☆地下鉄の電車 (subway car) に対する用語. / *surface* portion 地上旅行区間 / *surface* railway 路面鉄道 / *surface* segment 地上旅行部分 / *surface* transportation 地上・海上の輸送機関. ☆航空機 (airplane) に対する用語.
◇ **surface mail** 船便 (=sea mail)；鉄道便, 海上〈陸上〉便. ☆航空便 (airmail) に対する用語.

郵便局 I want to send this package to Tokyo by *surface mail*. What's the postage for this package? 東京までこの小包を船便で送りたいのですが，郵便料金はいくらですか．

◇ **surface transport** 〈略 STR〉(空港と都市の間を輸送する)地上交通機関；陸上〈水上〉輸送．

交通機関 We send this baggage by *surface transport*. 荷物は地上交通機関で送ります．

---

suspend 動 運休する(=cancel; stop). ⇨ operation (運行). ☆ **suspension** 名 「運休」．

鉄道 The train service for Boston was *suspended* due to the heavy snows. → When will it be in operation again? 大雪のためボストン行きの列車は運休になりました．→いつ運転再開されますか．

Shanghai, China

Sydney, Australia

T

tab 名 《米》(レストランなどの) 勘定書, ツケ (=《英》bill;《米》check); 付け札. ▶ room-service *tab* ルームサービスの請求〈ツケ〉/ mini-bar *tab* ミニバーの勘定書 / (pay) the total *tab* ツケの総額（を支払う）.

◇ **room tab** 部屋のツケ. ☆ホテル内の食堂や買物のとき自分の部屋の勘定にすること.
カフェ Please put it on my *room tab*. それは僕の部屋のツケにしてください.

— 動 ツケにする (=run〈keep〉a tab).
カフェ I want to *tab* for everyone. みんなの分は私のツケにしておいてください.

---

table 名 食卓；(食卓上の) 料理.
レストラン Can I have a *table* for just coffee? → Yes, sir. No problem. This way, please. コーヒーだけでも席が取れますか. →はい, 大丈夫です. どうぞこちらへ.

◇ **table service** テーブル・サービス. ☆着席する食事客に対して給仕が飲食物をテーブルまで運ぶサービスのこと.「テーブル・サービス形式によるレストラン」を **table service restaurant** と言う. ちなみに「テーブルチャージ（席料）」は和製英語. 英語では **cover charge** と言う. ⇨ cover charge

テーブル・サービス方式の種類

1. **American Service** アメリカ式サービス. ☆調理場ですでに1人前ずつ皿に盛られた料理を, 給仕がトレー (tray) を用いて客席まで運ぶ飲食サービス形式. **tray service** とも言う.

2. **French Service** フランス式サービス. ☆通常2人のスタッフ（仕上げて盛りつける者と料理を運ぶ者）によって行われる正式な飲食サービス形式のこと. 調理場で大皿 (platter) に盛りつけられた料理をワゴン (wagon) に移し, 客席まで運ぶ. その後料理の仕上げや盛りつけをサイド・テーブルの上で行い, もう1人の給仕が客席前まで運ぶサービスのこと. 宴会などで提供されることが多い. **wagon service** とも言う.

3. **Russian Service** ロシア式サービス. ☆調理場で大皿 (platter) に形よく盛りつけた料理を給仕が客席まで運ぶ. その後給仕が食事客に対して料理を見せてから, サーバー (server〈spoon or fork〉) を用いて皿 (plate) に取り分け, 盛りつけるサービス形式のこと. **plate service**, **platter service** とも言う. 宴会などに多用される.

4. **English Service** 英国式サービス. ☆大皿 (platter) に盛られた料理と温められた皿がホストのそばに置かれる. ホストは料理を切り分け, 皿に盛り付け, その皿をホストの左側に待機している給仕人 (waiter) に渡し, 給仕人が主客から順にすべての客に出す. レストランの個室で行うことが多い.

table d'hôte 〈複 tables d'hôte〉 テーブル・ドート, (レストランの) 定食 (=course menu; prix fare / a complete meal of several courses offered at a fixed price). ⇔ à la carte. ☆あらかじめ設定されたフルコース (オードブル, スープ, アントレ, サラダ, デザートなど) の献立である. すべての客に出されるお決まりの食事また同じ中身の料理. これに対して「一品料理」は à la carte と言う. table d'hôte はフランス語で「主人の食卓」(host's table) の意味である. 昔, ヨーロッパの宿屋では, 食事なしの素泊まりが普通であったが, やがて客人が宿屋の主人と同じ食卓で食べる習慣が生まれた. 今では宿屋・食堂などで定刻に同じ料理を食べる「会食用テーブル」または「相席用テーブル」を指す用語である.
　【レストラン】 I'll have a *table d'hôte* for dinner. 夕食には定食をいただきます.

tax 名 税, 税金. ▶ airport *tax* 空港税 / consumption *tax* 消費税 / exit *tax* 出国税 / local *tax* 地方税 / sales *tax* 売上税 / value-added *tax* 〈略 VAT〉付加価値税. ⇨ value-added tax / GST〈goods and service *tax*〉物品・サービス税.
　【買物】 You must pay *tax* on certain items you buy abroad. 外国での買い物の支払いには税金がかかります.
　◇ **tax and service charge** 税金とサービス料.
　　【レストラン】 The 10% *tax and service charge* are included in the total. 総額には10パーセントの税金とサービス料が含まれています.
　◇ **with tax** 税込みで (=including tax).
　　【買物】 How much will it be *with tax*? → *With tax* that comes to $ 50.00. 税金がかかるとどのくらいですか. →合計税込みで50ドルになります. (=That's $50.00 *including tax*.)
　◇ **without tax** 税抜きで (=excluding tax).
　　【買物】 I'd like two dolls, please. Do you give me discounts? → OK. I'll give you 20 dollars *without tax*. 人形を2ついただきますが, 少しまけてくれますか. →いいでしょう. 税抜き20ドルでお売りします.
— 動 (人・物に) 税金を課す. ▶ be heavily *taxed* 重税が課せられる.

taxable 形 税金がかかる, 課税の対象となる (=dutiable). ▶ *taxable* goods 課税品 (=dutiable goods)
　【買物】 Is this article *taxable*? この品は課税対象ですか.

taxation 名 課税 (=duty).
　【買物】 Are these goods subject to *taxation*. これらの品物は課税対象ですか.

tax-exempt 形 無税の, 免税の (=duty-free; tax-free).
　🈐買物 Are these all *tax-exempt*? これらは免税品ですか.

tax exemption 免税. ▶ *tax exemption* form 免税品申告書, 免税申請書.

tax-free 形 免税の (=tax-exempt; duty-free).
　🈐買物 Is this article taxable? → No, it isn't. It's *tax-free*. これは課税品ですか. → いいえ, 免税です.
　◇ **tax-free goods** 免税品. ☆ **tax-exempt goods**, **tax-free items**〈articles〉とも言う.
　◇ **tax-free shop** 免税店 (=duty-free shop).
— 副 免税で (=free of tax).
　🈐機内販売 Can I buy perfume *duty-free* on the plane? 機内で香水を免税で買えますか.

taxi 名 地上滑走. ▶ *taxi* light（空港の）誘導灯.
— 動〈taxiing; taxying〉（飛行機が）地上〈水上〉滑走する, 誘導路を移動する. ☆飛行機が着陸または離陸のために誘導路を滑走移動すること.
　🈐空港 After landing at the international airport, the aircraft will *taxi* to its arrival gate. 国際空港に着陸後, 航空機は到着ゲートへ走行する.

taxiing 名（空港で飛行機の）地上滑走. ⇨ taxi. ☆飛行機が滑走路や誘導路をゆっくりと自力で滑走する.

taxiway〈略 TWY〉名（空港の）誘導路 (=taxying way). ☆空港で飛行機が駐機場 (apron) から滑走路 (runway) に向かう舗装された誘導路, また滑走路の端まで進行する際に使用する誘導路.

technical 形 技術的な, 専門的な.
　🈐空港 The aircraft was delayed one hour by *technical* trouble. 飛行機は技術的なトラブルで1時間遅れた.
　◇ **technical landing** 技術着陸, 臨時応急着陸 (=technical stop). ☆給油や整備または乗員交代のために航空機が着陸すること. 乗客の乗り降り, また貨物の積み降ろしはない.
　◇ **technical visit**〈略 TV〉テクニカルビジット (=technical tour, industrial tour). ☆「産業視察旅行」（工場視察を兼ねた旅行）,「企業訪問」（専門的な視察調査の目的で企業の施設の参観を兼ねた旅行）など.

temperature 名 ① 温度. ▶ atmospheric *temperature* 気温.
◇ **room temperature** 室温.
> ホテル How can I regulate the *room temperature*? → Just adjust the thermometer while pressing this button. 室温の調節はどのようにすればよいのですか. →このボタンを押しながら温度計を調節してください.

② 体温. ☆「体温」をはっきりさせる必要がある場合は body temperature と言うことがある.「体温計」は (clinical) thermometer,「体温をはかる」は take one's temperature.
> 体温 When I took my *temperature* with this thermometer, I found it was 38.3℃. この体温計で体温をはかったら38度3分でした. ☆ thirty-eight point three degrees Celsius と読む.

③ (平熱以上の高い) 熱 (=fever). ▶ have a (high) *temperature* (高) 熱がある. ☆通常は run a fever と言う / run a *temperature* 熱を出す / bring down a *temperature* 熱を下げる.

---

temperature control 温度計. ☆通常は thermostat「温度調節装置」または thermometer「温度計」と言う.

---

temporary 形 一時的な, 臨時の. ⇔ permanent(永久的な).▶ *temporary* address 一時滞在先 / *temporary* disembarkation 一時降機 / *temporary* landing 一時上陸 / *temporary* residency visa 短期居住査証 / *temporary* visa 一時訪問用ビザ / *temporary* visitor 一時滞在者. ☆旅行者のように居住が目的でない訪問者.

terminal 名 (バス・鉄道の) 始発〈終着〉駅 (=《英》terminus); (空港の) ターミナル (air terminal).

☆空港にあるターミナルビル (**terminal building**: 飛行機の乗降客が利用するターミナル), または空港バスで乗客を運ぶための都市内の搭乗案内所のことで, 搭乗手続きや送迎などに使用する. 特に大きな空港ではターミナルが多く, 乗り継ぎする時には航空会社や行き先によって **Departures Terminal** (出発ターミナル) や **Arrivals Terminal** (到着ターミナル) が異なるので確認する必要がある. ターミナル間には多数の **shuttle bus** (空港内循環バス) が運行している.

☆搭乗前の Terminal には **Airline Check-in Counter** (搭乗手続きカウンター) → **Security Control** (セキュリティ検査) → **Immigration**〈**Passport Control**〉(出国審査) → **Boarding Gate** (搭乗口) がある.

☆降機後の Terminal には **Immigration** (入国審査) → **Baggage Claim Area** (手荷物受取所) → **Customs** (税関) / **Quarantine** (検疫) がある.

terminate 動 終わる(in)；終わらせる.

【空港】 Our service *terminates* in Chicago with the departure of the group from O'Hare International Airport. 当社のサービスはシカゴで団体がオヘア国際空港を出発することで終了します.

【車内】 This train *terminates* at the next station. この列車は次の駅が終点です.

terminus 名 (複 -ni / ～es)（鉄道・バスなどの）終点(=last stop)；《英》終着駅(=《米》terminal), ターミナル. ⇨ terminal

ticket 名 ① 航空券；乗船券.

【空港】 May I see your passport and air *ticket*? 旅券と航空券を拝見できますか. ☆ Please show me your passport and ticket. 単に Your passport and ticket, please. とも言う.

【空港】 At the check-in counter, a *ticket* agent looks over the air ticket and the passport, and the baggage is checked in. チェックイン・カウンターではチケット担当者が航空券と旅券を調べ, 荷物の手続きが行われる.

---

ticket ①航空券の種類

- **A** air ticket 航空券. ⇨ air ticket
- **B** boarding ticket 搭乗券.
- **C** conjunction ticket 関連航空券（4区間以上の旅行の場合, 2冊以上組み合わせて番号をつけて発行する航空券）.
- **F** flight ticket 航空券. ☆ first-class〈economy〉ticket ファーストクラス〈エコノミー〉席の切符.
- **N** normal ticket 正規航空券.
- **P** plane ticket 航空券 / prepaid ticket advice〈略〉PTA〉航空旅客運賃元払い制度.
- **S** standby ticket 待機後空席を得て乗る格安切符.
- **1** **E-ticket** E-チケット, オンライン予約のチケット. ⇨ electronic airline ticket
- **2** **OPEN ticket** オープン・チケット. ☆帰国便の出発期日・便名・航路の「予約の記載がなく, 搭乗区間のみが記載」(open)されている航空券である. 有効期間は発行日から1年間である. ⇨ open ticket
- **3** **FIXED ticket** フィックス・チケット. ⇨ fixed ticket
- **4** **FIX-OPEN ticket** フィックス・オープン・チケット. ⇨ fixed open ticket

ticket ①航空券の関連語

- **A** ticket agent 《米》チケット販売係, チケット取扱業者. ☆航空券の発券業務や搭乗受け付けの係員.
- **C** ticket counter (各航空会社の) チケットカウンター (=ticket center); 切符売場. ☆切符を売る場所には PURCHASE TICKETS と書いた掲示がある.
- **E** ticket exchange 〈略〉TX〉航空券交換. ☆経路や等級の変更のために発行済みの航空券に対して再発行手続きをすること.
- **F** ticket for one's onward or return journey 次の訪問国へ向かうため, または帰国のための航空券〈乗船券〉.
- **P** ticket printer 航空券を自動的に発券するコンピューター端末機. ⇨ automated ticket and boarding pass.
- **T** ticket time limit 航空券購入制限. ☆出発予定時刻 72 時間前または座席予約確認後 48 時間以内に航空券を購入しなければならない時間制限.
- **V** ticket vending machine 券売機.

② (列車・バスなど交通機関の) 乗車券; 入場券.
　☆ ticket の代用として, token (地下鉄の代用コイン), farecard (ワシントンの地下鉄などの乗車カード), carnet (カルネ: パリ地下鉄の回数券) などがある.
　⇨ token

ticket ②乗車券の種類

- **B** berth ticket 寝台券 / blue ticket バスの回数券 / boat ticket 乗船券 / bus ticket バスの乗車券.
- **C** commutation ticket 《米》定期乗車券 (=《英》season ticket), 回数券 / commuter ticket 定期券, 回数乗車券.
- **E** express ticket 急行券.
- **F** fare ticket 乗車券.
- **G** green-coach ticket グリーン車券 (=first-class car ticket).
- **P** platform ticket 《英》(駅の) 入場券 (=《米》track ticket).
- **R** railroad ticket 《米》鉄道乗車券 (=《英》railway ticket).
- **S** sleeper ticket 寝台券 (=sleeping-berth ticket) / streetcar ticket 電車の切符 / subway ticket 地下鉄の切符.
- **T** train ticket 列車の切符.

ticket ②乗車券の関連語

- **B** ticket barrier 改札口 (=ticket wicket)/ ticket book 乗車券つづり.
- **C** ticket clerk 出札係 / ticket collector（駅の）集札係（切符を集める人）.
- **D** ticket designator（航空券に記入される）割引運賃種別・旅客コード.
- **E** ticket examiner 改札係 (=clipper).
- **F** ticket for the overnight train 夜行列車の切符.
- **G** ticket gate《英》改札口 (=wicket;《英》(ticket) barrier). ☆automated ticket gate 自動改札口.
- **I** ticket inspector 検札係. ☆乗車券・入場券などを検札（ticket inspection）する人 / ticket issued at normal fares 普通運賃で発券した切符.
- **M** ticket machine 切符販売機, 券売機. ☆automated ticket vending machine 自動券売機.
- **O** ticket office《米》(駅の)切符売場 (=《英》booking office), 出札所, 発券所. ☆「劇場」などの切符売り場は box office.「空港」などの切符売場は ticket counter と言う. / ticket office for superexpress みどりの窓口.
- **P** ticket puncher 改札係, 検札係. ☆切符にはさみを入れる人.
- **S** ticket seller 切符売り / ticket slot machine 切符自動販売機 / ticket sold in advance 前売券 / ticket stub 切符の半券.
- **W** ticket wicket 改札口. ⇨ wicket / ticket window 切符販売窓口, 切符売り場 (=ticket office).

③（娯楽・競技・劇場などの）チケット, 入場券.
掲示 *Admission* by ticket only.「入場券をお持ちでない方お断り」.

ticket ③入場券の種類

- **C** concert ticket コンサート切符 (=ticket for the concert).
- **T** theater ticket 劇場の入場券.

ticket ③入場券の関連語

- **A** ticket agency チケット販売所, プレイガイド (=ticket office). ☆映画・演劇・音楽会などの切符の前売りをする, または乗物や劇場などを案内する「販売代理店」あるいは「切符取次販売所」のこと.「プレイガイド」は和製語. 英語では theater ticket agency, また booking agency,《英》booking office と言う. 英語の play guide は「映画・演劇案内の印刷物」の意. ⇨ box office（映画館・劇場・スタジアムなどの切符売り場）. / ticket agent チケット販売業者, 切符取扱人 / ticket arrangements (for theaters, operas and concerts)（劇場, オペラ, コンサートの）切符の手配.

B ticket booking 切符の予約 / ticket booth 切符売場. ☆ TKTS booth (NYブロードウェイにあるショーの格安当日券売り場). / ticket broker 切符の委託販売業者.

O ticket office 切符売り場, 入場券売り場；プレイガイド（=《英》booking office）.

V ticket vending machine 券売機.

ticket ①〜③についてその他の関連語

A admission ticket 入場券（=platform ticket）/ advance ticket 前売券（=advance-sale ticket）/ automatic ticket gate〈checker〉 自動改札機 / automatic ticket (vending) machine 自動券売機.

B book of tickets 回数券.

C circular ticket 周遊券 / complimentary ticket 優待〈無料, 招待〉券 / coupon ticket 回数（乗車）券 / current ticket 当日券.

D day ticket 当日券（=a day ticket; one-day ticket）；《英》日帰り往復割引切符 / discount ticket 割引券, 割引切符, 格安チケット.

E entrance〈entry〉ticket 入場券 / excursion ticket （割引）周遊切符, 団体周遊切符.

F free ticket 無料切符.

G group ticket 団体（乗車）券.

H hard ticket 指定席券.

I internet ticket sales インターネット上のチケット販売 / invalid ticket 無効切符.

M meal ticket 食券（=food ticket）.

N numbered ticket 整理券.

O off-season ticket 閑散期チケット / omnibus ticket 一括切符 / one-day ticket 当日限りの有効切符（=a day ticket）/ one-way ticket《米》片道切符〈乗車券〉（=《英》single ticket）/ online ticket sales インターネット上のチケット販売 / ordinary fare ticket 普通乗車券.

P party ticket 団体切符 / passenger ticket 乗車券（=identification check）.

R regular ticket 通常チケット / reserved seat ticket 座席指定券（=reservation ticket）/ return ticket《1》帰りの切符；《2》《英》往復切符（=《米》round-trip ticket）. ⇨ return ticket. / round-the-world ticket 世界周遊券 / round-trip ticket《米》往復切符（=《英》return ticket）：周遊券.

S season ticket《英》（交通機関の）定期（乗車）券（=《米》commutation ticket）；（劇場・競技場などの）定期入場券 / seat reservation ticket 座席指定券 / single ticket《英》片道切符〈乗車券〉（=《米》one-way ticket）/ streetcar ticket 電車の切符 / subway ticket 地

下鉄の切符.
- **T** theater ticket 劇場の入場券 / through ticket 通し切符 / today's ticket 当日券 / tourist ticket 周遊券 / train ticket 列車の切符 / transfer ticket 乗換券.
- **V** valid ticket 有効切符〈チケット〉.

④ 交通〈駐車〉違反カード〈チケット〉. ☆口語では交通規則の違反者に対する「呼び出し状」の意味もある.
▶ parking *ticket* 交通違反チケット, 駐車違反切符 (=parking citation). ☆駐車違反者に対して発行される呼び出し状 / (get) speeding *ticket* スピード違反チケット (を切られる)/ traffic *ticket* 交通違反通告切符.

⑤ (定価・サイズなどを示す) 札 (=tag), ラベル. ▶ big-ticket merchandise 高額商品 / case *ticket* 箱荷札 / exchange *ticket* (商品の) 交換券 / high-ticket items 高額商品. ⇔ low-ticket items (低額商品)/ price *ticket* 定価札, 正札 / purchase *ticket* 購買切符 / purchasing *ticket* 購入券.

— 動 切符を発行する. ▶ *ticketed* passenger 切符購入済みの乗客.

ticketing 名 発券；発券業務；切符の発行. ▶ e-*ticketing* 電子発券 (=electronic ticketing service)/ Online〈Internet〉*ticketing* オンライン〈インターネット〉の発券 / *ticketing* office 発券所 / *ticketing* section 発券課.
[掲示] *Ticketing*.「発券カウンター」☆空港での掲示.
◇ **ticketing time limit** 〈略 TTL〉航空券購入制限. ☆航空券は出発前のある期限内に購入すべきとされる制限のこと. ただし地域や予約日によって異なる.

ticketless travel 航空券なし搭乗制度. ☆近年, 航空券 (air ticket) なしでも搭乗できる制度が導入されている. 予約番号や旅券番号, マイレージ会員番号など固有の番号を示し, 搭乗券の発行を受けるシステム.

tilt 動 (後ろに)倒す, 傾ける.
[機内] May I *tilt* my seat back? → Sure. Go ahead. 座席を倒してもいいですか. → はい. どうぞ.
◇ **tilt backward** 後方に傾ける. ☆機内, 車内などの「座席を後ろに倒す」時に用いる.
[機内] How can I get this seat to *tilt backward*? → You have only to press this button. この座席を後方に倒すにはどのようにしますか. →このボタンを押してください.

token [tóukən] 名 トークン, (乗物)代替券, (切符の)代用硬貨. ☆米国や香港などの地下

鉄で切符の代わりに使用するコインのようなもの. それを買って改札口のスロット〈投入口〉(slot) に入れ, バー (bar) を回転させて中に入る. token coin とも言う. ロサンゼルス郡都市圏交通局 (Los Angeles County Metropolitan Transportation Authority〈略〉LACMTA) では地下鉄・バス共通のトークンを採用している. ▶ *bus* token バス料金代用券 / *subway* token 地下鉄料金代用券.

【交通】You can't use cash on this bus, only *tokens*. このバスでは現金では払えません. トークンだけ使えます.

toll [tóul] 名 ①（走路・橋などの）通行料金；通行税；使用料金. ▶ *tollbooth*（有料道路の）料金徴収所 / *toll* bridge 有料橋 / *tollgate*（有料道路の）通行料金徴収所；（有料高速道路の）通行料金支払所 / *toll* highway 有料道路 (=*toll* road) / *toll* parking lot 有料駐車場 / *toll* road 有料道路 (=*toll* way). ☆turnpike を用いる場合が多い.
② (長距離電話の) 料金. ▶ *toll* call《米》長距離電話, 市外電話 / *toll* line 長距離電話線.

toll-free 形 副 フリーダイヤルの〈で〉, 無料長距離電話の〈で〉. ☆「フリーダイヤル」(free dial：料金受信人払い) は和製英語. 日本では NTT が 1985 年に開始した無料長距離電話. ▶ call *toll-free* to ABC Information Office フリーダイヤルで ABC 案内所へ電話をする.

◇ **toll-free call** フリーダイヤル電話, 無料長距離電話. ☆電話代が相手側負担の通話のこと. 航空会社・ホテルなどの予約用または商品の注文用に設けられている.

◇ **toll-free phone number** フリーダイヤルの電話番号, 無料電話番号. ☆空港でホテルを予約する場合, 料金は先方払いになっており電話が無料でかけられる. 米国では 800 をダイヤルすれば受信人払い電話になる. 日本では 0120.

tour 名 ①ツアー；(観光) 旅行, 周遊旅行；(短期間の) 見学, 見物. ⇨ travel. ☆多数の場所を観光して, 出発点に帰ってくるまでの周遊旅行のこと. 日本語でツアーといえば「団体旅行」を指す場合が多いが英語の tour は「1 人旅」でも使用する.
▶ conduct a *tour* 団体旅行に添乗する / go on a *tour* of (inspection)（視察）旅行に出かける / make〈take〉a *tour* (of Asia〈Europe〉)（アジア〈欧州〉の）観光旅行をする (=travel) / operate a *tour* （旅行業者が）旅行を実施する / organize a *tour* 旅行を組織する, 旅行団をまとめ上げる / be on tour in (Boston)（ボストン）をツアー中である / be on a group *tour* 団体旅行中である.

【観光】Which *tour* would you like to join, a full-day *tour* or a half-day *tour*? → I'd like to join a half-day *tour*. 終日ツアーまたは半日ツアーのいずれに参加されたいのですか. →半日ツアーに参加します.

tour の種類

A additional tour 追加旅行 / agent-organized tour（旅行業者による）主催旅行 / all-expenses tour オール経費込みの旅行 / all-in 5-day tour 全費用込みの 5 日の旅行 / all-inclusive tour 包括旅行, 請負旅行 / around-the-world tour〈trip〉世界一周旅行.

B balloon tour (of the Napa Valley area)（ナパバレーの）気球飛行観光 / bike tour 自転車旅行 / boat tour ボート観光 / bus tour バス旅行 / business tour 出張, 商用旅行.

C canal tour 運河ツアー / Capitol tour 議事堂見学 (public tours of the US Capitol) / Charter Inclusive Tour〈略 CIT〉貸し切り機を利用するパック旅行 / circular tour〈trip〉《英》周遊旅行 / city tour 市内観光 / company tour 会社見学 / conducted tour 添乗員付きの観光旅行 (=escorted tour) / continental tour 大陸旅行 / convention tour 集会〈大会〉ツアー / cruise tour クルーズ観光 / cycling tour 自転車旅行.

D DIY〈do-it-yourself〉tour 手づくり旅行 / domestic tour 国内観光旅行.

E eco-tour エコツアー（環境重視の観光旅行）/ educational tour 研修旅行（海外の歴史・文化などを訪ねる教育的プログラムが組み込まれた教養旅行）/ escorted tour 添乗員付き旅行 (=conducted tour) / excursion tour 周遊旅行 / extended tour 長期旅行.

F factory tour 工場見学 / familiarization tour 親善〈研修〉旅行（航空会社などが旅行会社を対象に行う販売促進を目的としている）/ fjord tour フィヨルドツアー / flightseeing tour（ヘリや飛行機に乗る）飛行観光ツアー / Foreign Escorted Tour〈略 FET〉添乗員付き海外旅行 (=Foreign Conducted Tour〈略 FCT〉) / Foreign Independent Tour〈略 FIT〉個人包括旅行 / full-day tour 終日観光, 1 日観光.

G garden tour 庭園ツアー / ghost tour (of old houses)（古い屋敷をめぐる）幽霊ツアー / global tour 世界一周旅行 / Group Inclusive Tour〈略 GIT〉団体包括旅行 / group tour 団体旅行 / guaranteed tour 保証ツアー / guided tour ガイド付き旅行. ☆旅行の全行程にガイドが同伴する.

H half-day tour 半日観光 / helicopter tour ヘリ観光 / house tour 家中の案内. ☆米国で訪問時の習慣として家の内部を案内する.

I incentive tour 報奨旅行, 慰安旅行 / inclusive tour〈略 IT〉包括旅行, 全費用込みのツアー. ⇨ inclusive. / independent tour 個人ツアー / industrial tour 産業視察旅行 (=technical tour; plant tour) / inspection tour 視察旅行 / internal tour 国内観光 / international tour 国際ツアー / invitation tour 招待旅行.

L lecture tour 講演旅行 / local tour 現地（で参加できる）旅行.

M market tour 市場視察 / motorcoach tour 大型バス旅行 / mystery tour《英》行き先不明の観光旅行.

O observation tour 見学旅行 / one-day tour 1 日〈終日〉観光 / optional tour オプショナル・ツアー（自由参加の小旅行, 任意参加旅行）/ organized tour 主催旅行（観光ルート

が事前に決められた旅行)/ overland tour 陸路観光 (寄港地から出発して次の乗り継ぎ寄港地までのツアー)/ overseas tour 海外旅行.

P package(d) tour パック旅行 / performance tour 公演巡業 / plant tour 工場見学 / pre-convention tour 会議前ツアー. ⇔ post-convention tour / post-convention tour 会議後ツアー. ⇔ pre-convention tour / promotional tour 宣伝ツアー.

R river tour 川の遊覧ツアー / round-the-world tour 世界一周旅行.

S self-guided tour ガイドなしの旅行 / shopping tour 買物ツアー / sightseeing tour 観光旅行 / special interest tour 〈略〉SIT 特殊観光 / study tour 研修旅行 / survey tour 視察旅行

T technical tour 産業観光旅行 (= industrial tour)/ train tour 列車旅行.

W walking tour 徒歩旅行 (例 walking tour of Chinatown with a tour guide who explains the culture of the area)/ wedding tour 新婚旅行 (=honeymoon tour)/ whale-watching tour 鯨観察ツアー.

tour の関連語

A tour arrangements 旅行手配. ☆旅行条件にしたがって予め必要な予約手配を行う / tour agent 旅行業者 (=travel agent). ☆個人旅行者に対してツアー・オペレーターの企画したツアーを売り込む小売業的な旅行業者. 主催旅行者との間に受託契約を結ぶ.

B tour boat 遊覧船 / tour bus 観光バス.

C tour condition 旅行条件. ☆旅行業者が客との間にあらかじめ取り決めた旅行条件 / tour conductor 〈略〉TC ツアーコンダクター. (旅行団体の) 添乗員 (=tour guide; courier). ☆日本では旧国鉄の用語で, 修学旅行などの団体旅行に添乗する人のこと. 通称『ツアコン』. 海外での呼称は tour leader, tour manager または tour escort など. 最近日本でも tour director と呼ぶ傾向がある / tour cost 旅行費.

D tour director 添乗員. ⇒ tour conductor / tour duration 旅行継続.

E tour escort 添乗員. ツアコン (=tour conductor). ☆ tour leader, tour guide などとも言う / tour expenses 旅行費用.

F tour fare 旅行料金, 旅行運賃, 旅行費 (=tour price).

G tour guide 観光ガイド. ☆ guide-interpreter「通訳ガイド」(日本観光通訳協会の訳語).

I tour information 観光情報 / tour itinerary 旅行日程.

L tour leader 団体旅行のリーダー, 旅行引率者. ☆ tour escort とも言う. 主に欧州で用いる / tour literature ツアー・リテラチュア. ☆ツアーに関する宣伝用チラシやパンフレット, 折り込み式用紙など.

M tour manager 添乗員. ☆ tour escort, tour director, tour conductor とも言う. / tour operator ツアーオペレーター. ☆海外旅行で現地の各種手配をする者.《1》「包括旅行

を主催する旅行業者」．ツアーの企画・手配・販売を行う．《2》「地上手配業者」(=land operator). 旅行業者の依頼を受けて現地手配業者 (=local operator) を通じて海外のホテル・レストラン・バスなどを手配する / tour order 引換証 (=voucher, travel order). ☆旅行先で適用されるツアーサービス〈ホテル・食事・交通・観光など〉の内容を盛り込んだサービス依頼書. ⇨ voucher

P tour packager 主催旅行業者. ⇨ package tour. / tour participant 観光旅行参加者 / tour planner ツアー・プランナー (旅行の企画者) / tour price ツアーの価格, 旅行販売価格, 旅行費 (=tour fare).

R tour roster 団体旅行者名簿.

S tour schedule 旅程 (=itinerary).

◇ **tour cost** 旅行費.
　【観光】 We are very sorry, but your tour to Rome was cancelled. We'll give you back the *tour cost* to your account as soon as you fill in the refund form. 申し訳ございませんが，お申し込みのローマ旅行がキャンセルされました．払い戻し請求書にご記入され次第すぐに口座に旅行費をお返しいたします．

◇ **tour expenses** 旅行費用.
　【旅行代理店】 Will you please figure out our *tour expenses* by next week? 来週までに旅行費用を算出しておいてくださいますか．

◇ **tour fare** 旅行料金, 旅行運賃, 旅行費 (=tour price).
　【観光】 The admission is included in the *tour fare*. 入場料はツアー料金に含まれている．

◇ **tour guide** 観光ガイド. ☆ **guide-interpreter**「通訳ガイド」(日本観光通訳協会の訳語). a tour with a Japanese-speaking guide 日本語の話せるガイド付きツアー．
　【観光】 Prior to the commencement of the tour, the *tour guide* explained the itinerary. ツアーが始まる前に，観光ガイドは路程を説明した．

◇ **tour price** ツアーの価格, 旅行販売価格, 旅行費 (=tour fare).
　【観光】 The *tour price* includes admission to the ruins of Pompeii. 旅行費にはポンペイの遺跡を見学する入場料が含まれています．

◇ **tour schedule** 旅程.
　【観光】 What's next on our *tour schedule*? → We're going to Vatican City in Rome. 次の旅程はどうなっていますか．→ローマのバチカン市国に行きます．

② (短期間の)見物, 見学. ▶ make〈take〉a *tour* of ～ ～を見て回る.
　【観光】 We made a *tour* of the museum this morning. 今朝は博物館を見学した．

— **動** (観光)旅行する (=travel); (劇団が)巡業する.

【観光】 We are planning to *tour* Europe this summer. この夏ヨーロッパを旅行する予定です．(=We plan to make a tour of Europe this summer.)

touring 图 旅行すること． ▶ *touring* car 旅行用自動車，ツーリングカー．

tourism 图 ツーリズム，観光産業(=tourist industry, tour business)． ▶ *Tourism* English Proficiency Test 観光英検，観光英語検定試験 / domestic *tourism* 国内観光 / foreign *tourism* 海外観光 / glacier *tourism* 氷河観光 / international *tourism* 国際観光(事業)/ Japan *Tourism* Agency 〈略〉JTA (日本の)観光庁 / Ministry of Land, Infrastructure, Transport and *Tourism* 〈略〉MLIT〈日本の〉国土交通省 / regional *tourism* 地域観光 / rural *tourism* 農村観光．

tourist 图 観光客，観光旅行者(=sightseer)．
— 形 観光旅行の；観光客の． ▶ foreign *tourist* 外国人観光客(=incoming tourist).
【観光】 What is the first place of interest that *tourists* visit in England? → I'm sure it is London, the capital of the United Kingdom and one of the most ancient cities of Europe. 観光客が英国を訪れる際にまず訪れたい観光名所はどこですか．→英国の首都また欧州最古の都市の1つであるロンドンであることは間違いないでしょう．

tourist の関連語

A tourist abroad 海外観光客☆ tourist from abroad 外国人観光客 / tourist agency 観光代理店，観光案内所；旅行業社〈会社〉(=travel agency)/ tourist agent 観光代理人，観光業者(=travel agent)/ tourist association 観光協会 / tourist assets 観光資料 / tourist attraction 観光名所(=highlight; landmark)；観光の誘因となる見所や催し物．

B tourist brochures 観光客向けのパンフレット / tourist bureau 観光局，観光案内所(=tourist information center)/ tourist business 観光事業．

C tourist card ツーリスト・カード．☆(北米とカナダ間のように)ある特定の2国間の旅行者の交流に関して，旅券や査証を必要とせず，このカードによって出入国手続きを簡素化する書類 / tourist center 観光の中心地，行楽地 / tourist class 〈略〉Y (格安)ツーリストクラス．《1》(旅客機の)普通クラス(=economy class). ☆低額運賃等級のこと．米国では旅客機・客船(3等)などの普通席のことで，ファーストクラスより安い．first class (1等)，cabin class (2等)の下のクラスである．但し客車の first class の意味もある．《2》ホテルなどの最低価格の等級 / tourist city 観光都市 / tourist come-on 観光名物(旅行者にとっての呼び物)．

D tourist development 観光開発.
E tourist enterprise 観光会社；観光事業 (=tourism)/ tourist expenditure 観光客消費.
F tourist facilities 観光施設.
G tourist group〈party〉観光旅行団 / tourist guide 観光ガイド. ☆ guide-interpreter「通訳ガイド」(日本観光通訳協会の訳語).
H tourist home 民宿 / tourist hotel ツーリストホテル (豪華さはなく一定の水準以上の設備とサービスを提供する観光ホテル).
I tourist industry 観光産業 (=tourism)/ tourist information center 観光案内所 (=tourist bureau).
L tourist landmark 観光名所, 観光の見所 (=tourist highlight, tourist must).
M tourist map 観光旅行用地図 / tourist market 観光市場 / tourist menu (観光旅行者用の) セット料理.
O tourist office 旅行事務所, 旅行案内所 / tourist organization 観光機関.
P tourist party 観光旅行団体 (=tourist group)/ tourist pass 周遊〈観光〉乗車券 (=round-trip〈excursion〉ticket). ☆ one-day (tourist) pass「1日乗車券」. / tourist〈tourist-class〉passenger (飛行機の) エコノミー乗客；(列車の) 安い座席の乗客 / tourist propaganda material 観光宣伝資料.
R tourist resort 観光地 (=sightseeing spot; points of interest)/ tourist revenue 観光客による観光収入 / tourist route 観光ルート.
S tourist season 観光シーズン；多客期. ⇨ seasonality. / tourist spot 観光地.
V tourist visa 観光査証. ☆ tourist visa in Japan 日本の観光査証.

track 名 ①(鉄道・トロリーバスなどの)線路, 軌道 (=《英》rail〈line〉). ▶ double *track* 複線 / railroad *track*《米》鉄道路線 (=《英》railway *track*)/ single *track* 単線.

②〜番線, プラットホーム (=《英》platform). ▶ arrival *track* 到着線〈ホーム〉/ departure *track* 発車線〈ホーム〉/ *track* entrance (鉄道の) 改札口 / *track* number プラットホームの番号, 第〜番線.
【駅舎】What *track* does the train for Boston leave from? → It leaves from *track* No. 10. ボストン行きの列車は何番線から出ますか. → 10番線から出ます.

③(踏みならされた)道, 小道, 通り道；足跡, (人・動物・車などが)通った道. ▶ beaten *track* 観光客がよく利用するルート / off-the-beaten *track* 観光客があまり利用しないルート / mountain *track* 山道.

④(陸上競技の)トラック, 競走路. ▶ *track* and field 陸上競技 (=《英》athletics).

traffic 名 (人・車などの)交通, 交通量. ▶ air *traffic* control〈略 ATC〉航空(交通)

管制 / one-way *traffic* 一方通行 / one-way *traffic* street 一方通行の通り / two-way *traffic* 両面交通 / two-way internet traffic 双方向インターネット通信.

交通 I'm used to heavy *traffic*, because I come from Tokyo which has the same traffic conditions. 交通量が多いのには慣れています. というのも同じような交通条件にある東京から来ました.

◇ **traffic jam** 交通渋滞 (=traffic congestion; traffic block〈crunch〉). ☆ **heavy traffic, tie-up** とも言う.

交通 There is a *traffic jam* on the expressway. 高速道路では交通渋滞です.

◇ **traffic light** (交差点にある) 交通信号 (灯) (=traffic signal, stoplight). ☆交通信号の「青色」は blue ではなく **green** (light). 「黄色」は yellow だが **amber** (light) とも言う. 「赤信号」は **red** light である. ちなみに, 米国の横断歩道での歩行者用の信号は「緑色」の WALK, 「赤色」の DON'T WALK である.

交通 The *traffic light* turned green. 信号が青に変わった.

◇ **traffic signal** 交通信号灯. ⇨ traffic light

交通 You must not ignore the *traffic signals*. 信号を無視してはいけない.

◇ **traffic violation** 交通違反 (=traffic offense). ☆ **minor violation** と **major violation** がある. 前者には駐車違反 (illegal parking), 速度違反など, 後者には無謀運転を伴う飲酒運転 (reckless driving), ひき逃げ (hit-and-run) などがある.

---

train 名 列車, 電車. ☆ **train** は機関車と連結された複数の車両全体のことで, 一台一台の車両は《米》**car**, 《英》**carriage** または **coach** と言う. ▶ single-car〈carriage〉 *train* 一両編成電車 / five-car〈carriage〉*train* 5 車両の列車 / ten-coach *train* 10 車両編成の列車 / female-only *train* car 女性専用車両.

train の種類

A accommodation train《米》普通列車 / all stations train 各駅停車の列車 / arriving train 到着列車. ⇔ departing train. / articulated train 連結列車 / automatic train 自動列車 (=automated train).

B baggage train 小荷物列車 / boat train (汽船と連絡する) 臨港列車.☆港湾から出発する乗客用の列車 / bullet train 超特急列車, 弾丸列車 (=superexpress train). ☆新幹線を指す.

C chartered train 貸し切り列車 / commuter train 通勤列車 / connecting train 連絡列車 / corridor train 通廊列車 / couchette クシェット / crowded train 満員列車〈電車〉(=full train) / cruise train 周遊列車.

D day train 昼行列車. ⇔ night train. / deadhead train《米》回送列車 (=off-duty train) / delayed train 遅延列車 / departing train 出発列車. ⇔ arriving train. / derailed train 脱線列車 / diesel-electric hybrid train ディーゼル発電機付きハイブリッド列車 / diesel locomotive ディーゼル機関車 / dining car 食堂車 (=diner) / direct train 直行列車 / down train 下り列車 (=down-bound train; train going downtown). ⇔ up train (上り列車)

E electric(al) locomotive 〈略〉EL 電気機関車 / electric(al) train 電車 / elevated train 高架線電車 / excursion train 観光列車, 団体旅行列車 / express train 急行列車 / express train with sleeping berths 寝台特急 / extra train 臨時列車, 増発列車.

F fast train 急行列車 / (the) first train 始発列車. ⇔ the last train. / freight train 《米》貨物列車 (=《英》goods train). ☆ freight-train car は貨車. / full train 満員列車 (=crowded train).

G Glaicier Express 氷河急行 / goods train 《英》貨物列車 (=《米》freight train).

H haulage train けん引車 / high-speed train 高速列車 (=high-velocity train).

I inbound train 内回り列車：到着列車. ⇔ outbound train. / intercity train 都市間運行列車 / Inter-City train（ヨーロッパの）主要都市を結ぶ特急列車 / irregular train 不定期運行列車.

J jam-packed train 満員列車 (=crowded〈full〉train).

L (the) last train 終電, 最終列車. ⇔ the first train. / linear motor train リニアモーターカー / limited express (train) 特急列車 (=《英》special express (train)) / local train（各駅停車の）普通列車 (=accommodation train, short-distance train) / local express train 準急列車 / locomotive 機関車 / long-distance passenger train 長距離列車 (=long-haul train) / low-speed train 低速列車 / luggage train 貨物列車.

M Maglev train 磁気浮上式リニアモーターカー, 磁気浮上式列車. ☆ magnetically-elevated 〈-levitated〉train; Magnetic levitation train. ⇨ linea-motor train. / mail train 郵便列車 / merchandise train 貨物列車 / midnight train 深夜列車.

N night train 夜行列車. ⇔ day train. / nonstop train 直行列車.

O omnibus train 《英》各駅停車の列車 / oncoming train 対向列車 / ordinary express train 普通急行列車 / ordinary train 普通列車 / outbound train 外回り列車；発車列車. ⇔ inbound train. / outgoing train 出発列車 / out-of-service train 回送車 (=deadhead train) / overcrowded train 超満員列車 / overhead rail train 高架線上の列車 / overnight train 夜行列車 (=owl train).

P packed train 満員列車. ⇨ jam-packed train. / passenger train 旅客列車, 客車 / passing train 通過列車 / pleasure train 観光列車.

R railroad train 《米》鉄道列車, 汽車 / railway train 《英》鉄道列車, 汽車 / rapid train（都市部の）快速列車 (=rapid service train, rapid-transit train) / regular train 定期列車. ⇔ special train. / reserved train 貸し切り列車 / return train 帰りの列車 / running train 走行中の列車.

S semi-express train 準急列車. ☆日本では Semi-Express〈Semi-Exp.〉の英語表記がある / shuttle train 近距離の折り返し電車 / sightseeing train 観光列車 / sleeping car 寝台車 (=sleeper train) / slow train 普通列車. ☆ slow-moving〈running〉train ゆっくり走行する列車 / snow plow〈wedge〉train 除雪車 / special express (train) 特急列車 (=limited express (train)) / special train 臨時列車. ⇔ regular train. / stationary train 停車している列車 / steam (locomotive) train 蒸気機関車 / stopping train《英》鈍行列車 (=slow train) / streamlined train 流線型列車 / streetcar 路面電車 / suburban train 郊外電車 / subway train 地下鉄列車 / superexpress train 超特急列車 (=bullet train, superfast train) / superexpress train with sleeping cars 長距離特急寝台車. ☆日本では「ブルー・トレイン」(和製英語)と言う.

T through train 直通列車 / train engine 機関車 / tram〈tramcar〉路面電車;《英》市街電車 / transcontinental train 大陸横断鉄道 / transport train 輸送列車 / Trans-Siberian train シベリア横断鉄道列車 / Trans-Europe Express 〈略〉TEE ヨーロッパ横断特急列車 / Tube train《英》地下鉄列車.

U uncrowded train 空いている列車 / underground train 地下鉄列車 / unscheduled train 不定期列車 / up train 上り列車 (=up-bound train; train going uptown). ⇔ down train (下り列車).

V vestibule train 連廊列車. ⇨ compartment

W way train《米》(各駅停車の) 普通列車 (=local train).

transfer ☆アクセントは名前動後(名詞は前置,動詞は後置).

— [trænsfə́ː] **動** (transferred; transferring) ① 乗り換える,乗り継ぐ (=change from one train to another).

 掲示 *Transfer* here for Chicago. 「シカゴ行きは当駅で乗り換え」

 交通 We must *transfer* from bus to train in Boston. ボストンでバスから列車に乗り換える.

② 移動する;移し変えられる,(荷物などを)移す.

 交通 We *transfer* from airport to hotel by chartered bus. 空港からホテルまでは貸切バスで移動します.

③ 電話をまわす.

 通話 I'll *transfer* you〈your call〉to the reservation desk. お電話を予約課にまわします.

— [trǽnsfəː] **名** ① 乗り換え,乗り継ぎ;乗り換え駅 (=《英》junction). ☆乗客が降りた経由地で別の飛行機に「乗り換える〈乗り継ぐ〉こと」である.機内に持ち込んだ荷物はすべて飛行機から出す. **Arrival** (到着) ではなく, **Transfer/Transit** (乗り換え / 通過) と書かれた標識に従って移動する.新しく利用する航空会社のカウン

ターで再度 Check-in（搭乗手続き）をする．通常は空港の外へは出ず，待合室内の **transfer** または **flight connection** の専用カウンターで手続きする．搭乗便，搭乗時間，搭乗ゲートのいずれも確認が必要である．transit（通過）と混同しないこと．▶ *transfer* desk（空港の）乗継便受付窓口 / *transfer* connection 乗り換え便（=changing flight）/ airline *transfer* 航空機の乗り換え．

◇ **transfer passenger** 乗り換え客．
　【空港】 If you are a *transfer passenger*, you must leave this airport and proceed to another air terminal. お客さまが乗り換え客であれば，一度この空港から出て，別のエアターミナルに行く必要があります．

② 乗り換え切符（=transfer ticket）．
　【車内】 *Transfer*, please. 乗り換え切符をください．☆バス運転手に対して言う．

◇ **transfer service** 送迎サービス．☆旅行者の発着地点とホテル間を送迎するサービス．▶ limousine *transfer service* リムジンによる送迎サービス．
　【ホテル】 A *transfer service* between the airport and our hotel is provided here. 空港と当ホテルの間には送迎サービスがあります．

◇ **transfer ticket** 乗り換え切符，乗換券．☆単に **transfer** とも言う．アメリカの市内バスはこの切符をもらうと別料金を払わないで乗り換えることができる．
　【バス交通】 You can obtain a *transfer ticket* from the bus driver, which permits you to board another bus without paying an additional charge. 追加料金を支払うことなく他のバスに乗れる乗り換え切符をバス運転手からもらえます．

③ 送迎；輸送，移動．▶ *transfer* bus 送迎〈連絡輸送〉バス / *transfer* man 送迎員．☆空港まで旅行団を出迎えに来る現地の旅行社の職員．

---

transient 图《米》(ホテルの) 短期滞在客，短期間滞在旅客．⇔ resident（長期滞在客）
　【ホテル】 There are many modern luxurious hotels comfortable for the *transient* in this city. この都市には短期滞在旅客用の近代的で豪華なホテルが多い．

— 形 短期滞在の；一時的な．▶ *transient* excursion 一時上陸 / *transient* guest 短期宿泊客（=transient visitor）/ *transient* hotel 短期滞在客用のホテル．⇔ residential hotel（長期滞在客用のホテル）/ *transient* visitor 短期滞在の観光客．

---

transit 图 ① 通過；寄航；乗り継ぎ（=connection）．
　☆入国するのではなく，「一時的に通過すること」である．直行便以外の航空機で目的地に向かい，その途中飛行機の給油，機体の整備，乗務員の交替などの理由で「一時的に寄港すること」である．寄港した空港内で待ち，その後引き続き同じ飛行機で再出発する．寄港時間は約1時間から2時間程度である．その空港で降りる乗

客と区別して，**transit passenger**（通過客）と呼ばれ，**transit card**（通過客用カード，再搭乗券）が渡され，**transit room**〈**lounge**〉（通過客用待合室〈ラウンジ〉）で待機する．transfer（乗り換え）と混同しないこと．
▶ *transit* airport 乗り継ぎ空港；乗り換えの空港 / *transit* duty 通行〈通過〉税 / *transit* port 中継地 / *transit* stop 寄港，途中着陸．☆遠隔地に行く飛行機が給油などのために着陸する / *transit* traveler 通過旅行者 / direct *transit* 直行通過．☆待たずに接続便にすぐに乗り継ぐこと．

【機内】 Do we have to get out of the plane while we are in *transit*? → It's up to you (if you stay here or not). 通過中は飛行機から出なくてはいけませんか．→（このままいるかどうかは）お客様次第です．

◇ **transit card** 通過客用カード（＝transit pass），再搭乗券，乗継搭乗券．☆《1》（空港にて）乗り継ぎの時，通過する空港でこのカードが手渡され，再搭乗のときに係員に返す．《2》（海港にて）乗り換えまた乗り継ぎの時に渡され，このカードで再乗船する．

【空港】 You are required to show your *transit card* to prove you are a transit passenger before reboarding. 再搭乗する前に通過旅客であることを証明する再搭乗カードを見せる必要がある．

◇ **transit check** トランジット・チェック．☆各寄港地で飛行機の発着の間に行う点検作業．その他の点検作業には **"A" check**「エイ・チェック」（毎月細部にわたって行われる機体や内装のチェック）や **"C" check**「シー・チェック」（一定期間ごとに入念に行われる定時のチェック）がある．

◇ **transit passenger**《1》通過客（＝connecting passenger）．☆最終目的地に向かう途中で，飛行機の寄港する空港を通過する旅客．一時的に降機するが外には出ず，空港の通過客用待合室で待つ．空港内でも入国審査の前までは公海上である．《2》短期滞在をする旅客．

【空港】 For security reasons, *transit passengers* are required to disembark taking all their personal belongings with them. 引き続きご旅行なさるお客様は，保安規定により一旦お降りいただきますが，その際はお荷物をすべてお持ちください．

◇ **transit room** 通過客（用の）待合室（＝transit lounge）．

【空港】 How long do we have to wait in the *transit room*? 通過客待合室ではどのくらい待たねばなりませんか．

◇ **transit visa** 通過査証．☆その国に滞在せず，単に通過目的のために発給される査証．経由国で，所定の短期間の入国滞在を認める査証．⇨ visa

◇ **transit without visa**〈略〉TWOV〉無査証通過，無査証（査証不要）の通過滞在入国．☆査証なしで認められる通過のために一時入国すること．入国するのでは

なく飛行機を乗り継ぐためにその国に短時間滞在する時には，査証（visa）は必要でない．その場合の必要条件事項（目的地までの予約済みの航空券，滞在時間の制限，最終目的の国への入国条件など）がある．
② 輸送，運送；《米》輸送機関．
— 動 通過する，（空港で）乗り継ぐ（=connect）．

【空港】I have to *transit* on Delta Airlines flight 112. Where is the boarding gate? デルタ航空112便に乗り継ぎます．搭乗ゲートはどこですか．

---

transport ☆アクセントは名前動後（名詞は前置，動詞は後置）．

— [trǽnspɔːt] 名《英》（乗客・貨物の）運送，輸送；輸送機関，交通機関（=《米》transportation）；輸送船；貨物輸送（=《英》freight）． ▶ *transport* plane 輸送機 / *transport* expense 交通費 / air *transport*〈略〉AT 空輸；空港交通 / land *transport* 陸送，陸上輸送機関（=land transportation）/ underground *transport* system 地下鉄交通システム / *transport* services between the airport and the hotel 空港とホテル間の交通の便．

【機内】Is *transport* to the hotel arranged? → No. You'll have to get there on your own. You can use the bus or take a taxi. ホテルまでの輸送は手配されていますか．→いいえ．ホテルまではご自分で都合をつけてください．バスまたはタクシーが利用できます．

— [trænspɔ́ːt] 動（乗客・貨物を）輸送する，運送する（=carry）．

【空港】This red bus *transports* passengers from the airport to the city. この赤いバスは空港から市街地まで旅客を輸送します．

---

transportation 名《米》（乗客・貨物の）輸送，輸送機関；交通機関（=《英》transport）．

▶ *transportation* facilities 交通機関 / *transportation* fare 交通費 / *transportation* terminal 交通機関の駅 / air〈aerial〉*transportation*（陸上輸送に対する）空輸 / ground *transportation*（空輸に対する）地上輸送．☆バスやリムジンなどの陸上運送機関による送迎，または観光のための輸送． / land *transportation* 陸上輸送機関 / a means of *transportation* 交通手段 / public *transportation* 公共交通機関 / surface *transportation*（空輸に対する）海上輸送．

【観光】I'd like to get some information about *transportation* to Yellowstone National Park. → Try the tourist information center at Central Station. イエローストーン国立公園までの交通機関に関する情報がほしいのです．→中央駅の観光案内所で尋ねてみてください．

◇ **transportation charge** 乗車料金．

【交通】Children under 12 pay $30, the basic *transportation charge*. 12歳未満

の子供は基本乗車料金として30ドル支払う.
◇ **transportation gateway** 交通機関の表玄関.
観光 Aomori City serves as the *transportation gateway* to Hokkaido for both rail and sea traffic. 青森市は陸路と海路による北海道への交通機関の表玄関としての役割を果たしている.

---

travel 名 ① 旅, 旅行.

travel ①旅行の種類

- **A** air travel 空の旅.
- **B** bicycle travel 自転車旅行 / boat travel 船旅 / budget travel 低予算〈格安〉旅行 / business travel 商業旅行, 出張, 業務渡航.
- **D** domestic travel 国内旅行. ⇔ foreign travel（海外旅行）
- **E** extended stay travel 長期滞在旅行.
- **G** group travel abroad 団体海外旅行.
- **I** intercity travel 都市間旅行 / intercontinental travel 大陸間旅行 / international travel 海外旅行.
- **J** jet travel ジェット機での旅行.
- **L** local travel 地元の旅行 / long-distance〈long-range〉travel 長距離旅行.
- **O** ocean travel 海洋旅行 / official travel 公用渡航 / overseas travel 海外旅行.
- **P** pedestrian travel 徒歩旅行 / personal travel 個人旅行 / private travel abroad 海外個人旅行.
- **R** railroad〈《英》railway〉travel 鉄道旅行 / recreational travel 慰安旅行（=leisure travel）.
- **S** sea travel 船旅 / sightseeing travel 観光旅行（=tourist travel）/ solo travel 一人旅 / space travel 宇宙旅行.
- **V** vehicle travel 自動車旅行 / visa-free travel ビザなしの旅行.

travel ①旅行の関連語

- **A** travel accident insurance 旅行傷害保険. ☆ have *travel accident insurance* before leaving 出発前に旅行傷害保険に入る / travel allowance 出張旅費〈手当て〉, 通勤手当 / travel arrangement 旅行手配. ☆旅行日程にしたがって予め必要な交通機関や宿泊の予約を手配, または送迎や観光バスを手配する. ▶ make *travel arrangements* for a school trip 修学旅行の手配をする.
- **B** travel bureau 旅行案内所, 旅行代理店.

C travel charge 旅費, 交通費 (=travel cost).
D travel destination 旅行先 / travel documents 旅行書類 (=travel credentials). ☆旅券, 査証, ツーリスト・カード, 予防接種証明書など外国旅行に必要な書類.
E travel expenditure 旅行支出, 渡航費 (=travel expense).
F travel folder 折り畳み式旅行用パンフレット. ⇨ folder. / free travel voucher 無料航空券.
G travel guide 旅行案内書 (=guidebook) / travel guide office 旅行案内所.
I Internet travel advisory service インターネットの旅行情報サービス / travel information booth 旅行案内所 / travel information manual 〈略〉TIM〉ティム, 旅行情報マニュアル. ☆オランダで発行されているCIQについての月刊情報誌. 世界の主要航空会社の協力で毎月編集発行され, 世界各国の出入国に関する英文の案内が掲載されている. ⇨ CIQ. / travel insurance 旅行保険.
O travel of long duration 長期旅行. ⇔ travel of short duration (短期旅行) / travel organizer 旅行企画者. ☆旅行業者でない団体旅行の計画者 (学校で計画する修学旅行などの企画者).
P travel phone《米》無料案内電話.
S travel service center 旅行サービスセンター / travel sickness 乗物酔い.
T travel trailer 旅行用移動住宅, トレーラーハウス.
V travel voucher 旅行クーポン (=travel coupon), 旅行券, 旅行経費支払い証明書. ☆提供されるべき旅行サービスの具体的な内容を明記し, それが支払い済みであることを保証した証票.

② 旅行業.

◇ **travel agency** 旅行代理店, 旅行案内所 (=travel bureau) ☆主として旅行者の旅行関連業務を代理・代行するという機能をもつ. ▶ *travel agency* clerk 旅行代理店員 (=travel agent) / *Travel Agency* Act〈Law〉旅行業法 / domestic *travel agency* 国内旅行業者. ☆国内旅行に限って取り扱える旅行業者 / general *travel agency* 一般旅行業者. ☆国内・海外の旅行ともに取り扱える旅行業者 / licensed *travel agency* 公認旅行社 / online *travel agency* オンライン旅行代理店.

観光 *Travel agency* JTB can provide information on tours, arrange for plane and train tickets and make hotel reservation. 旅行代理店JTBは観光の情報を提供し, 飛行機や列車の切符の手配, またホテルの予約などを代行してくれる.

◇ **travel agent** 旅行代理店の係員;(登録した) 旅行業者, 旅行代理業者, 旅行案内業者. ☆日本では「旅行代理店」と呼ぶ場合が多い. 本来は旅行者または

運輸機関の代理・代行として旅行の予約, 手配, 発券を行う. ▶ *travel agent* information desk 旅行代理店受付カウンター.

観光 A *travel agent* handles many details of our trip. 旅行業者は私たちの旅行の細部を取り扱う.

---

travel ②旅行業の関連語

A travel associations 旅行業関係団体.
C travel industry circles 旅行業界.
L travel loan 旅行資金のローン. ☆旅行業者と銀行などの金融機関が協定した旅行割賦販売制度.
M travel man 旅行業界人.
P travel package with a weekend tour 週末ツアー付きのパック旅行.
S travel who's who 旅行業者人名簿 / travel sub-agency 旅行業代理店業者.

---

③ 旅行記, 紀行文；(外国を回る)長旅. ▶ Gulliver's *Travels*「ガリバー旅行記」.
— **動** (traveled,《英》-elled; traveling,《英》-elling) 旅行する.
▶ *travel* abroad 海外旅行する / *travel* around the world 世界一周旅行をする / *travel* by air 空の旅をする / *travel* by land 陸の旅をする / *travel* by sea〈water〉海の旅をする / *travel* by airplane 飛行機で旅行する / *travel* first and pay later 経費後払いで旅行する / *travel* first-class〈business-class〉to America アメリカへファーストクラス〈ビジネスクラス〉で旅行する / *travel* for pleasure 観光旅行する / *travel* on business 業務出張する / *travel* on the train 列車で旅行する / *travel* to〈in; around〉Europe ヨーロッパへ〈を；を回って〉旅行する.

空港 Are you *traveling* alone? → No. I'm with my friend. 一人旅ですか. ☆ Are you traveling in a group?（団体客ですか）. →いいえ, 友人といっしょです.

「旅」について ☆日本語の「旅」に対して英語には多様な用語がある.
1 **excursion**「遠足」. ある地点から一時的に出発し, 元へ戻ってくる小旅行. 費用をかけないで出発点に戻る「短い旅」.
2 **journey**「旅行」. 1日程度の「骨の折れる旅行」. 通例は陸路での長距離・長期間の旅行で, 必ずしも帰ってくるとはかぎらない.
3 **tour**「観光, 周遊」. 特定の目的 (**例** 観光・視察) を持って, あらかじめ企画されたルートに沿って出発点に戻る旅行. 通常は輸送機関（飛行機・船舶など), ホテル, 観光, 食事, ガイドなどが手配されている旅行. 観光・視察などで訪れる「周遊旅行」. ☆ tour の語義は「円を描くように行って帰る」.
4 **travel**「旅行」. 1つの地点から他の地点へ移動する比較的長期な旅行. 特に遠い

国・外国への「長期旅行」.
⑤ **trip**「旅行」. 何かの目的（例 観光・視察）で各地を訪れる旅行. 長短には無関係ではあるが, 主として再度帰ってくる近距離の「短期旅行」.
⑥ **voyage**「船旅」. 船旅または空の旅（宇宙旅行など）で「比較的長い旅行」.

traveler 名 旅行者, 旅人 (=《英》traveller). ▶ *traveler*'s aid 旅行者救護所 / *traveler*'s aid counter 旅行者用案内所 / *traveler*'s accident insurance 旅行者傷害保険 / air *traveler* 飛行機旅行者 / auto *traveler* 自動車旅行者 / budget *traveler* 低予算旅行者 / business *traveler* 商用旅行者, 商用客 / foreign〈international〉 *traveler* 外国旅行者 / group foreign *traveler* 団体海外旅行者 / novice *traveler* 旅行に不慣れな人. ⇔ habitual *traveler*（旅慣れた人）. / overseas *traveler* 海外旅行者 / repeat *traveler* リピーター旅行客〈観光客〉. ☆ repeater は「留学生；常習犯」の意味. / sightseeing *traveler* 観光客.
【観光】 There are many historic and scenic spots to attract *travelers* in this city. この都市には旅行者を魅了する史跡や景勝地が多数散在する.

traveler's check 〈略〉T/C）トラベラーズチェック, 旅行(者用)小切手(=《英》traveler's cheque). ☆海外でトラベラーズチェックを使用する時, 身分証明書（identification: 例えば, パスポート, 国際免許証,（大手）クレジットカードなど）の提示を求められることがある. ⇒ identification. ▶ buy〈get〉*traveler's checks* 旅行小切手を買う / accept *traveler's checks* 旅行小切手を受理する / exchange〈cash〉*traveler's checks* 旅行小切手を換券〈現金化〉する / pay with *traveler's checks* 旅行小切手で支払う / sign the *traveler's checks* 旅行小切手にサインする.
【銀行】 I'd like to cash my *traveler's checks* and exchange some Japanese yen for euros. → All right. Do you have some identification? トラベラーズチェックを現金にし日本円をユーロに換金したいのです. →承知しました. 何か身分証明書のようなものをお持ちですか.

traveling 形 旅行用の (=《英》travelling). ▶ *traveling* bag 旅行かばん / *traveling* clock（小型の）旅行用の時計 / *traveling* expense 旅行費 / *traveling* insurance 旅行保険 / *traveling* manners 旅のマナー.

treat 名 接待, もてなし, おごり. ☆ **treatment** 名「取り扱い, 待遇；治療, 手当て」.
【レストラン】 Don't worry. This is my *treat*. → Thanks. I'll treat you next time. 心配しないで. これは私のおごりだ. ☆ This is on me. →ありがとう. 今度は私がおごります.

— 動 もてなす，（飲食物を）おごる.

レストラン I'll *treat* you to a drink 〈dinner〉 tonight. → No. This is on me tonight. 今晩 1 杯〈夕食を〉おごろう. ☆ Let me *treat* you to a drink 〈dinner〉 tonight. / This drink 〈dinner〉 is my treat tonight. →いや. 今晩は私がおごりますよ. ☆ No. Be my guest tonight.

---

trip 名 旅行，《英》短い旅行. ☆近所まで行くこと〈出かけること〉.

旅行 These days we can make a day *trip* to a foreign country if we fly by air. 今では飛行機で行けば海外へも日帰りで旅行できます.

空港 Is this your first *trip* to Boston? → No. It's my second time. ボストン旅行ははじめてですか. →いいえ，二度目です.

旅行 Have a nice *trip*. → Thank you. I'll be back next week 〈in two weeks〉. 行ってらっしゃい. →行ってきます. 来週〈2 週間で〉戻ります. ☆ Have a pleasant *trip*! / Have a nice flight.

---

trip の種類

A air trip 空の旅，飛行機旅行 / around-the-world trip 世界旅行 (=round-the-world trip).

B back-and-forth trip （乗物の）往復旅行 / bicycle trip 自転車旅行 (=cycling trip)/ boat trip 船旅 / bus trip バス旅行 / business trip 商用〈業務〉旅行，出張.

C circle trip 《略》CT 周遊旅行，周回旅行 (=circular trip).

D day trip 日帰り旅行 / domestic trip 国内旅行.

F field trip 現地調査旅行，郊外学習 / foreign trip 海外旅行 / full-day trip 終日旅行.

G graduation〈commencement〉trip 卒業旅行.

H half-day trip 半日旅行 / holiday trip 《英》休暇旅行 (=《米》vacation trip)/ honeymoon trip 新婚旅行.

I incentive trip 報奨旅行 / inspection trip 視察旅行.

L leasure trip 余暇を楽しむ旅行.

M main trip 主線旅行. ☆旅行の主線をなす経路部分. ⇔ side trip / motor trip 自動車旅行.

O one-day trip 日帰り旅行 / one-way trip 片道旅行 / outbound trip 本国から出国する旅行. ⇔inbound trip. / open-jaw trip くさび型旅行/ overseas trip 海外旅行(=foreign trip)/ overnight trip 一泊旅行.

P pleasure trip 観光旅行，行楽旅行.

R railroad trip 鉄道旅行 (=《英》railway trip)/ return trip 《米》日帰り旅行；《英》往復旅行. / round trip 〈略〉RT 《米》> 往復旅行.

- **S** school trip 修学旅行 / side trip 側線旅行. ☆本旅行から少し脇道に寄る小旅行. ⇔ main trip. / solo trip 一人旅 / stayover trip 外泊旅行 / study trip 研究旅行 / survey trip 調査旅行.
- **T** train trip 列車旅行.
- **V** vacation trip 休暇旅行 (=《英》holiday trip)/ visa-free trip ビザ無し旅行.
- **W** weekend trip 週末旅行.

trip の関連語〈動詞〉

have 〈make, take〉 a *trip* (to Boston)　（ボストンへ）旅行する
go to (Korea) on a school *trip*　修学旅行で（韓国）へ行く
go on a sightseeing 〈honeymoon〉 *trip* to Paris　パリへ観光〈新婚〉旅行に行く
go on a shopping *trip* to town　町へ買い物に行く
take a sightseeing *trip* to China　中国まで観光旅行に行く
take an overseas *trip* to Paris for one's honeymoon　ハネムーンでパリまで海外旅行する

triple 形 3倍の, 三重の. ▶ triple room （ホテルの）3人用客室.
- ◇ **triple(-bedded) room** トリプルベッド・ルーム. ☆ベッド3台を備えた3人用客室（3つのシングルベッド）. または2人用の客室にエキストラ・ベッド（補助ベッド）を入れた3人用の客室. ⇨ hotel room
- ◇ **triple occupancy** 3人で1つの部屋を利用すること. ☆《1》3人用客室 (triple room) を3人で利用する.《2》2人用客室に extra bed を入れて3人で利用する.
- ◇ **triple-seat unit** 3人掛けの座席単位.
  【機内】There are rows of *triple-seat units* in the economy-section cabin while double-seat units are in the first-class cabin. エコノミーのキャビンは3人掛けの座席配置になっているが，ファーストクラスでは2人掛けの座席配置になっている.

tripper 名 日帰り行楽客 (=day-tripper),《英》短期の観光旅行者〈遊覧客〉.

trolley 名 ①《英》(空港の) 手荷物カート,《英》(マーケットの) 手押し車, 台車 (=《米》cart;《香港》self-help trolley). ▶ shopping *trolley*《英》買物用手押し車 (=《米》shopping cart).
② 《米》路面〈市街〉車 (=trolley car;《英》tram)；《英》トロリーバス (=trolley bus 無軌道の電車).
③ （食器や飲食物を運ぶ）ワゴン (=《米》wagon). ▶ serving *trolley* 料理用ワゴン /

dessert *trolley* デザートワゴン (=《米》dessert cart).

turbulence 名 大気の大荒れ. ▶ air *turbulence* 乱気流. ☆単に **turbulence** とも言う.
⇨ air turbulence. / clear-air *turbulence*〈略 CAT〉晴天の乱気流. ☆ジェット機などの通過に伴う急激な温度の変化で起きる乱気流. / expect a bit of *turbulence* 少し乱気流が予想される.
【機内放送】 Please keep your seatbelt on against sudden *turbulence*. 突然の気流の変化に備えて常に座席ベルトをお締めください.

turnpike 名《米》有料高速道路 (=toll highway);有料道路料金;通行税徴収所.
⇨ freeway
【交通】 You are requested to pay the tolls at the *turnpike*. 有料高速道路では料金を支払う必要がある.

turnstile [tə́:nstail] 名 (駅にある) 回転 (式) 改札口, 自動改札口; (劇場にある) 回転式木戸. ☆1人ずつ通すための回転式出入り口. ▶ subway *turnstile* 地下鉄の回転式改札口.

Tokyo, Japan

U

unaccompanied 形 ①(荷物など)本人が携帯しない,別送の. ▶ *unaccompanied* articles〈goods〉別送品. ⇔ accompanied articles〈goods〉(携帯品)
◇ **unaccompanied baggage**〈**luggage**〉 別送手荷物,不携帯荷物. ⇔ accompanied baggage(携帯手荷物). ☆飛行機旅行の時,手荷物許容量(baggage allowance)を超えた分を別便で送る手荷物のこと.本人の搭乗便とは異なる便で輸送される品物で,別送品のあるときは「税関申告書」(customs declaration form)が必要である.通常は次のようなものがある. household electric appliance(家庭電気製品), musical instruments(楽器類), pet animals(動物ペット), sports goods〈equipment〉(スポーツ用品)等.通称『アナカン』. ▶ *unaccompanied baggage* declaration card〈form〉別送手荷物申告書.
② 連れのない,同伴者のない. ▶ *unaccompanied* child 同伴者のいない子供.
◇ **unaccompanied minor**〈略 UM〉単独小児旅客. ☆12歳未満の小児で,大人の同伴なしに旅行する未成年者.単独小児旅客を世話する女性を flying mum(空の保母)と言い,航空会社が手配する.

unaccounted-for items 名 不審物. ☆説明する(account for)ことができない不明な「物」(items)のこと.

unattended 形 放置された;無人の.
◇ **unattended baggage** 放置された荷物,持ち主不明の荷物(=bag left unattended). 空港 *Unattended baggage* will be removed by security personnel. 放置された荷物は警備員に除去される.
◇ **unattended crossing** 無人踏切(=unguarded crossing).

unchecked 形 検査をうけていない. ▶ go through Customs *unchecked* 税関をフリーパスで通る.
◇ **unchecked baggage** (機内用の)持ち込み手荷物. ☆受託手荷物(checked baggage)以外の手荷物.

unidentified 形 身元不明の;確認できない. ▶ *unidentified* bag 所有者不明の手荷物 / *unidentified* flying object〈略 UFO〉未確認飛行物体.

unlicensed 形 無免許の. ▶ *unlicensed* driving 無免許運転 (=driving without a license).

unload 動 (荷物を)下ろす;(乗物が客を)降ろす. ⇨ load (積む). ▶ *unload* one's luggage from the airport bus. 空港バスから荷物を降ろす.

unlock 動 錠を開ける(=open the lock). ▶ *unlock* a door with a key card キーカードでドアを開ける.

unoccupied 形 (座席など)占有されていない, 空いている. ▶ *unoccupied* seat 空席 / *unoccupied* room 空室 / *unoccupied* table (レストランの)空席.
 表示 UNOCCUPIED「空車」 ☆タクシーの表示. For hire または Vacant とも言う. ちなみに「実車〈賃走〉」は Occupied または Hired と言う.

unpack 動 (荷物を)開ける. ▶ *unpack* one's baggage at customs inspection 税関検査のとき荷物を開ける.

unreserved seat 自由席 (=non-reserved seat; free seat).

unscheduled landing 不時着(=forced landing).

upgrade 名 等級を上げること. ⇔ downgrade (等級を下げること)
① 〈発券用語〉(飛行機の)上級への座席変更. ☆利用するクラスのグレードを上げること. 例えば economy class から business class へ, または business class から first class へ等級を変更する (upgrade one's airline seat to business or first class) など. 運賃の差額を支払う必要がある.
 空港 Do you have any chance of an *upgrade* today? → Let me see. Your flight is pretty empty and you do have business class. How about window seat 5A? 今日は上級への座席変更の見込みはありますか. →そうですね. お客さまの便にはかなり空きがあるのでビジネスクラスへご変更できます. 5 A 窓側席はいかがでしょうか.
　◇ **involuntary upgrade** 航空会社の都合による上級席への変更. ☆予約済みの席が満員で上級のクラスに空席がある場合, そこにオーバーした客を回すこと. ⇔ involuntary downgrade
　◇ **voluntary upgrade** 旅客の意志による上級席への変更.⇔ voluntary downgrade.
② (ホテルで)宿泊者が支払った価格以上の上級客室への変更. ☆宿泊客が社会的に影

響力のある人物である，または紹介者が有力者であるなど，優遇することが施設にとって有利だと判断する場合に実施される．あるいは，overbooking のために定価の客室が足りない場合に実施される．upscale とも言う．

urban 形 都市の．☆名詞の前にのみ用いる．⇔ rural（田舎の）．▶ *urban* transportation 都市交通．

usher 名 案内する人，案内係．☆劇場などで座席や部屋へ案内する人．「女子案内係」は usherette．

Vienna, Austria

Venice, Italy

V

vaccinate [vǽksənèit] 動 ワクチン注射をする,予防接種をする,種痘をする.
　空港 I was *vaccinated* against yellow fever. 黄熱病の予防接種をしました.

vaccination 名 ワクチン注射,予防接種,種痘. ⇨ cholera; smallpox; yellow fever. ☆ vaccine「ワクチン」. 現在では黄熱病のみが国際保健規則で定められている. 通常の旅行には必要ない. 現在では省略する国が多い. ▶ *vaccination* against smallpox 天然痘に対する予防接種 / smallpox *vaccination* 種痘.
　旅行 In most case, travelers entering Japan from the United States do not need any *vaccinations*. 通常米国から日本へ入国する旅客者には予防接種の必要がない.
　◇ **vaccination certificate** 予防接種証明書 (=vaccination card; yellow card 〈book〉; immunization card; shot record). ☆ International Certificate of *Vaccination*「国際予防接種証明書」.
　旅行 In addition to a valid passport and visa, entering passengers are required to have the *vaccination certificate* for yellow fever if arriving from an infected area. 旅券と査証に加え,入国者は感染地から到着する場合,黄熱病の予防接種証明書が必要である.

valet 名 世話役；雑用係.《1》ホテルで宿泊客の衣類のクリーニングなどを世話する人〈係員〉(=valet attendant; personal valet).《2》(船の) ボーイ.
　◇ **valet service** 世話〈雑用〉サービス (⇨ laundry service). ☆「ホテル」での洋服のクリーニング (laundry service) やプレス (pressing service), また靴磨きなどの世話サービス (cleaning service) のこと.「飛行機」での世話サービスにも用いる.
　◇ **valet parking** (**system**) 係員付きの駐車サービス. ☆ホテルやレストランなどの正面玄関に自家用車をつけると,そこから係員が運転して駐車場に駐車する管理方式. ⇔ self-parking

valid 形 有効な (=be good). ⇔ invalid; void. ☆切符・航空券・旅券などの通用期間の有効性.
　表示 *VALID* THRU MAY 2013.「2013年5月まで有効」. ☆クレジットカードなどの記載.
　旅券 This passport shall be *valid* from the date of its issue until the bearer's return to Japan. この旅券は発行の日から保持者が日本へ帰国するまで有効である.

査証 Your visa is *valid* for one year from the date of issuance. ビザは発行の日から1年間有効です.

切符 Tickets issued at normal fares are *valid* for one month from the date of commencement of the trip. 普通運賃で発券した切符は旅行開始日から1か月間は有効である.

---

validate [vǽlədèit] 動 (法的に)有効(なもの)にする；確証する.

旅券 My passport has been *validated* for five years. 私のパスポートは5年間有効です.

---

validation 名 有効印, 公式確認証.

◇ **validation stamp** 有効印のスタンプ, 確認印. ☆航空券に押される航空代理店のスタンプ(=validating stamp). 運送券類は, このスタンプの押印をもって正式に有効となる.

空港 There is no *validation stamp* in his ticket. 彼の航空券には有効スタンプがない.

---

validity 名 有効性の確認. ▶ *validity* of ticket 搭乗券の有効(性)/ *validity* period 有効期間.

旅券 The *validity* of my passport expires next week. 私の旅券の有効性は来週で切れる.

◇ **validity term** 有効期限(=validity period).

旅券 The *validity term* of my passport expired last week. 私の旅券の有効期限は先週満期になった.

---

value-added tax 〈略〉VAT 付加価値税. ☆商品の生産・流通の各段階で生じる付加価値に対して徴収される一種の間接税のような売上税のこと. 購入額が一定以上になれば, この免税手続きが得られる. 買い物やホテルの宿泊料金に関する付加価値税は国によって多少異なるが, 約10パーセントである. 20パーセントを越える国もある.

▶ the *VAT* refund department VAT 免税返金部.

買物 I'd like to buy it under the VAT system. → It will be paid back when you go back to Japan, if you submit the form at the customs counter. VAT 免税システムを利用して買い物をしたいのです. →税関で用紙に手続きさえすれば, 帰国後に返金されます.

---

vehicle [víːəkl] (hは発音しない) 名 乗物, 車, 輸送機関. ☆自動車・タクシー・バス・トラッ

クなど陸上の乗物（motor vehicle）を指す．米国ではそれ以外に飛行機・船なども含まれる．▶ *vehicle* with two decks　2階建てのバス（=《英》double-decker）/ recreational *vehicle*〈略〉RV〉レクリエーション用車両　☆camper, trailer, dune buggy など．/ dual mode *vehicle*　二重モード車．⇨ dual.

掲示 No thoroughfare for *vehicles*.「車両通行禁止」☆ Closed to all *vehicles*. とも言う．

◇ **vehicle-free promenade**　歩行者天国．通称「ホコ天」．☆ car-free holiday promenade または street that is closed to vehicular traffic during daylight hours on Sundays, and opened to pedestrians などとも言える．⇨ pedestrians' mall

交通 Pedestrians are given priority on a *vehicle-free promenade*. 歩行者天国では歩行者が優先される．

ventilate 動 空気を流通させる．▶ *ventilate* the room by opening the window　窓を開けて部屋を換気する．

ホテル This room is poorly *ventilated*. You had better let fresh air in. この部屋は換気が悪いので，新鮮な空気を入れたほうがいいでしょう．

ventilation 名 通気, 換気（装置）．▶ *ventilation* fan　換気扇（=exhaust fan）．

ventilator 名 換気装置．☆換気扇, 換気口, 換気窓, 通風孔などのこと．

ホテル How does this *ventilator* work? → Please turn that dial to the right. この換気扇はどのようにすれば動くのですか．→そのダイヤルを右に回してください．

vestibule 名 ① 玄関, 入口ホール．
② 《米》(客車の) デッキ〈乗降口〉．☆客車の両端にある出入り口用の通路．
◇ **vestibule train**　連廊列車, デッキ付き列車．☆各車両が通り抜けられる列車. 乗降口のある客車を連結した列車．

visa 名 ビザ, 査証．☆渡航先国の「入国許可証」．その国の大使館や領事館が発行する．入国審査官が正当な理由と資格がないと判断した場合, ビザを持っていても入国が認められないこともあり得る．

査証 A *visa* is issued by a government permitting nationals of another country to visit or travel. It is usually stamped in a passport. 査証は政府が発行 (grant) するもので他国民に対して訪問や旅行の許可を与えるものである．査証は通常旅券にスタンプで押される．

◇ **apply for a visa**（**for China**）（中国への）ビザを申請する. ☆ **expired visa**「失効したビザ」.
　【満期】 My *visa* has expired. I'll have to *apply for a visa* for China. ビザが切れました. 中国へのビザを申請しなくてはいけません.

◇ **get a visa**（**for China**）（中国への）ビザをもらう. ⇔ deny a visa（ビザ発給を拒否する）
　【査証】 Where can I *get a visa*? →（You can get it）At the consulate. どこで査証を受け取るのですか. →領事館です.

◇ **extend a visa** ビザを延長する. ☆ **extended visa**「延長ビザ」, **visa extension**（approved by the consulate）「(領事館で許可された) 査証有効期限延長」.
　【観光】 I have to *extend* a tourist *visa* next month. 来月観光ビザを延長しなくてはいけない.

◇ **renew a visa** ビザを更新する.
　【観光】 I must *renew my visa* because I may have overstayed it. ビザの滞在期間が切れているかもしれないので更新しなくてはいけない.

visa の種類

- **B** business visa 商用ビザ.
- **C** consular visa 領事ビザ.
- **E** entertainment visa 興行ビザ / entry visa 入国ビザ. ⇔ exit visa / espousal visa 配偶者ビザ（=spouse visa）/ exit visa 出国ビザ. ⇔ entry visa
- **F** fiancé visa《米》フィアンセ〈婚約者〉ビザ（男性用）/ fiancée visa フィアンセ〈婚約者〉ビザ（女性用）.
- **I** immigrant visa 移民ビザ.
- **L** lifetime visa 永住ビザ.
- **M** migration visa 移住ビザ / multiple(-entry) visa 数次（入国）ビザ. ☆その国への出入国が複数回許可される. ⇔ single visa
- **O** official visa 公用ビザ / ordinary visa 一般ビザ.
- **P** permanent residence visa 永住ビザ.
- **R** resident visa 居住ビザ / re-entry visa 再入国ビザ.
- **S** single(-entry) visa １次（入国）ビザ. ☆その国への入国が１回のみの者に対して発給される. ⇔ multiple visa / skilled-labor visa 技能ビザ / spouse visa 配偶者ビザ / student visa 留学生ビザ.
- **T** temporary (stay) visa 短期（滞在）ビザ / tourist visa 観光ビザ / transit visa 通過ビザ. ☆最終目的地へ向かう途中の短期入国のための査証 / transit without visa〈略〉TWOV〉

無査証通過.
- **V** visitor visa 観光ビザ (=travel visa).
- **W** working holiday visa ワーキング・ホリデイ・ビザ / working visa 就労ビザ.

visa の関連語

- **A** visa application (form) ビザ申請(書).
- **B** visa cachet ビザ公印 / visa clearance ビザ許可.
- **E** visa exemption ビザ免除；査証料免除 / visa extension ビザ延長 / visa fee 査証料.
- **H** visa holder ビザ保有者.
- **G** visa granting process ビザ発行手続き.
- **O** visa overstay ビザ満期〈切れ〉.
- **P** visa procedure ビザ手続き.
- **Q** visa qualification ビザ資格.
- **R** visa request ビザ申請 / visa requirements ビザ要件〈必要条件〉/ visa revocation ビザ取り消し〈廃止〉.
- **S** visa status ビザ〈在留〉資格 (=residence status).
- **V** visa violator ビザ違反者.
- **W** visa waiver ビザ免除（制度）☆ agreement about reciprocal waiver of visa requirements 査証の相互免除取り決め（2国間で相手国旅行者の訪問の目的や滞在期間などの条件に応じて査証の取得を免除する協定）.

visit 图 訪問；見物；見学；観光. ▶ during the *visit* to (Boston) (ボストン)訪問中 / pay a *visit* to (my friend) (友人)を訪問する / go on a *visit* to (the museum) (博物館)を見学に行く.

《空港》What's the purpose of your *visit*? (=Why do you visit this country?) → For sightseeing. 訪問の目的は何ですか. →観光が目的です.

《観光》《質問》Is this your first visit to (Boston)? 「(ボストン)へは初めてですか」. ☆観光・旅行の時によく用いられる基本表現である. かっこ内には訪問先の国名・地名 (France/Paris) などを入れる.《1》for the first time (初めて)の「慣用句」を用いて "Do you visit (Boston) for the first time?"《2》「経験」を表す現在完了形を用いて "Have you ever been to (Boston)?" とも言う.

《返答》Yes. This is my first visit to (Boston). 「はい，(ボストン)へは初めてです」. ☆《1》I visit Boston for the first time.《2》I've never been here before. などと言う. ちなみに「いいえ，2回目です」という場合，"No. It's my second *visit*." または "I've been here twice." とも言う. ただし道案内のときに「このあたりは初めてです」

と返答したい場合は "I'm a stranger around here." または "I'm not familiar with this area." と言う.

― 動 ① (人を)訪問する;(病人を)見舞う. ▶ *visit* my friend for one week 友人を1週間訪れる.
② (場所を)観光する;見学〈見物〉に行く〈来る〉. ▶ *visit* New York ニューヨークを訪れる / *visit* the Yosemite National Park ヨセミテ国立公園を訪れる.
【観光】 I'm planning to *visit* Europe for pleasure. 観光目的でヨーロッパを訪れる予定です.

visiting card 《英》(訪問用の)名刺. ☆米国では calling card とも言う.

visitor 名 訪問者,観光客 (=tourist);滞在客;見舞い客. ▶ *visitor* from overseas 外国人旅行客 / *visitor* visa 観光査証 / *visitor*'s book 来客名簿;宿帳 / *visitor*'s guide〈map〉 観光地図 / *visitor*'s room 応接室 / foreign *visitor* 外国人観光客 / transient *visitor* 短期滞在の観光客.
【観光】 *Visitors* must be quiet while in the mosque. 観光客はモスク(寺院)に居る間は静粛にすべきです.
◇ **visitor center** ビジター・センター. ☆アメリカの観光地,特に国立公園におかれている. 訪ねて来る人 (visitor) に当地の観光情報を与えるセンター (center). Visitor Information Center とも言う.
◇ **visitor pass** 訪問者用通行証. ☆施設を訪問する時通行を臨時に許可するパス. 用件が終われば返却する.

void 形 無効な (=invalid). ⇔ valid. ▶ *void* ticket 廃札された航空券. ☆スタンプを押して無効にされた航空券 / (This bond is) null and *void*. (この証書は)完全に無効.
【表示】 VOID 「無効(になった航空券)」. ☆不正使用を防止するために航空券に記載され,航空会社に返還される.
【航空券】 "*VOID*" was marked on the flight coupon with a rubber stamp. 航空券にゴム印で「無効」と押された.

volcanic 形 火山(性)の. ▶ *volcanic* activity 火山活動 / *volcanic* chain 火山脈, 火山群 (=volcanic range)/ *volcanic* eruption 火山噴火 / *volcanic* island 火山島 (=volcanic isle)/ *volcanic* spot 火山地(点).

volcano [vɑlkéinou] 名 (複 -es, -s) 火山, 噴火口. ▶ active *volcano* 活火山 (=acting〈live〉 volcano)/ conical *volcano* 成層〈円錐〉火山. コニーデ型火山 / dormant *volcano* 休火山（=inactive〈silent〉volcano）/ extinct *volcano* 死火山（=dead〈quiescent〉volcano）.

---

voluntarily 副 任意に. ▶ *voluntarily* rerouted passenger 当人の都合により経路変更する乗客. ⇔ involuntarily rerouted passenger. ⇨ involuntary

---

voluntary [váləntèri] 形 任意の，(強制でなく) 自発的な. ⇨ involuntary（不本意の）.
 ▶ give *voluntary* help 自発的に手伝う / *voluntary* work ボランティア活動.
 ◇ **voluntary downgrade** 旅客の任意で行う下級席への等級変更. ⇔ involuntary downgrade
 ◇ **voluntary rerouting** 旅客の任意で行う経路変更. ⇔ involuntary rerouting
 ◇ **voluntary upgrade** 旅客の任意で行う上級席への等級変更. ⇔ involuntary upgrade
 ◇ **voluntary single**（**room**）団体旅行において本人〈個人〉の希望で追加料金を払ってとる一人部屋. ⇨ involuntary single

---

voluntourism ボランツーリズム. ☆ボランティア活動と観光を兼ねた旅行.

---

vomit 動 (食べたものを) 吐く，もどす. ☆ vomit は生々しい感じがするので口語の **throw up** を使う場合が多い.
 【機内】 I feel like *vomiting*. Maybe I got airsick. 吐き気がします. (=I think I'm going to throw up.) 多分飛行機に酔ったようです.
 ◇ **vomiting bag** 嘔吐袋.
  【機内】 She began to *vomit*〈throw up〉from airsickness. Do you have the *vomiting bag*? → You can find it in the seat pocket. 飛行機酔いで彼女は吐きはじめました. 嘔吐袋はありますか. →座席ポケットにあります.

---

voucher 名 引換書 (=tour order, exchange order)；(経費などの) 支払い証明書；(ホテルの) 宿泊券, 宿泊クーポン券；(無料のサービスが受けられる) 割引券. ☆旅行先のホテル・食事・観光などの「支払保証書」のこと. 旅行業者が現地の手配会社またホテルなどに事前に支払ったことを保証する証明書で, 通常はクーポン式になっている. 特に団体旅行ではこれと引き換えに旅行現地での多様なサービスが提供されることが多い. ちなみに一般的には「保証書, 証拠書類」の意味である. ▶ breakfast *voucher* 朝食券 / gift *voucher* 商品券 / hotel *voucher* 宿泊券, 宿泊料金の支払保証書 / lunch〈luncheon〉*voucher*《英》昼食券 / payment *voucher* 支払伝票 / travel *voucher* 旅行券.

ホテル This *voucher* covers the room charges plus the tax and service charges. バウチャーには室料と税金それにサービス料が入っています。

---

voyage 名 ① 航海, 船旅 (voyage by sea)；陸旅 (voyage by land). ☆特に遠い国や土地への長旅 (distant ⟨long⟩ voyage).

◇ **Bon voyage!**「道中ご無事に！行ってらっしゃい！」. ☆ **Have a nice ⟨pleasant⟩ voyage!**

観光 I'm planning to make a *voyage* by ship from Kobe to Hawaii next week. → *Bon Voyage*! 来週神戸からハワイへ船旅をする予定です．→どうぞ船旅を楽しんでください．

② 空の旅, 宇宙の旅, 宇宙旅行. ▶ aerial *voyage* 空の旅 (=airplane voyage)/ lunar *voyage* 月旅行 / rocket *voyage* to the moon 月へのロケット旅行 / make a *voyage* to the moon 月旅行をする.

観光 We will go on an aerial *voyage* this winter vacation. → Good. I wish I could. この冬休みに空の旅に出るつもりです．→いいわね．私も行きたいわ．

Washington D.C., USA

W

waiting 名 待機.
— 形 待機している. ▶ *waiting* status 待ち状態〈状況〉/ *waiting* time 待ち時間.
  ◇ **waiting list** 〈略〉WL〉キャンセル待ち名簿, 順番待ち名簿. ☆航空機の座席予約, またはホテルの客室予約などに用いる. すでに予約で満員になっている座席または客室の予約取消を待つ客のリスト〈名簿〉. 特にエアライン関連で予約がとれず, すでに満席の便の「キャンセル待ちをしている状態」をさし, 航空券面のstatus欄に記される記号 WL で表す. 通称「ウェイティング」. ▶ be on the *waiting list* (for a seat) キャンセル待ちである / put on the *waiting list* for cancellation キャンセル順番待ち名簿に載せる.
    【空港】Will you please put my name on the *waiting list*? (My name is) Sato Junko. 私の名前をキャンセル待ちの乗客リストに載せてくださいますか. 佐藤順子です.
  ◇ **waiting lounge** 待合ラウンジ.
    【空港】Let's meet at the *waiting lounge*. 待合室でお会いしましょう.
  ◇ **waiting room**（空港・駅舎・病院などの）待合室.
    【空港】Where is the *waiting room* for passengers taking a connecting flight? 乗り継ぎ便の利用客用の待合室はどこですか.

waitlist 動 順番待ちである, キャンセル待ち名簿に載せる (=be on the waiting list).
  【空港】Is my reservation confirmed? → You are still *waitlisted*. You know, it is still high season now. 私の予約は確保されていますか.→まだ順番待ちです. ご存じのように今はまだ多客期なのです.（=You are still *waitlisted* as it is the peak season now.）

walkway 名 《英》歩道（歩行者用の通路）.
  【空港】If you are carrying lots of baggage in the airport, you had better take advantage of the moving *walkway*. 空港で荷物を多数運ぶ場合, 動く歩道を利用するほうがよいでしょう.
  ◇ **walkway belt** 歩行ベルト. ▶ automatic *walkway belt* 自動旅客運送ベルト.

website 名 ホームページ. ☆インターネット上で情報を公開している場所 (Internet website). ▶ *website* for cheap airfares 格安航空券のホームページ.
  【ホテル】I made a reservation for two nights through your *website*. My

reservation number is here, CK1234. ホームページで２泊の予約をしました．予約番号は CK1234 です．
◇ **visit one's website** ホームページにアクセスする．
　[ホテル] We're filled to capacity on these dates. In the future, you could always *visit our website* to check availability and to make reservations. Sorry, and we look forward to serving you some other time. それらの日取りは満室でございます．これからは予約状況をチェックしたり予約したりするためにいつでも私どものホームページにアクセスしてください．申し訳ございませんが，またのご利用をお待ち申し上げております．

---

weigh [wéi] 〈動〉① 重さをはかる． ▶ *weigh* the baggage on the scale はかりの上で荷物の重さをはかる． ⇨ weight
② 〜の重さがある．
　[空港] Will you please weigh my baggage? → Sure. Put it on the scale, please. ... Your baggage *weighs* 25 kilos. 私の荷物の重さをはかってくださいますか．→はい，そのはかりに置いてください．お客さまの手荷物の重さは25キロです．(=Your baggage is 25 kilos in weight.)

---

weight [wéit] 〈略〉WT 〈名〉重量，重さ． ▶ *weight* and balance 搭載重量管理．
　[空港] What's the *weight* of this baggage? (=How much does this baggage weigh?) → Let me weigh it. ... It's 15 kilos in *weight*. (=It weighs 15 kilos.) この荷物の重さはどれくらいですか．→はかってみます．…15キロです．
◇ **weight allowance** 制限重量，許容範囲の重量制限(=weight limit)．
　⇨ allowance.
　[空港] Is my baggage within the *weight allowance*? (=What's the *weight allowance* for my baggage?) → Let me weigh it. (=Let me check the weight of your baggage.)... It's 19 kilos. Your baggage is within the *weight allowance*. 私の荷物は制限重量内ですか．→はかってみます．…19キロです．重量制限内です．
◇ **weight limit** 重量制限．
　[空港] Is my baggage over the *weight limit*? How much should I pay for extra weight? → It's within the weight allowance. No problem. 私の荷物は重量制限を越えていますか．重量オーバーした分はいくら払えばよいですか．→制限内です．大丈夫です．

---

wicket 〈名〉(駅の)改札口(=ticket wicket〈gate〉)；切符売り場(=ticket office, booking office). ▶ put the train pass into the automatic *ticket wicket* 自動改札口に定期券を入れる / show the train pass at the *ticket wicket* 改札口で定期券を見せる / get stopped by the automatic *ticket wicket* 自動改札口に引っかかる.

駅舎 When will the *wicket* be open here? → At 5:30 a.m. 改札はいつ開きますか. →午前5時半です.

York, UK

Y

yellow 形 黄色い.
— 名 ① 黄色；黄色の服〈ペンキ, 絵の具〉. ☆英国では「交通信号の黄色」は amber を用いる. 例 The traffic light is amber. (黄色信号です) また英米では昼間の「太陽の色」は yellow (sunshine) である. しかし朝夕の「太陽の色」は red または pink である.
② (卵の) 黄身 (=yolk). ⇔ white (白身). ▶ the *yellow* of an egg 卵の黄身.

Yellow book 予防接種証明書 (=Yellow Card; vaccination certificate). ☆証明書が「黄色」(yellow) の用紙を用いていたことから, このように呼ばれる.

Yellow Cab イエローキャブ. ☆米国最大のタクシー会社. 同社のタクシーの車体は黄色である.

Yellow Card イエローカード (=Yellow Book), 国際予防接種証明書 (=International Certificate of vaccination). ☆ CERTIFICATION OF VACCINATION OR REVACCINATION AGAINST CHOLERA.「コレラの伝染を防ぐため予防注射をしたことの証明」. ☆国によって要・不要がある. WHO (世界保健機構) の規定により, コレラ, 黄熱病, ペストなどの予防接種は厚生省公認の病院で受けることになっている. 空港 Please show me your *yellow card*. How about your health condition? 予防接種証明書を見せてください. 健康状態はいかがですか.

yellow fever 黄熱病. ▶ be immune to *yellow fever* 黄熱病に対する免疫がある.

yellow flag 黄色旗, 検疫旗. ☆船舶が入港して, 検疫官の臨検を受けるときにあげる黄旗のこと.

yellow light 《米》黄の信号灯, 注意信号. ☆英国では **amber light** を用いる.

yellow line 黄色の線. ☆道路中央にある線 (center line) で,「黄色の線」は追い越し (passing) 禁止,「黄色の点線」(dashed yellow line) は追い越し可能を示す. 英国では「駐車規制区域」を示す.

Yellow Pages 〈**yellow pages**〉《米・カナダ》職業別電話帳 (通常ページが黄色い). ☆国際線の飛行機の予約を確認したい時, Yellow Page で "Airline Companies"

の項目を検索する．または電話帳で直接航空会社を捜す．日本の『タウンページ』版.
⇨ White Pages（個人別電話帳）

【電話】 Look under "Airllines Companies" in the *yellow pages*. 職業別電話帳で「航空会社」の箇所を参照してください．

Zermatt, Switzerland

Z

zebra crossing 《英》横断歩道 (=pedestrian crossing, 《米》crosswalk). ☆黒白のシマウマ (zebra) 模様の斜線が塗ってある. また信号がなくても歩行者優先となっている. ちなみに以前は押しボタン式の太く白黒の模様になった横断歩道があり **panda crossing** と言った. ⇨ crossing

zebra time 現地時間 (=local time). ☆現地時間を表す図がシマウマ (zebra) に似ていることからの呼称が由来.

zip code〈**ZIP code**〉《米》郵便番号 (制). ☆ ZIP は **Z**one **I**mprovement **P**lan〈**P**rogram〉(郵便区改善計画) の頭文字. 郵便配達の便宜上, 宛名の州名の直後に付ける数字. 現在は5桁 (けた) の数字で表す. 米国では最初の3けたは「州や都市」, 最後の2けたは「郵便区」を示す. 英国やオーストラリアなどでは Postcode〈Postal code〉と言う. ちなみに日本の郵便番号 (〒) も英語では Postcode と呼ばれる.
　郵便 The *ZIP code* is a series of five digits, which helps the post office to pinpoint locations in the United States. 郵便番号は一連の5桁で, アメリカで配達先を郵便局に正確に示すのに役だっている.

zone 名 ① 地帯. ▶ safety *zone* 安全地帯 / time *zone* 時間帯. ⇨ Standard Time
　② 区域. ▶ no-parking *zone* 駐車禁止区域 / no-passing *zone* 追い越し禁止区域；(都市計画の) 区域.
　③ (温帯・寒帯などの) 帯. ▶ the Frigid *Zone* 寒帯 / the Temperate *Zone* 温帯 / the Torrid *Zone* 熱帯.
― 動 (ある目的のための) 地区に分ける.
　区画 This area is *zoned* as residential. この地域は住宅地区とされている.

観光英語検定試験のご案内

主催:全国語学ビジネス観光教育協会 観光英検センター

実施級:**1級**(筆記とリスニングの試験)年2回実施

　　　　2級(筆記とリスニングの試験)年2回実施

　　　　3級(筆記とリスニングの試験)年2回実施

1級　観光業、旅行業に必要な実務英語。
　　　　程度の目安:TOEIC[B・C]レベル(600 – 860)、英検準1級・1級程度。

2級　観光業、旅行業に必要となる基本的な英語および英語による日常会話。
　　　　程度の目安:TOEIC[C]レベル(470 – 600)、英検2級程度。

3級　観光・旅行に必要となる初歩的な英語および英語による日常会話。
　　　　程度の目安:TOEIC[D]レベル(220 – 470)、英検3級程度。

●お問い合わせ先●

〒101-0061　東京都千代田区三崎町2-8-10　ケープビル2F

全国語学ビジネス観光教育協会内　観光英検センター

電話:03-5275-7741　　E-MAIL:info@zgb.gr.jp

http://www.zgb.gr.jp

著者・校閲者紹介

山口百々男（やまぐち ももお）
横浜サレジオ学院高等学校および大阪星光学院中学・高等学校の元教頭、宮崎日向学院中学・高等学校の元教諭。学校法人文際学園（日本外国語専門学校および大阪外語専門学校）の初代校長兼元理事。全国語学ビジネス観光教育協会・観光英検センター元顧問。

藤田玲子（ふじた れいこ）
日本航空株式会社元国際線客室乗務員。現在、東海大学外国語教育センター 教授。

Steven Bates（スティーブン・ベイツ）
米国・金融関係に勤務後来日。約20数年の在日経験があり、日本文化に造詣が深い。学校法人文際学園・日本外国語専門学校元英語専任教員。

観光のための中級英単語と用例
―観光英検2級～1級対応―

2013年 6月20日　第1刷発行
2021年12月20日　第5刷発行

著　　者──山口百々男
校　閲　者──藤田玲子／Steven Bates
発　行　者──前田俊秀
発　行　所──株式会社 三修社
　　　　　　〒150-0001 東京都渋谷区神宮前2-2-22
　　　　　　TEL03-3405-4511　FAX03-3405-4522
　　　　　　振替 00190-9-72758
　　　　　　https://www.sanshusha.co.jp
　　　　　　編集担当 三井るり子

印刷・製本──倉敷印刷株式会社

©Momoo Yamaguchi, 2013 Printed in Japan　ISBN978-4-384-05723-2 C2082

カバーデザイン──川原田良一
本文DTP ──有限会社トライアングル
編集協力──朝日則子

JCOPY〈出版者著作権管理機構 委託出版物〉
本書の無断複製は著作権法上での例外を除き禁じられています。複製される場合は、そのつど事前に、出版者著作権管理機構（電話 03-5244-5088 FAX 03-5244-5089 e-mail: info@jcopy.or.jp）の許諾を得てください。

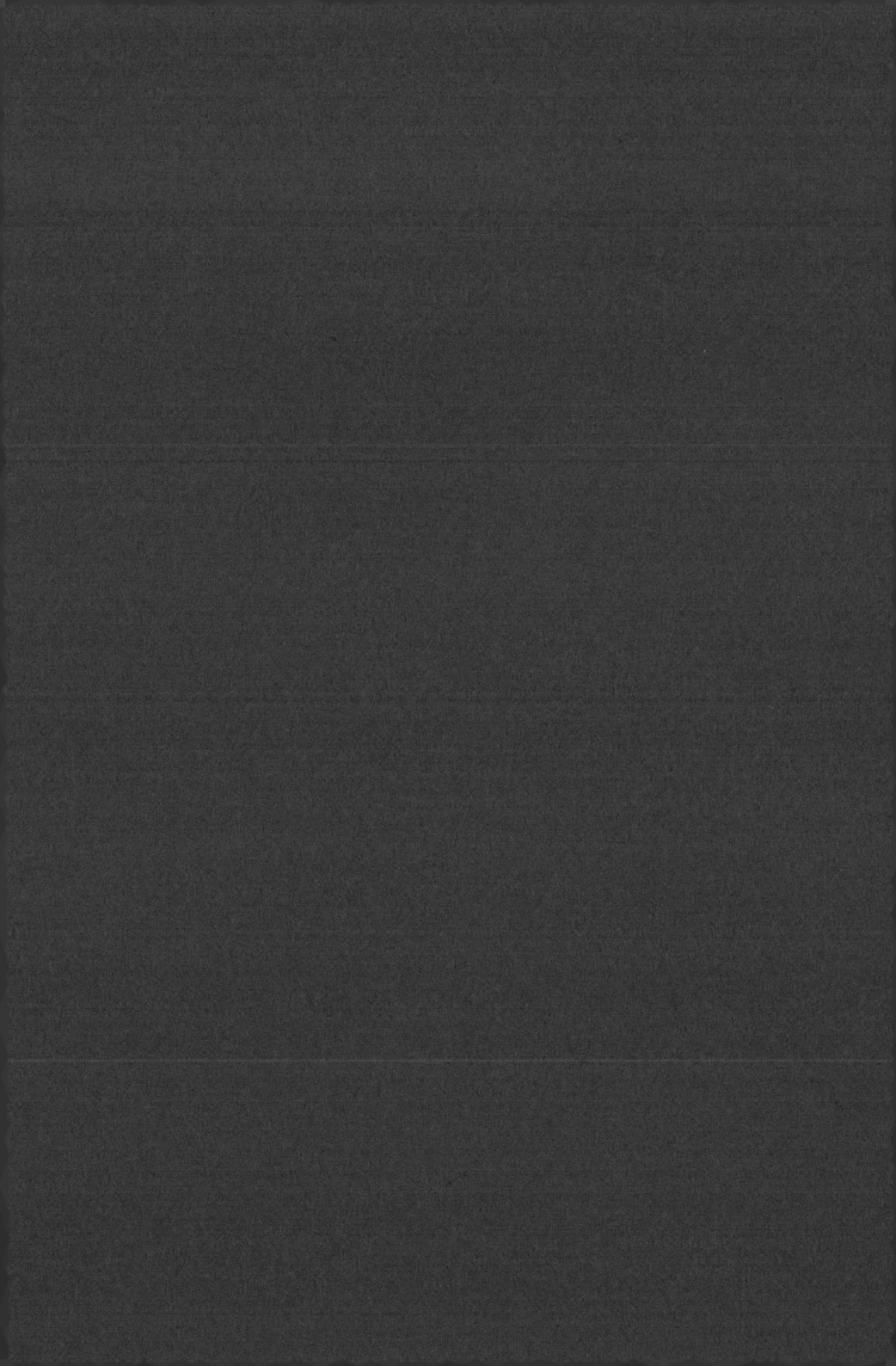